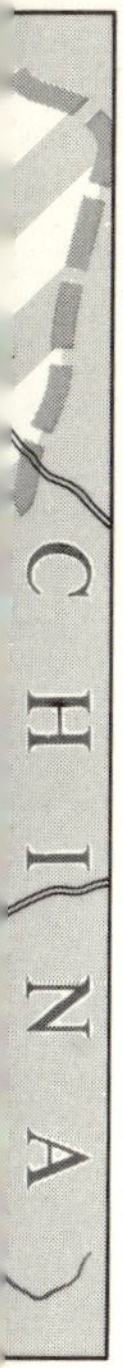
CHINA

40°
80°
100°
120°
20°
MONGOLEI
UdSSR
Beijing (Peking)
C H I N A
AFGHANISTAN
Karakorum
Kunlun Shan
Huang He
Indus
Himalaya
Hochland von Tibet
PAKISTAN
Transhimalaya
Nu Jiang
Chengdu
New Delhi
Lhasa
Tsangpo
(Brahmaputra)
NEPAL
Jinsha Jiang
Agra
Kathmandu
Sikkim
BHUTAN
Mekong
Ganges
Patna
INDIEN
MYANMAR (BIRMA)
BANGLA-DESH
LAOS
Golf von Bengalen
VIET
THAILAND
0
1000 km
1
2

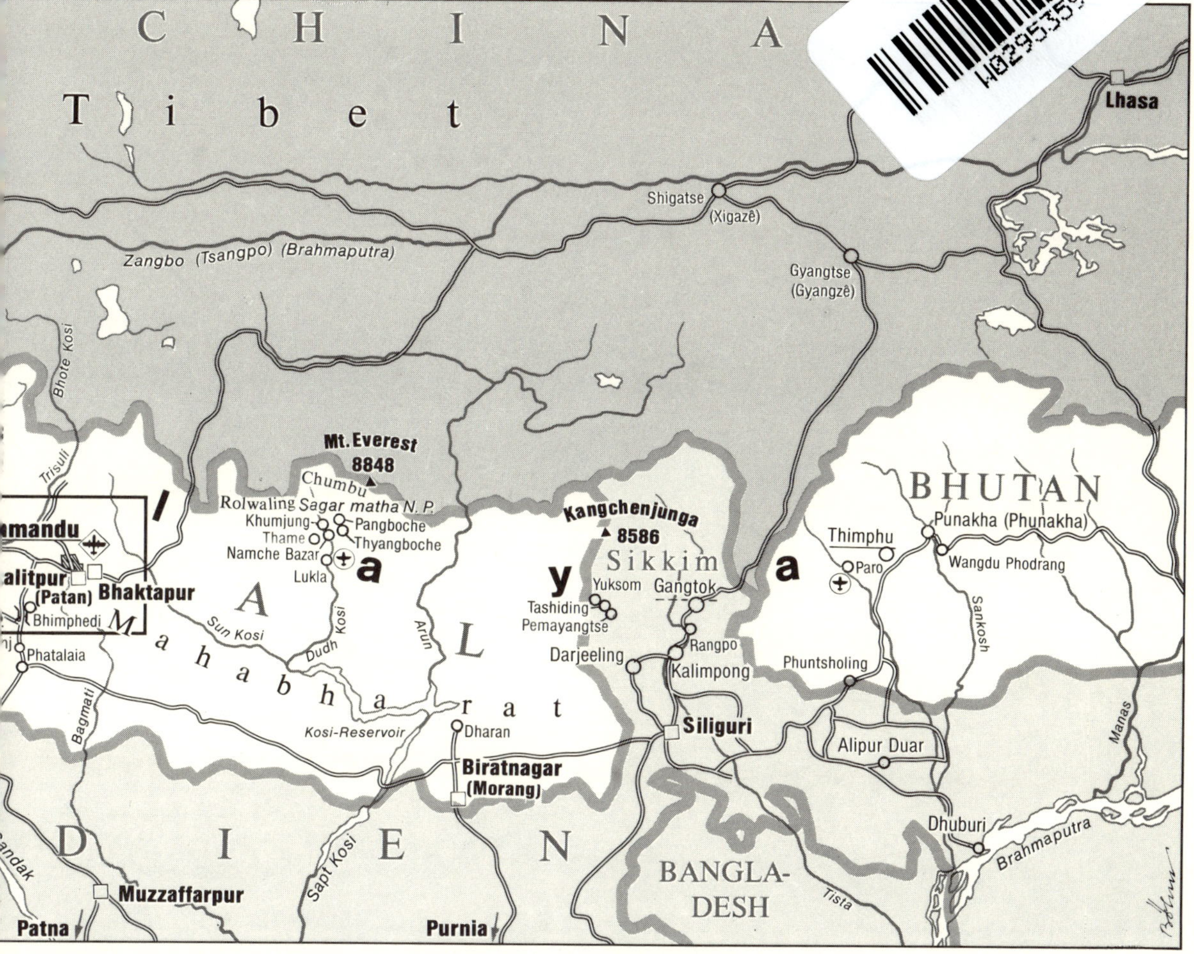
C H I N A
Tibet
Lhasa
Shigatse
(Xigazê)
Zangbo (Tsangpo) (Brahmaputra)
Gyangtse
(Gyangzê)
Bhote Kosi
Mt. Everest
8848
Trisuli
Chumbu
Rolwaling
Sagar matha N.P.
Kangchenjunga
8586
BHUTAN
Khumjung
Pangboche
Thame
Thyangboche
Namche Bazar
Lukla
mandu
alitpur
(Patan)
Bhaktapur
Bhimphedi
Phatalaia
Sikkim
Yuksom
Gangtok
Tashiding
Pemayangtse
Thimphu
Paro
Punakha (Phunakha)
Wangdu Phodrang
Sankosh
Sun Kosi
Dudh Kosi
Arun
Darjeeling
Rangpo
Kalimpong
Phuntsholing
Mahabharat
Bagmati
Kosi-Reservoir
Dharan
Siliguri
Alipur Duar
Manas
Biratnagar
(Morang)
Dhuburi
Brahmaputra
Sapt Kosi
Muzzaffarpur
BANGLA-DESH
Tista
Patna
Purnia

Hans-Otto Meissner · Himalaya

Hans-Otto Meissner

# Himalaya

## Reisen durch Nepal, Bhutan, Tibet, Sikkim und Ladakh

C. Bertelsmann

1. Auflage

Redaktion: Dr. Dieter Struss, München
Die Karten zeichnete Adolf Böhm, Aschheim
Satz: Uhl + Massopust, Aalen
Druck und Bindung: Mohndruck, Gütersloh
Printed in Germany
ISBN 3-570-06032-2

## Inhaltsverzeichnis

## Nepal, bevor die Touristen kamen

Wenn ich daran denke, wie es war, als ich Nepal zum ersten Mal besuchte, vor bald dreißig Jahren, so mag ich kaum glauben, wie sich das Land seitdem verändert hat.

Heute wissen die meisten Menschen, wo ungefähr Nepal liegt. Es reicht vom Nordrand Indiens bis weit hinauf in den Himalaya. Dort befinden sich die höchsten Berge der Welt. Ein höheres Wesen als bloß ein König schwebt über den Regierungsgeschäften, denn er ist eine Wiedergeburt des Gottes Vishnu.

Damals aber, und seitdem ist ein gutes Menschenalter vergangen, war von Nepal bestenfalls der Name bekannt. Touristen kamen so gut wie keine. Dagegen besuchen jetzt gut und gerne dreihundertfünfzigtausend Fremde das wahre Land des Lächelns.

Als ich vor rund dreißig Jahren zum ersten Mal sieben eisgepanzerte Riesen erblickte, von denen jeder höher als achttausend Meter war, gab es noch kein statistisches Amt, das sich für die Zahl der einreisenden Fremden interessiert. Das hatte seine Gründe, denn es war ein Abenteuer besonderer Art, in das altertümliche Königreich zu gelangen. Abgesehen von seinen geographischen Verhältnissen war Nepal noch durch einen Papiervorhang von der Außenwelt abgeschlossen. Ein Vorhang, noch undurchdringlicher als (vor Gorbatschow) der Eiserne Vorhang im geteilten Europa oder die Mauer durch Berlin, umgab das unbekannte Nepal.

Die Erlaubnis für einen Besuch war schwer zu gewinnen. Keinen deutschen Gesandten gab es in Kathmandu. Von allen Staaten unserer Welt waren allein Großbritannien und das riesengroße Nachbarland Indien durch Botschaften in der nepalesischen Hauptstadt vertreten. Weder gehörte Nepal zu den Vereinten Nationen noch zum Weltpostverein. Im ganzen Land gab es kein Postamt, auch keinen Briefkasten, dem man irgendeine Sendung über die Landesgrenze hinaus anvertrauen konnte.

Jeder mußte seine Karten und Briefe bei der indischen Botschaft abliefern, die einen besonderen, nämlich einen internationalen Schalter besaß. Wenn es mir dennoch gelang, ein Visum für Nepal zu erhalten, so durch »Vitamin B«, im Klartext, durch gute Beziehungen.

Gerade erst hatte die Royal Nepal Air Company ihren Dienst im Reiche des Königs Mahendra aufgenommen, allerdings nur mit einer bescheidenen Dakota III älteren Baujahrs. Auch das war, gemessen an den bisherigen Verhältnissen, ein weiter Sprung nach vorn. Um die betagte Maschine zu erreichen, deren Abflugzeiten »in der Luft hingen« (auch wenn sie am Boden stand), mußte ich zunächst von Delhi, der Hauptstadt Indiens, über Agra nach Patna fliegen. Diese Ortschaft liegt am südlichen Ufer des Ganges, also noch auf indischem Boden. Wie von dort aus weiterzukommen sei, darüber erhielt ich verschiedene Auskünfte. Stundenlang verweilte ich auf dem trostlosen, in Staub gehüllten Flugfeld mit zwei Reisekoffern. Als ich ein paar verschlafene Leute vom Bodenpersonal kennenlernte und mit ein paar Rupienscheinen raschelte, wurde mir der Weg zum Treppchen freigegeben, das zur ovalen Tür der Dakota führte.

Da saß ich wiederum ein Stündchen oder länger in tropischer Hitze. Weil kein anderer Platz zur Verfügung stand, hatte ich mir einen prallgefüllten Mehlsack zum Sitzen ausgesucht, wobei ich im Rücken von anderen Frachtgütern gestützt wurde. Nach und nach drängten sich noch etwa ein Dutzend weitere Passagiere in die freigebliebenen Lücken der Kabine. Auch sie hatten, daran bestand kein Zweifel, ein paar Rupien in diskret aufgehaltene Hände verteilt. Nachdem wir lange genug gewartet hatten, setzte sich ohne jede Ankündigung die klapprige Maschine in Bewegung. Eine recht angenehme Überraschung war der plötzliche Start der Dakota. Kein Mensch hatte nach einem Flugticket gefragt. Im übrigen waren wir dank der kleinen, schon erwähnten Geschenke all den lästigen, überaus unfreundlichen Kontrollen indischer Zöllner entgangen.

So heiß es auf dem Flugfeld gewesen war, in höheren Lagen zischte schon bald eisige Luft durch die Spalten der schlecht schließenden Kabine. Es gab keine Gurte, keine Sitzplätze, jeder hatte sich eingerichtet, wie es gerade kam, und das war ganz gut so. Was störten Kisten und Fässer, was störte überhaupt das Frachtgut in der Kabine, wenn man bedenkt, welch ungeheure Mühen es gemacht, welche Probleme es noch vor fünf oder sechs Jahren mit sich gebracht hatte, um von der indischen Grenze in die nepalesische Hauptstadt zu gelangen. Damals mußte man von Patna aus erst über das Schmalspurgleis, dann in einem vollgestopften Autobus, gelegentlich auch in einer von vier Nepali geschleppten Sänfte die Grenze erreichen. Dort oben gab es dann, vor allem auf indischer Seite, eine langsame und übelwollende Kontrolle. Hatte man sie hinter sich, mußte man über Nacht in einem ehemals kolonialenglischen Rasthaus bleiben. Die Unterbringung daselbst war vergleichsweise so teuer wie damals im Berliner Hotel Adlon oder im Ritz von Paris.

Wie eine Deutsche namens Erika Leuchtag, die sich als weltberühmte Heilpraktikerin zur Behandlung der Königin von Nepal begab, an Freunde schrieb, hatten diese sündhaft teueren, wenn auch heruntergekommenen Hotels einige Besonderheiten. So lebte beispielsweise in den Hohlräumen des WCs eine Schlange, dem Vernehmen nach war es sogar eine Königskobra. Kaum hatte der Benutzer nach Erledigung seines Geschäftes die Wasserspülung gezogen, da erschien das triefend nasse, bräunlich glitzernde Reptil aus der Versenkung, aber keineswegs mit bösen Absichten. Es züngelte nur ein wenig, stellte fest, wer sich im Raum befand, und verschwand wieder.

Atemberaubend schnell legten wir vor knapp dreißig Jahren den Weg zurück. Aber enttäuscht war ich doch, weil man während des Fluges nach Katmandu dank Wolken und Nebel den vielleicht großartigsten Anblick der Welt nicht genießen konnte. Mindestens eine Stunde lang schwankte unser Vogel über graubraunem Tiefland. Man konnte bei klarem Wetter einen langen Blick auf den Ganges, auf den hier einmündenden Gandak und die fruchtbare, dichtbesiedelte Ebene genießen. Dies war alles noch Indien. Nichts besonderes für einen Reisenden, der gerade vier Wochen auf Schienen, Schiffen und Pneus alle möglichen Landschaften von Ceylon bis Kaschmir, von Karatchi bis Assam hinter sich gebracht hatte. Im Norden, das heißt in Richtung unseres Ziels, hingen hohe nebelgraue Wände.

»Wenn die Milchsuppe noch tiefer sinkt«, bemerkte der Nachbar zu meiner Rechten, »wagt sich der Pilot nicht über die Mahabharat-Kette. Er muß drunten die Ortschaften sehen, sonst findet er nicht den Chandragiri-Paß, über den er weg muß. Dann schwebt er zurück auf das Flugfeld von Patan, und dort sitzen wir fest, bis das Wetter besser wird.«

Auf dem Flugfeld von Patan ein paar Tage zu verbringen, das durfte nicht sein! Von anderen Reisen hatte ich gehört, was man in Patan an Schmutz, Hitze, an Moskitos, an kribbelndem Bettzeug zu leiden hat.

Mein Nachbar, ein sportlicher Mann aus dem schottischen Hochland, hatte all dies bereits des öfteren erlitten. Seine Schilderungen waren haarsträubend. Im übrigen hatte er als unerschütterlicher Bergsteiger den genannten Paß auf die übliche Art überwunden, als es weder Flugverkehr gab noch die eben fertiggestellte, nur von Jeeps zu befahrende Straße.

Spannung herrschte in der Kabine, jeder versuchte, sich den Hals verrenkend, in die Flugrichtung zu blicken. Während der eine glaubte, es würde heller, meinte der andere genau das Gegenteil. Unterdessen hatten wir, so entnahm ich meiner Karte, die indisch-nepalesische Grenze überflogen. Grüne Flecken zeigten sich drunten, die größer wurden, sich vereinten und bald den ganzen Boden bedeckten. Die Fruchtbarkeit war Folge der Feuchtigkeit, die aus den schneebedeckten Bergen herabrieselte. Nun erschien drunten dichter Urwald, manche Lichtungen darin ließen Reisfelder vermuten.

Terai nennt man diesen Streifen des Tieflands. Er begleitet die nepalesische Grenze fast auf der ganzen Länge, und das sind gut und gern achthundert Kilometer. Der oder das Terai ist eine Reiskammer, ist der Gemüsegarten, dort liegen die besten Weidegründe des Königreichs im Himalaya. Teilweise sei auch noch der alte, fieberverseuchte Dschungel vorhanden, eine bislang noch unberührte Wildnis, erklärte mein Nachbar, wo Tiger, Leoparden und Schwarzbären, auch wilde Elefanten und Büffel zu Hause wären. Vor allem könnten sich im Terai die allerletzten Gruppen des indischen Panzernashorns erhalten. Sonst ist *Rhino unicornis* in ganz Asien verschwunden. Nur im nordwestlichen Indien befindet sich noch ein Reservat, Kazaragi genannt, wo die seltenen Tiere überlebt haben. Drückende tropische Hitze herrscht stets im Terai, die bis zu 47 Grad Celsius ansteigt, im Schatten wohlgemerkt.

»Noch mal Glück gehabt«, ruft ein Mitreisender durch den Motorenlärm, »der Vorhang hebt sich, unser Pilot fliegt durch!« Wirklich, so ist es. Als werde langsam und feierlich das Denkmal einer Gruppe eisgrauer Krieger enthüllt, so erscheinen nebeneinander die Gipfel der Mahabharat-Kette. Es sind Vorberge des Himalaya, der Schutzwall für das dahinterliegende Hochtal von Kathmandu.

Erst seit neuester Zeit, genauer gesagt seit 1956, besteht ein Fahrweg über den Chandragiri-Paß, eine allerdings durch Erdrutsche, Schneelawinen und Wasserstürze oft gesperrte Straßenverbindung zwischen Raxaul an der indischen Grenze und der nepalesischen Hauptstadt. Schon dreißig

Jahre zuvor hatte man jene knapp vierzig Kilometer lange Schmalspurbahn von der Grenze bis Amlekghanj gebaut und von dort eine Drahtseilbahn hinauf nach Bhimpeli, in der Luftlinie nur zwanzig Kilometer entfernt von Kathmandu. Infolge der widrigen Wetterbedingungen und technischer Pannen war die Drahtseilbahn öfter außer als in Betrieb. Menschen wurden damit nicht befördert, es sei denn, daß ebenso wohlhabende wie mutige Abenteurer den Kontrolleuren ein paar größere Rupienscheine zusteckten.

Bei weitem sicherer als die Drahtseilbahn war der Weg zu Fuß oder in einer von Kulis getragenen Sänfte. Wem das nicht behagte, konnte sich auch von Pferden oder Kamelen befördern lassen. Selbst schweres Gepäck und tonnenschwere Lasten wurden, man glaubt es kaum, während der vergangenen Jahrhunderte, ja noch bis etwa 1925, von muskelstarken, an die dünne Luft gewöhnte Menschen geschleppt. Sogar Maschinen, Automobile und selbst Lastwagen wurden von zwölf, nötigenfalls von fünfzehn bis sechzehn Männern gemeinsam gehoben. Erst schleppte man sie bis auf den zweitausendfünfhundert Meter hohen Paß, dann wieder nach unten bis an ihr Ziel. In den meisten Fällen war dies Kathmandu. Obwohl seit Mitte der fünfziger Jahre der Luftweg zur Verfügung steht, haben die Empfänger der Schwertransporte noch bis in unsere Zeit hinein auf den Flugtransport verzichtet. Denn dieser war zu Anfang sehr teuer, die Beförderung auf Menschenrücken im allgemeinen wesentlich billiger. Mein Nachbar in unserer Dakota, der zu unbestiegenen Bergen strebte, konnte viele aufregende, geradezu unglaubliche Geschichten von seinen Fußmärschen über den Chandragiri-Paß berichten.

Kein anderes Land der Welt, nicht einmal das benachbarte Tibet, war so schwer zu erreichen wie Nepal bis zur Mitte unseres Jahrhunderts. Verboten, abgeriegelt mit voller Absicht seiner Regierung, war es isoliert von der übrigen Welt. Schier unübersteigbare Gebirge, eine diktatorische Staatsgewalt und drakonische Gesetze machten bis 1951 die Absperrung möglich. Dennoch sind schon sehr früh, bevor zu Beginn der Ranarchie das Land für fremde Besucher geschlossen wurde, weiße Männer, durchreisende Missionare und Mönche in Nepal gewesen. Zwei Jesuiten, darunter Pater Grueber aus Wien, hatten auf ihrer Rückreise von Peking nach Rom (welch eine Wanderung zu Ehren Gottes!) das himmelhohe Bergland durchquert und dabei auch Kathmandu besucht. Als Missionare waren die Kapuziner von 1715 bis 1769 im Tal von Kathmandu am Werk gewesen.

Sie hatten sogar eine Kirche gebaut und konnten darin ein paar hundert gläubige Christen empfangen.

Gleich nach ihrer Vertreibung, angesichts gespannter Verhältnisse zu den Engländern im annektierten Indien, auch weil das Kaiserreich China versuchte, Einfluß auf Nepal zu gewinnen, befahl 1770 der regierende König Jaja Prâkash Malla die Schließung aller Grenzen. Die spätere Rana-Regierung verschärfte das Einreiseverbot und ließ keinen Gedanken von draußen, erst recht keine fremden Schriften ins Land. Nur den Engländern wurde, weil man nicht anders konnte, die Errichtung einer personell begrenzten Gesandtschaft in Kathmandu erlaubt. Wie eine dort geführte Statistik besagt, haben in der langen Zeit von 1881 bis 1925 nur hundertdreiundfünfzig Ausländer die Besuchserlaubnis für Nepal erhalten. Hundertdreißig davon waren Briten, die von ihrer diplomatischen Vertretung für dies oder das gebraucht wurden. So vollkommen war die Isolierung, daß vor dem Jahre 1950 über Nepal nur insgesamt fünfzehn Bücher veröffentlicht wurden, meist von Leuten, die mittelbar oder unmittelbar zur britischen Gesandtschaft gehörten.

Erst im November 1951 gelang es dem «in vornehmer Gefangenschaft« gehaltenen König Tribhuvana, seine Bevormundung durch die alleinherrschende Rana-Familie abzuwerfen. Selbständig geworden und von Indien protegiert, konnte König Tribhuvana die Ranas aus ihren erblichen Ämtern entfernen. Unter dem, wie man sagt, allgemeinen Jubel des befreiten Volkes bezog der legitime König, die Inkarnation des Gottes Vishnu, wieder die angestammte Residenz. Er versuchte sein Land vergleichsweise demokratisch zu regieren. Aber leicht war das nicht. Das bisher total verschlossene, weit zurückgebliebene Land aus dem Mittelalter in die Neuzeit zu führen, konnte nicht so rasch gelingen. Jahrzehnte sind darüber vergangen, auch solche mit inneren Unruhen, aber heute genießen die Nepali wenigstens einige bürgerliche Freiheiten.

Auch für Fremde wurde das Land geöffnet, zunächst mehr auf dem geduldigen Papier als in Wirklichkeit. Man mußte schon gute Gründe vorbringen, besser noch bestimmte Fähigkeiten nachweisen, um ins Königreich zu gelangen. Noch immer gab es, während ich in dem Passagierfrachter über den Chandragiri-Paß schwebte, keine wetterfeste Straße über die Grenze. Der Flugverkehr stand noch in den Anfängen, kein »richtiges Hotel« war vorhanden, und schwierig war die Versorgung für europäische Familien. Erst als die Vorbereitungen für die Aufnahme

Fremder langsam, aber sicher anliefen, erschienen die ersten Touristen, das heißt im Jahr 1959. Zu ihnen gehörte auch ich.

Die Mahabharat-Kette schien hinter uns zu liegen, vor uns ein breites, nach Osten wie Westen endlos lang erscheinendes Tal mit grünem Schimmer und glitzerndem Wasser. Das Tal von Kathmandu mußte es sein, die Herzkammer von Nepal, im Durchschnitt nur tausendfünfhundert Meter hoch gelegen und für nepalesische Verhältnisse dicht besiedelt.

»Oh, sehen Sie nur«, ruft mein Nachbar hell begeistert, »da ist er, da glänzt er in aller Schönheit.«

Der freundliche Pilot läßt die Maschine steigen und zieht einen weiten Bogen, damit alle Passagiere ihn sehen können. Von keinem Wölkchen beschattet, dafür von der sinkenden Sonne bestrahlt: Chomolungma, »Thron der Götter« oder auch »göttliche Erdenmutter« nennen die Chinesen und Tibeter den weißglitzernden Gipfel. Sagarmatha ist sein nepalischer Name. Auf unserer Landkarte heißt er Mount Everest. Wie man ihn auch nennen mag, er ist und bleibt der höchste Berg dieser Welt.

Auch wenn man es nicht wüßte und seinen Namen nie gehört hätte, das Bild dieses einmaligen Berges in Gemeinschaft mit einer stattlichen Schar imponierender Nachbarn ist atemberaubend und läßt das Herz bis zum Halse schlagen. Es glitzern die eisgepanzerten Wände, dunkles Tiefblau herrscht in den Schluchten, golden schimmern die schneebedeckten Hänge im Widerschein der sinkenden Sonne. Zu beschreiben ist es nicht, aber bis zum letzten Tag werde ich das Bild vor meinem inneren Auge bewahren. Nichts, was damit vergleichbar ist, hat anderswo der Erdkreis zu bieten. Mein Nachbar kennt sich aus, denn er gehörte zu jener Mannschaft, aus deren Mitte Edmund Hillary kam, dem am 29. Mai 1953, begleitet von dem Sherpa Norgay Tenzing, die Erstbesteigung des Mount Everest gelungen ist.

»Da ist der Mahalu, fast achttausendfünfhundert Meter, daneben der Lhotse, ebenfalls ein Achttausender, da drüben der Pumori, der Nuptse und, und, und.«

Weil sich der Everest ein wenig im Hintergrund hält, weil auch Eisrücken vor ihm liegen, sind nur Landeskenner in der Lage, ihn schon auf den ersten Blick als die höchste Erscheinung im Himalaya zu bestaunen.

Die Maschine setzt auf. Einige Male berühren die Räder den Boden, ehe der Vogel ausrollt. Man öffnet von draußen die Tür. Ein Treppchen wird angelehnt, einer nach dem anderen klettern wir auf das sandige Flugfeld.

Eine Halle zur Abfertigung gibt es noch nicht, nur windschiefe Buden und aufgespannte Zelte. Uniformierte Männer mit breiten Gesichtern schauen in die Pässe, prüfen die Impfstempel und sagen mit freundlichem Grinsen: »Welcome in Nepal.«

Von einem Hotelbus oder ähnlichen Vehikel keine Spur. Auch Taxis scheint man in der nepalischen Hauptstadt des Jahres 1959 kaum zu kennen. Statt dessen werde ich von einem Bleichgesicht mit grauem Haar in einen Landrover gewiesen. »Ich bin Boris«, stellt er sich vor, »Sie brauchen ein Hotel, und das von mir geführte Haus wird als einziges im gesamten Königreich ›Hotel‹ genannt. Auch wenn's für Ihre wie meine Begriffe noch weit davon entfernt ist, eines zu sein.«

Was den »Boris« genannten Herrn betrifft, muß ich erklären, daß dieser äußerst fähige und wendige, nach der russischen Revolution im Himalaya gelandete Weißrusse jenes Element darstellt, das unter abertausend Schwierigkeiten den heute blühenden Tourismus angekurbelt hat. Man sagt, daß Boris Lissanevitch zunächst die Staatsempfänge des Königs für westliche Besucher arrangiert habe. Auch Küchenchef Seiner Majestät soll er gewesen sein, sprachgewandter Dolmetscher des Protokolls. Nun hat er das »Hotel Royal« auf die Beine gestellt.

Alles hatte ich erwartet, von einer Bruchbude bis zum eben eröffneten, nach frischer Farbe riechenden Hilton, aber keinen französischen Palast im Stile Ludwigs XV. Das aber war es. Komplett auch der Garten mit Springbrunnen, Wasserspeiern, gußeisernen Delphinen, neckischen Nymphen und pausbäckigen Engeln. Samt und sonders »Kitsch as Kitsch can«, Edelkitsch aus dem Europa der Jahrhundertwende. Alles und jedes war auf Menschenrücken über den zweitausendfünfhundert Meter hohen Chandragiri-Paß getragen worden. »Ein Radschah der Rana-Familie hat das Ding gebaut, in einem Seitenflügel wohnt er mit Kind und Kindeskindern noch heute«, erklärte Boris und schickte seinen Vizedirektor, um uns weiter zu betreuen. Auch die hohe Halle könnte in einem der Loire-Schlösser kaum anders sein. Hirschgeweihe hingen darin, zusammen mit den für die Parforcejagd verwendeten Spießen. Auch Gravuren waren zu sehen, die eine Hatz hinter Hunden darstellten.

Indessen hatte der Vizechef des Hauses um Verständnis gebeten. Gewärmtes Wasser werde morgens gegen sieben Uhr vor die Zimmertür gestellt. Sonst stehe eine Karaffe mit Trinkwasser zur Verfügung. Die schon vorhandenen Hähne im Waschbecken gaben vorläufig nichts her, das sollte erst noch kommen. Elektrischen Strom gab es abends für ungefähr zwei Stunden. Ansonsten wurden die verehrten Gäste gebeten, sich mit Kerzen, Petroleumfunzeln oder eigenen Taschenlampen zu behelfen. Auch wolle man bitte bei den Speisen Verständnis dafür haben, daß sich Küche wie Personal noch in der Ausbildung befänden.

Gegen die Sauberkeit in den ebenso großen wie hohen Zimmern war nichts zu sagen. Ein reizvolles Gemisch französischen Fin-de-siècle-Mobiliars, dazu frisch aus den USA importierte Betten. Nepalische Handarbeiten hingen als Dekoration an den Wänden und verblaßte Samtportieren an Fenstern und Türen. Trotzdem, irgendwie anheimelnd war das Ganze, zehnmal interessanter als in den glatt funktionierenden Hiltons, Sheratons, Hyatts oder Intercontinentals.

Wirklich neu war in jenem Jahr, bei meinem ersten Besuch im Lande, nur die Bar, sie zeugte noch von bodenständiger Kultur. Gewaltige, teilweise gekrümmte Balken trugen die Decke und wurden von knorrigen Stämmen aus Lärchenholz gestützt. Ebenso rustikal die Sessel, Sofas und niederen Tische. Im offenen, aus Felssteinen gemauerten Kamin knisterte ein wohltuendes Feuer, genährt von schenkeldicken Scheiten.

»Yak and Yeti Bar« hieß der Raum. Zwei der vier Ecken waren von ziemlich lauten, sich bedeutungsvoll gebenden Bergsteigern besetzt. Bedeutend ruhiger eine Runde in der dritten Ecke. Der allgegenwärtige Boris gehörte dazu, und weil ihm nichts entging, hatte er mich gleich erblickt.

»Kommen Sie zu uns!« rief er, und schon hatte er mich am Arm gefaßt, »ich darf Sie vorstellen, den Dr. Meissner aus München, Sir Edmund Hillary aus Neuseeland, Bezwinger des Mount Everest. Hier, sein ständiger Begleiter, der berühmte Norgay Tenzing, wie Sie bestimmt schon wissen.«

Selbst im Sitzen war Hillary ein großer Mann, breite Schultern, schlaksige Haltung, wettergebräunt, mittleren Alters, tiefgefurchtes Gesicht mit schmaler Nase und blauen, freundlichen Augen. Die blonden, schon von weißen Fäden durchzogenen Haare waren strubbelig, und das Brusthaar schaute aus dem offenen Hemd.

»Mit dem Everest ist das schon 'ne Weile her«, sagte Sir Edmund. »Um meine Familie zu ernähren, betreib' ich den Beruf des Bienenzüchters, aber davon redet keiner, immer nur vom Everest.« Die Runde lachte, kippte kleine Gläser, und der wendige Boris sorgte für eine neue Füllung. An der Wand, auf breiter Fläche von ungelenker Hand gemalt, ein buntes Bild, das sich gerade hier höchst passend ausnahm, nämlich die aus bewegter Phantasie geborene Darstellung eines Yeti.

»Ja, der Yeti«, sagte ein drahtiger Mann mit auffallend breiten Händen. Es handelte sich, wie mir erst später klarwurde, um Peter Aufschnaiter, einen deutschen Bergsteiger. Er war seinerzeit im Zweiten Weltkrieg zusammen mit Heinrich Harrer aus dem britisch-indischen Gefangenenlager Dhera-dun entflohen. Beide zusammen konnten nach kaum glaublichen Mühen und tödlichen Gefahren Lhasa, die Hauptstadt von Tibet, erreichen. Als Gäste und Schützlinge des Dalai Lama, der heute im Exil von Dharmsala lebt, haben Harrer und Aufschnaiter den Krieg überstanden. Danach waren die beiden Alpinisten als Berater für technische Fragen in Lhasa, am Hofe des tibetischen Gottkönigs tätig.

»Ja, der Yeti«, wiederholte Peter Aufschnaiter, »der abscheuliche Schneemensch, wie ihn manche nennen, das aufrecht gehende, dicht behaarte, menschenähnliche Phantom des Himalaya. Seine Fährten im Schnee habe ich selber gesehen, den sogenannten Schneemenschen aber nicht. Glauben Sie daran?«

»Ich? Keine Ahnung, hab' nur davon gehört und gelesen. Hier im Lande müßte man's wissen und Beweise finden. Sollte es denn Schneemenschen tatsächlich geben?«

Deswegen, so hörte ich, sei Sir Edmund zum soundsovielten Male in Nepal, auf Kosten einer Zeitungskette in den USA. Den Gerüchten und Berichten sollte er nachgehen, die Spuren, Fellfetzen und bestimmte Knochenfunde des angeblichen Yeti sollte er prüfen. Menschen und Mönche in entlegenen Klöstern wollte Hillary besuchen und nach dem Gespenst der Berge befragen. Irgendwo gab es eine angeblich aus Yeti-Pelz hergestellte Kappe, möglicherweise auch eine aus dem Schädel des Schneemenschen geformte Trinkschale.

»Könnte es Ihrer Meinung nach den Yeti geben«, fragte ich den Erstbesteiger des Mount Everest, »halten Sie es zumindest für möglich?«

Sir Edmund wurde für einen Augenblick ernst, dann entschloß er sich zu grinsen.

»No comment, wenn Sie gestatten!«

Nur in der Presse, die ihn finanzierte und honorierte, wollte er sich äußern.

Im gleichen Augenblick dröhnten draußen Pauken und Trompeten, es wurde getrommelt, gepfiffen und mit Becken geschlagen.

»Heute ist Dienstag, unser Abendkonzert hat begonnen«, bemerkte Boris, »das müssen Sie sehen und hören, es ist einmalig!«

Während Hillary mit seinen Freunden an der Bar zurückblieb, eilte ich zur Terrasse. Was sich da aufgebaut hatte, war nicht mehr und nicht weniger als die etwa zwanzig Mann starke Blechmusikkapelle der königlichen Garde. Schöne, gut gepflegte Uniformen, blau und rot, mit goldenen Litzen und blanken Knöpfen. Dazu polierte Schaftstiefel mit diversen Kordeln. Davor der Kapellmeister mit Degen an der Seite und Taktstock in der Hand. Er grüßte militärisch und gab Zeichen für den Beginn. Was seine Leute zu Gehör brachten, schwungvoll und mit Getöse, war die »Schöne blaue Donau«. So bald hörten sie damit nicht auf, sondern steigerten die Lautstärke so weit wie möglich. Nachdem sie endlich Pause gemacht und zufrieden den Applaus entgegengenommen hatten, begann gleich der zweite Teil des abendlichen Konzerts. Wobei es sich um die ausgedehnte Wiederholung der »Blauen Donau« handelte. Danach standen alle Musiker stramm, der Chef entbot den Gästen seinen militärischen Gruß und gab Befehl zum Abrücken.

»Außer der ›Blauen Donau‹ beherrschen sie nur die Nationalhymne«, erklärte mir ein großer Mann mit krausem Bart und buschigen Brauen. »Damit konzertieren sie am Samstag auf dem Thundikelt-Platz. Aber man sagt, daß man fürs kommende Jahr und für die erhofften Touristen noch zwei, vielleicht sogar drei Musikstücke einstudieren will. Ich wünsche gute Nacht!«

Es wurde eine gute Nacht, wenn auch Falter durchs offene Fenster in mein Zimmer gaukelten. Gut sah das Frühstück aus, und freundlich wurde es serviert. Aber in meinem Brot, so schien es mir, war Sand. Desgleichen im Kaffee, sogar in der Marmelade. Aber mit der Zeit gewöhnte man sich ans Knirschen beim Essen. Auch mußte wohl der feine Sand sauber sein, denn in keinem Fall hatte sein Verzehr schädliche Folgen.

# In den Gassen von Kathmandu

Immer nach unten schauen muß man in Kathmandu, weil das Pflaster löchrig ist. Kantipath heißt die breite Straße, die Nepals Hauptstadt von Westen nach Osten durchquert. Sie trennt das moderne, nicht besonders sehenswerte Kathmandu von seinem Ursprung, der menschenbelebten Innenstadt. Die Straße hat einen Bürgersteig, hin und wieder eine Verkehrsampel und allen Ernstes auch eine Unterführung, um dem Verkehr zu entgehen. Sie ist jedoch nicht zu empfehlen, weil sie übel riecht und von Unrat erfüllt ist.

Dem Tundikhel folgt der Rathna-Park, wo unter freiem Himmel die von unzähligen Menschen besuchten Wochenmärkte stattfinden. Nicht lange danach folgt die von Marmor eingefaßte Wasserfläche namens Rhanipokhari. In ihrer Mitte erhebt sich auf einer künstlichen Insel ein Tempel. Er ist den Helden der Vergangenheit gewidmet. Sodann geht es scharf nach links hinein in den starken Verkehr bis zu einem sechsarmigen Platz, der auf meiner Karte Asa genannt wird. Er trägt aber, wie ich nach einigen Irrungen und Wirrungen feststellen mußte, auch noch andere Namen.

Hier nun beginnt die interessante, sehenswerte Altstadt. Echt orientalisch nennen sie viele Touristen wegen des Gewimmels von Menschen, die nicht nur ihren Geschäften nachgehen, sondern einfach durch die Gegend bummeln. Allein für Fußgänger sollen die vier bis fünf Meter breiten Gassen bestimmt sein. Aber so ernst wird das nicht genommen. Motorisierte Rikschas, auch Motorräder, Mopeds, ebenso Schubkarren, hochbeladene Kinderwagen und dergleichen schieben sich mit unablässigem Geklingel durch das Publikum. Man glaubt, alle paar Minuten Zeuge eines Unfalls werden zu müssen. Aber die Kathmanduren sind bewundernswert geschickt. Sie springen in den nächsten Laden oder gleiten zwischen hochbeladenen Fahrzeugen hindurch wie eingefettete Schlangen.

Keine Bürgersteige natürlich, bestenfalls Steinstufen vor Läden, die ein Kunterbunt verschiedenster Waren bieten. Der Besitzer hockt drinnen auf einem niederen Schemel oder auf seinen Fersen. Jeden Passanten lächelt er an. Mehr als zwei, drei Leute können nicht im Laden stehen. Aber jedem ist es ein Vergnügen, und unweigerlich gehört es zu jedem Kauf, lebhaft um den Preis zu feilschen. Wer nicht handelt, beweist schlechtes Benehmen. Passanten, die sonst nichts zu tun haben, hören gern dem Wettbewerb der Worte zu. Stets ist der Preis ein Kompromiß, der letzten Endes beide befriedigt.

Tibetische, neuerdings auch nepalische Teppiche sind allenthalben aufgehängt, lautstark werden sie von dem Gehilfen angepriesen. Manche der Kaufläden sind kaum zu erkennen, weil von der Oberkante des ersten Stocks bis hinunter auf die Straße viele hundert aus Bambus oder aus Hanfschnüren geknüpfte Käfige hängen. Gerüste aus Geschirren, Aluminium ebenso wie Kupfer und Weißblech, erheben sich zwei bis drei Meter hoch. Oft stoßen Leute und Fahrzeuge an, was natürlich scheppernden Lärm erzeugt. Jeder, den man versehentlich berührt, entschuldigt sich mit einem Lächeln. Kinder rennen einem Luftballon nach.

Traurig aber sind die herrenlosen, ausgemergelten Straßenhunde dran, manche mit nur drei Beinen, andere mit offenen Wunden oder erblindeten Augen. Wo sie ihre Nahrung finden? Vermutlich in den Hinterhöfen und Abfallhaufen, wo zuvor die Anwohner ihre Notdurft verrichtet haben. Ab und zu aber sieht man, meist im Eingang von Ladengeschäften, ein Hundevieh, das geradezu Überheblichkeit ausstrahlt. Das sind private Hunde, die relativ gut genährt und manchmal von ihren Eigentümern gestreichelt werden.

Seinerzeit, vor rund dreißig Jahren, war hier noch so gut wie jedes Gebäude aus Holz, die Fenster kunstvoll aus graubraunem Holz geschnitzt, desgleichen die Fensterbretter, über die sich die Bewohner hinauslehnten, um sich am Straßengewühl zu erfreuen. Das tun sie auch heute noch, wenn sie keine anderen Pflichten haben. Keine gerade Front hatte die Straße und hat sie heute auch nicht. Viele der alten Häuser sind stehengeblieben, seit zwei- bis dreihundert Jahren schon, andere hat man leider abgerissen und durch moderne Bauten ersetzt. Das ist heute verboten. Es darf nichts mehr zerstört werden, ganz im Gegenteil, man ist dabei, alte Häuser zu renovieren. Vielleicht macht gerade die Vielfalt von alt und neu, renoviert oder gerade eben repariert, den besonderen Charme der Altstadt aus.

Es lebt hier alles fort, geht kunterbunt durcheinander, und die Leute scheinen zufrieden zu sein.

Aber man muß verdammt aufpassen! Ich muß mich erst wieder daran gewöhnen. Von hinten hupt einer, links lautes Geklingel und rechts ein vollgepackter Gemüsekarren. Aber was ich nicht mehr sehe, sind die mit Feuerholz oder Getreidesäcken beladenen Elefanten. Sie waren es, die noch während meines letzten Besuchs das Straßenbild, wenn auch nicht gerade beherrscht, so doch auf angenehme Weise belebt haben. Damals gab es hier in den Gassen noch kein motorisiertes Fahrzeug. Die Elefanten nahmen jede Rücksicht auf Menschen und Tiere, es sind wahrlich gutmütige Dickhäuter. Auch in freier Wildbahn kommt es nicht vor, daß ein Elefant auf ein lebendiges Wesen tritt. Es gibt jedoch noch einige Elefanten. Sie führen in der Nähe Kathmandus ein beschauliches Leben im königlichen Stall. Einmal oder zweimal habe ich auch bepackte Tiere gesehen, die mit selbstbewußt-ruhigen Schritten über die Kantipath-Straße in Richtung des königlichen Palastes ihres Weges zogen.

Geblieben sind die heiligen Kühe, die nach wie vor herrenlos, wie es scheint, durch die Altstadt trotten. Manche wissen zwar, wurde mir gesagt, wohin sie gehören, und beziehen gegen Abend ihren Einstand. Aber hier auf dem Fruchtmarkt, wo sich sechs stark belebte Straßen treffen, stehen und liegen im Verkehr oder ruhen zwischen den Verkaufstischen graubraune Kühe. Weshalb sie nicht von dem frischen Gemüse naschen, auch nicht von dem vielen Obst, das hier angeboten wird, ich weiß es nicht. Es sind eben heilige Kühe. Aber es ist schon möglich, daß ihnen die Verkäufer hin und wieder einiges zustecken. Man darf diese Geschöpfe nicht wegstoßen oder gar treten. Wehe dem Fahrer, der eine Kuh verletzt, er wäre ein Fall für die Polizei!

Die Beamten bemühen sich um die Einhaltung der Verkehrsregeln. Gewiß, es ist verboten, daß sich motorisierte Fahrzeuge durch die engen, belebten Gassen der Innenstadt bewegen. Aber, um mit Galilei zu reden, sie bewegen sich doch. Es scheint, daß die gutinformierten Hüter des Gesetzes sehr großzügig sind, sehr fahrerfreundlich und auch empfänglich für milde Gaben. Sie kennen die Leute, und ungestraft passieren darf, wer die nötige Vorsicht walten läßt.

Was mich weit mehr stört, ist die Verdrahtung aller Häuser, Geschäfte und Pagoden. Japanische Techniker haben auf diese Art die Altstadt mit Telefon-, Strom und anderen Kabeln verschandelt. Am Kelton-Platz sieht man dafür schlimme Beispiele. Ein besonders hübscher, bunt gestrichener Tempel steht, ganz in sein Innenleben versunken, unter einem hohen Gerüst aus Stahlmasten, rostigen Blechplatten und wildem Drahtgewusel. In unseren Augen eine Scheußlichkeit sondergleichen. Aber die Einheimischen sehen das nicht so eng. Um den Kultbau herum stehen und sitzen Straßenverkäufer, die es vollkommen in Ordnung finden, wenn sie indische

Stoffe und hausgemachte Handtaschen an dem Gotteshaus aufhängen. Immer wieder gehen Leute in den kleinen Raum und verstreuen dort Blumen und karmesinroten Puder. Der Straßenhandel, die Stromaggregate, der Lärm und die heiligen Kühe stören keineswegs die kathmandurische Stimmung. So und nicht anders hat sich das entwickelt im Laufe der Jahrhunderte, vermutlich wird es immer so weitergehen.

Am Rand öffnet sich plötzlich ein metertief in den Boden versenktes, quadratisches, mit Steinen ausgelegtes Loch. Aus einem Rohr plätschert Wasser, Kinder planschen darin, und herrenlose Hunde löschen ihren Durst. Eine vorübergehende Frau wirft Blumen hinein, das gehört sich so.

Früher war die Altstadt von Kathmandu ein beliebter Aufenthalt von Hippies. Hier gab es Rauschgift bemerkenswert billig. Der Handel war erlaubt, und wer sich mit Hasch, Heroin und ähnlichen Stoffen zugrunde richten wollte, dem wurde nichts in den Weg gelegt. Das hat sich jedoch grundlegend geändert. Strenge Gesetze und straffes Durchgreifen der Behörden haben dem Drogenparadies ein Ende bereitet.

Immerhin, ein gewisses Flair aus jener Gammelzeit ist geblieben. Leicht bekleidete, ohne Ziel herumbummelnde Aussteiger sieht man noch immer. Viele machen einen dürftigen, zuweilen bedürftigen Eindruck. Unglücklich aber wirken sie nicht, ganz im Gegenteil. Sie sind still zufrieden, sogar abgeklärt. Wenn auch in allen Reiseführern geschrieben steht, die Fremden sollten die Gefühle der Nepalesen schonen, sieht man in der Altstadt unter den Hippies nicht wenige Frauen, die sich präsentieren. Vor allem relativ junge Frauen kümmern sich nicht um die nepalischen Sitten. Da sehe ich ein gutgewachsenes Mädchen, dessen knappe Hosen kaum die Pobacken bedecken. Manche Paare halten Arm in Arm die Hüften umschlungen. Junge Frauen mit langen Haaren tragen pausbäckige Babys auf den Hüften. Die Nepalesen stört es nicht mehr. Sie hatten Zeit, sich an die Hippies zu gewöhnen.

Uniformierte Polizisten sind nur selten zu sehen. Wenn sie eingreifen müssen, geschieht es höflich, und selbst Verwarnungen werden von einem Lächeln begleitet.

Die Einheimischen sind relativ sauber gekleidet und waschen sich wohl täglich. Auf den Straßen jedoch und erst recht in den Hinterhöfen kann von Reinlichkeit keine Rede sein. Abfall liegt zuhauf, und der Geruch ist gräßlich. Würden nicht die Straßenköter einen Teil auffressen, wäre es noch schlimmer. Hin und wieder steht auf den Plätzen ein großer gelber

Kasten, überquellend von Unrat, der nur selten entfernt wird. Ich sehe auch graue Schweine, die auf dem Unrat schlafen.

Längst schon habe ich die Gruppe aus dem Hotelbus verloren, da eilt unsere Katharina auf mich zu. Sie kennt mich aus dem Flugzeug, wo es ihre Aufgabe war, eine Reisegruppe zu betreuen. Aus ihrer Hippiezeit weiß sie gut Bescheid in Kathmandu und will mir ihre liebste Gegend zeigen, das Stadtviertel von Thamel. Es geht durch krumme Gassen nach Osten. Katharina hat recht, Thamel ist sehenswert. Eine Unmenge von Kaufläden bietet spottbillig gebrauchte Ausrüstung für Trekker und Bergsteiger an. Beim Handeln kommt man dabei auf Beträge, die tief unter den Originalpreisen liegen. Gerade hier wimmelt es von Fremden, besonders von jungen. Die Lokale haben mehr oder minder schattige Gärten. Freie Tische sind nur selten zu finden, jeder setzt sich hin, wo er will. Man wird rasch mit nepalischen und fremden Gerichten bedient und trinkt Bier, für die Nepali ein relativ teurer Luxus, aber immer noch billiger als in den Biergärten von München. Die Stimmung ist heiter und gelöst. Man gehört gleich zum ganzen Kreis, am Ende wird man angenehm überrascht von den niedrigen Preisen.

Viele rollen auf Fahrrädern durch die Gegend, besonders die Ausländer. Die Tagesmiete eines Fahrrads kostet nach unserem Geld ungefähr 1,50 DM bis 2,– DM. Taxis sind spottbillig, nur muß man die echten von den nicht so echten unterscheiden. Die Fahrer, auch die privaten, befördern und berechnen unterschiedliche Preise. Die echten Taxis haben einen Taxameter, und es gibt kaum Entfernungen innerhalb von Kathmandu, die mehr kosten als ungefähr drei bis vier Mark.

Katzen sind außerordentlich selten, insgesamt habe ich nur drei in Nepal gesehen. Sie bedeuten Unglück, mußte ich hören, ziehen böse Geister an und übertragen Krankheiten. Massenhaft hingegen gibt es Tauben in Kathmandu, denn sie gelten als heilige Tiere. Man füttert sie, besonders in den Tempeln und Straßen. Man darf keiner Taube etwas Unfreundliches antun.

Da in ganz Nepal Linksverkehr herrscht, würde ich es nicht wagen, selbst durch das nepalische Gewühl oder die engen, steilen Landstraßen zu fahren. Nur in der Altstadt von Kathmandu konnte ich Parkprobleme beobachten. In den modernen Straßen und in den Vororten ist noch genügend Platz.

Mögen manche der Ausländer auch noch so erschrecken, wenn sie des öfteren Hakenkreuze sehen, sie bedeuten nichts Böses. Das Hakenkreuz, sehr oft links herum laufend, gehört zu den Symbolen der Hindu-Kultur aus indogermanischer Vorzeit. Man muß dabei nicht an den bekannten Adolf denken.

Wohin man auch kommt, auch dem Fremden wird nicht entgehen, daß zur Verschönerung und Erneuerung der Hauptstadt, ihrer Gotteshäuser und historischen Denkmäler sehr viel getan wird. Dafür erhalten die Nepalesen Entwicklungshilfe. Wer die meiste Entwicklungshilfe zahlt? Dreimal dürfen Sie raten. Natürlich die Bundesrepublik, das heißt, wir alle, die wir nun Gott sei Dank beisammen sind. Beschweren wir uns also nicht über die Begehrlichkeit der Finanzämter, sondern freuen uns statt dessen über die Verwendung unserer Abgaben für vernünftige Zwecke im Himalaya.

## Durbar Square. Das Herz der Altstadt

Durbar Square ist das Herz der Altstadt, ein pulsierendes Herz, erfüllt von Menschen, Göttern, flatternden Tauben und girrenden Vögeln. Vom Anbeginn an ist der Platz so gewesen und geblieben bis zum heutigen Tag. Kathmandu gab es noch gar nicht, als schon der Kasthamandapa-Tempel existierte. Wann er gebaut wurde und für wen, das weiß man nur so ungefähr. Der Kasthamandapa ist so oft restauriert worden, daß sein Ursprung wahrscheinlich in die graue Vorzeit fällt. Es trafen sich an dieser Stelle zwei wichtige Handelswege, und wo sich schwerbepackte Wanderer treffen, dort müssen sie rasten. Deshalb baute man für sie eine Unterkunft. Wie sich fast von selbst versteht, wurde bald aus der Unterkunft ein Versammlungsplatz, wo sich die aus dem Westen kommenden Händler mit jenen aus dem Osten trafen, besonders jene Lastenschlepper, die aus dem feuchtheißen Indien hinauf in den Himalaya strebten, um das geheimnisvolle Tibet zu erreichen. Natürlich wollten fast alle diese Leute auf dem gleichen Weg zurück. Im Kasthamandapa wurden Erfahrungen ausgetauscht, Geschäfte abgewickelt und neue Verbindungen angeknüpft. Nach der Sage wurde der Kasthamandapa-Tempel aus einem einzigen Baum errichtet. Tatsächlich bedeutet Kasthamandapa »Haus aus einem Holz«. Der Name von Kathmandu ist daraus hervorgegangen. Doch unmöglich kann der heutige Tempel aus nur einem, wenn auch noch so riesenhaften Baum entstanden sein. Im 12. Jahrhundert wurde der Kasthamandapa von Grund auf renoviert, wahrscheinlich ganz neu gebaut.

Als ich eintrat, wurde ich von herrlichem Blumenduft überrascht. Eine Sauberkeit herrschte in dem alten Gebäude, eine geradezu feierliche Stimmung, die ihren besonderen Grund hatte. Erst während der vergangenen Nacht hatte man die leuchtenden, süß duftenden Blumen in den hölzernen Tempel gebracht.

Er ist nicht besonders groß, aber seine historische und religiöse Bedeutung stellt ihn über alle sonstigen Gotteshäuser. Sogar die riesenhafte Pagode von Swayambunath, weit außerhalb von Kathmandu, reicht nicht an den Urtempel heran.

Ohne Begleiter war ich zum Durbar Square gekommen. Allenthalben wird von einem Platz gesprochen. Das stimmt jedoch nicht. Durbar Square ist ein weites und breites Stadtviertel, in dem sich etwa sechsundzwanzig Gotteshäuser, Königspaläste und öffentliche Bauten erheben.

Wer sich durch die engen, romantisch verwinkelten Gassen bis zum Basanthapur Square geschoben hat, wird überrascht vom Getümmel der Andenkenverkäufer. Es sind Hunderte. Unter polizeilicher Aufsicht haben sie sich in mehreren Reihen parallel geordnet. Kein großes Geschrei, aber freundliche Bitten, die schönen Auslagen und niedrigen Preise zu beachten. Nirgendwo sonst kann der Tourist Souvenirs billiger erwerben. Es sind keine alten Stücke darunter, aber echte Handarbeit auf jeden Fall, besonders die tibetischen Objekte. Denn es gibt in der Nähe von Kathmandu insgesamt zwölftausend tibetische Flüchtlinge, die nach der chinesischen Besetzung Aufnahme gefunden haben. Wer von ihnen nicht schon Handwerker war, ist es hier geworden.

Zur linken Hand endet der Platz am großen Narayana-Tempel. Nicht weit davon die große, aus Stein gehauene Skulptur des Garuda, das traditionelle Verkehrsmittel des Gottes Narayana. Seit dreihundert Jahren kniet dieser menschenähnliche Vogel unmittelbar vor dem Tempel, so lange steht er schon bereit, den Gott Narayana durch die Lüfte zu tragen. Das Wohnhaus der lebenden, der mädchenhaften Göttin Kumari befindet sich ganz in der Nähe. Leicht zu übersehen, wenn man nicht Bescheid weiß, ist der relativ kleine, vergoldete Ganesha. Dennoch, vom frühen Morgen bis spät in die Nacht reißt der Strom der Gläubigen nicht ab, die den elefantenköpfigen Ganesha besuchen. Sie lassen Glöckchen klingen und sprechen mit ihm. Auch ich habe allen Grund, Ganesha zu besuchen, denn er gilt als Beschützer aller Reisenden.

Nur ein paar Schritte trennen mich vom Shiva-Tempel, der in Stufen aufsteigt zu einer Pagode mit drei Dächern. Von der obersten Stufe aus genießt man die beste Übersicht, da kann man ausruhen und die gesamte Szene auf dem Durbar Square überschauen. Allenthalben sehe ich Frauen und junge Mädchen, die Götterbilder mit der karmesinroten Sindhor-Paste bestreichen. Sindhor ist eine Mischung aus Vermillon-Puder mit ausgepreßtem Senföl. Es dient als Opfergabe für die göttlichen Begleiter des täglichen Lebens.

Touristen bewegen sich über den Platz, die Stufen der Pagoden hinauf und in die Tempel hinein. Ich sehe Lastenschlepper, ein häufiger, aber nicht einträglicher Beruf in Kathmandu. Gewaltige Kisten und große Möbelstücke tragen Frauen ebenso auf ihrem Rücken wie Männer. Auch sie schätzen die Pagodenstufen als hilfreich, um Lasten abzusetzen und auszuruhen.

Eine Menge Straßenhändler sind unterwegs, die Andenken anbieten. Eine ältere Frau hat sehr hübsche Dingelchen, als Mitbringsel gut geeignet. Darunter befinden sich Anhänger, scheinbar aus Silber, wohl aber nur aus Weißblech, die man sich um den Hals und an den Pullover hängen kann. Die hübsch polierten, gelblichen Stücke stammen vom Gehörn des Grunzochsen. Einer älteren Frau habe ich Verschiedenes abgekauft, und von diesem Augenblick an gibt sie sich als meine Freundin. Sie lächelt, sie dankt immer wieder und bleibt in meiner Nähe, ohne sich aufzudrängen. Ich sehe ein paar Leute aus meinem Hotel und führe die Andenkenverkäuferin zu ihnen hin. Dort macht sie gute Geschäfte, und solange ich noch in Kathmandu weile, werde ich von ihr in den Gassen freundlich begrüßt.

Gegenüber dem Shiva-Tempel sehe ich zwei buntbemalte Holzfiguren, die den Gott Shiva und seine Gattin Parvati darstellen. Sie lehnen sich aus einem Fenster im ersten Stock. Ihr Tempel sieht aus wie ein gewöhnliches Haus, in dem sich unten eine Reihe von Ladengeschäften befindet.

Hanuman nennt man den Komplex des alten Königspalastes und seine Umgebung. Der Bau weist verschiedene Stile auf. Eine gewaltige Glocke, erst im Jahre 1786 gegossen, steht ihm gegenüber. Nur einmal während des Jahres wird sie angeschlagen, im Herbst während des Dasain-Festes.

In dem kleinen Tempel von Seto-Bhairava verbergen sich die vierundsechzig schrecklichen Erscheinungen des Gottes Shiva. Sie sollen den Zweck haben, böse Geister zu verscheuchen, sind jedoch während des größten Teils des Jahres nicht zu sehen. Nur während jener Tage, die Indra-jata geweiht sind, werden sie enthüllt. Gegenüber auf einer hohen schlanken Säule erblicke ich die vergoldete Statue des Königs Pratapmalla, der um das Jahr 1660 regiert hat. Viel hat dieser Monarch zur Verschönerung des Durbar Square beigetragen. Er kniet droben auf seiner Säule vor dem Degu-taleju-Tempel, gewidmet der Göttin Taleju als besondere Beschützerin der königlichen Familie seit uralter Zeit.

Man betritt die Höfe des alten Königspalastes durch eine schmale, von Soldaten bewachte Tür. Der Palast gilt nach wie vor als offizielle Residenz Seiner Majestät, des Königs Bir Bikram Shah. Gleich daneben, noch vor dem Eingang, residiert der vielbeachtete Affenkönig Hanuman. Er hat seinerzeit, als böse Dämonen die liebenswerte Sita des Gottes Indra entführt hatten, das Versteck der geraubten Göttin entdeckt. Sein Affenvolk

*Die wundervoll geschnitzten Fensterrahmen zählen zu den Höhepunkten der nepalischen Kunst.*

hat wesentlich dazu beigetragen, die schöne Sita zu befreien und wieder mit ihrem Gatten zu vereinen. Die Gesichtszüge des vielverehrten Affenkönigs sind nicht zu erkennen, denn alltäglich wird sein Antlitz von den Gläubigen mit Sindhor-Paste bestrichen. Sein Körper ist mit roten Tüchern verhängt, und ein roter Schirm bedeckt ihn. Rechts und links von ihm sind zwei Steinlöwen, die ihrerseits Bilder von Shiva und Parvati tragen.

Der alte Palast enthält vierzehn Höfe, die aber nicht alle fürs Publikum geöffnet sind. Aus dem 5. Jahrhundert unserer Zeitrechnung sollen die ältesten Teile stammen. Aber nicht älter als dreihundert Jahre ist im allgemeinen der Palast. Im Nasalchowk, im sogenannten Krönungshof, werden seit 1768 die Herrscher Nepals auf den Thron gehoben, bildlich gesprochen, denn sie besteigen zu diesem Zwecke eine Plattform, die sich in der Mitte des Hofes befindet. Als ich dort herumwanderte, hat man die Plattform etwa fingerdick mit gefärbtem Reis und anderen Körnern bedeckt. Zu einer bestimmten Zeit flattern die Tauben herbei, und binnen kurzem haben sie das aus Reiskörnern gemalte Bild aufgepickt.

Zur linken Seite des Hofes durchwandere ich eine Galerie, wo jeder neue Abschnitt einem König der regierenden Dynastie gewidmet ist. Den neunstöckigen Basanthapur-Turm kann man bei guter Konstitution ersteigen. Von droben reicht der Blick über den Palast, über den Bezirk und über die ganze Stadt hinweg.

Im Palast befindet sich ein ganz und gar dem König Tribhuvana gewidmetes Museum. Man sieht seinen Schreibtisch, sein privates Mobiliar, seine Orden, seine Uniformen und auch seinen Sarg. Er starb an Herzversagen in einem Schweizer Hospital und wurde von dort aus im Flugzeug nach Nepal überführt.

Ohne weiteres wird man nicht eine der Göttin Kalika gewidmete Tafel finden. Die eingemeißelte Schrift stammt aus dem Jahre 1664 von König Pratapmalla, der der Sage nach alle Sprachen der Welt beherrschte. Auch die Sprache der Virengi, der Ausländer, von der man annahm, in ganz Europa werde nur diese eine Sprache gesprochen. Der König hat auch die Jahreszeiten in fremder Sprache genannt und dabei die Vokabeln »hiver«, »autone« und »winter« verwendet.

Beim Herumwandern bestaune ich den achteckigen Tempel Krishnamandir und lasse mir den Anblick von vierundzwanzig großen Trommeln nicht entgehen. Man hat sie im Jahre 1800 hier aufgestellt und seitdem nicht verschoben. Wenn die Glocken ertönen sollen, muß man zuerst einem Büffel die Kehle durchschneiden und sein Blut als Opfer darbringen.

Nur vorsichtig betrachtet man die furchterregende Gottheit Bhairava. In Überlebensgröße, bemalt mit grellen Farben, handelt es sich um den Schwarzen Bhairava, ein Kunstwerk unbekannter Herkunft. Es wurde von Arbeitern, die eine Rohrleitung in die Innenstadt von Kathmandu legten, um das Jahr 1650 gefunden. Der Schwarze Bhairava steht im Ruf, Schwindel und falsche Anklagen mit absoluter Sicherheit zu erkennen. Der Lügner müsse auf der Stelle verbluten, so wird behauptet. Die Polizeistation liegt gegenüber dem Schwarzen Bhairava, und in alten Zeiten hat man Übeltäter vor die Skulptur geschleppt. Aus Angst, auf der Stelle zu verbluten, ist dabei manches Geständnis herausgekommen.

Thaleju-mandir, ein großer Tempel, der sich hinter einer hohen Ziegelmauer erhebt, ist nur für Hindu zugänglich, und auch das nur einmal im

Jahr. Um so geheimnisvoller wirkt der Tempel, der von einem Dutzend kleiner Pagoden umgeben ist, während sich sein Gipfel vierzig Meter hoch über der Straßenfront erhebt. Drinnen im Tempel soll sich eine Statue der Thaleju-bhawani erheben, die man um das Jahr 1300 aus Indien hergeschafft hat. Sie ist besonders wichtig und wohltuend, weil sie die Geschicke der königlichen Familie beschützt. Angeblich, so sagt man, wurden ihr während der vergangenen Jahrhunderte auch Menschenopfer dargebracht.

In diese Sammlung von alten und schönen Gebäuden paßt ein Teil des Königspalastes, bekannt unter dem Namen Gaddi-baithak, nicht hinein. Auch dieses Bauwerk, wie zahlreiche andere Gebäude in Nepal, vor allem in Kathmandu, stammt aus der sogenannten Ranarchie, die von 1844 bis 1952 gedauert hat. Seinerzeit haben die eigentlichen Herrscher Nepals, die Ministerpräsidenten und andere Fürsten der Rana-Familie, die Städte und Höfe der europäischen Herrscher besucht. Stark beeindruckt vom neoklassizistischen Stil haben die Ranas sodann begonnen, auch das Königreich Nepal mit Bauten ähnlichen Stils zu überziehen. Zahlreiche Paläste, offizielle Gebäude und ähnliches sind noch erhalten. Der Gaddi-baithak, obwohl zum Königspalast gehörend, fällt ganz besonders in die Augen. Seine Umgebung nämlich ist, ohne Ausnahme, echt nepalisch.

Was Nepal so liebenswert macht, ist seine Symbiose, die lebendige Tradition zwischen Vergangenheit und Gegenwart, zwischen Religion, Privatleben, geschäftigen Umtrieben, die ineinandergreifen und lebendig bleiben wie eh und je.

# Kumari. Das göttliche Kind

Es war einmal vor vielen hundert Jahren, daß ein kleines Mädchen der Sakya-Sippe die erstaunliche Kühnheit besaß, von sich zu behaupten, es sehe zwar aus wie ein Menschenkind, sei aber in Wahrheit die Inkarnation der Göttin Kumari. Wer weiß, wer Kumari ist, muß vor heiligen Schauern erbeben. Kumari ist nämlich eine der zweiundsechzig Erscheinungen von Parvati, die ihrerseits als göttliche Mutter dem Gotte Shiva zur Seite steht.

Die Vorstellungen des Hindu-Glaubens, der in weiten und volkreichen Gebieten Asiens verbreitet ist, sind recht kompliziert. Manche der Götter und Göttinnen sind gleicherweise Vernichter wie Erhalter, sind feindselig oder hilfsbereit eingestellt. Sie werden geliebt und gefürchtet, je nachdem, in welcher ihrer gegensätzlichen Erscheinungen sie gerade auftreten. So läßt sich auch von Kumari nicht sagen, wann sie ihre Güte ausschüttet oder Strafen verhängt. Als Gefährtin, man könnte auch sagen als Gattin des Gottes Shiva, konnte Kumari alles tun oder auch gar nichts. Wenn nun ein so kleines Mädchen wie die ungefähr siebenjährige Tochter aus der Sakya-Sippe von sich sagen konnte, sie sei eine Wiedergeburt der Kumari, ohne sofort von himmlischer Strafe getroffen zu werden, mußte es stimmen! Wie hätte sie sonst gewagt, eine so gefährliche Behauptung aufzustellen. Gewiß war dem minderjährigen Mädchen die großartige Rolle kaum zu glauben. Aber sie der Lüge zu zeihen, wagte niemand. Allein der regierende König aus der Malla-Dynastie, selber als Inkarnation des Gottes Vishnu verehrt, wollte ihm die überhebliche Behauptung nicht glauben. Also wurde das Kind mitsamt seiner Familie verbannt.

Nun war es so, daß sich der Landesherr, vor allem während der Nächte, mit der Göttin Thaleju am Würfelspiel erfreute. Sie war und ist noch heute die Schutzgöttin des königlichen Hauses. Also konnte sich Thaleju erlauben, wenn draußen tiefe Nacht herrschte, bei dem Monarchen in menschlicher Gestalt zu erscheinen. Sie war sehr schön, denn als Göttin konnte sie selbst über ihr Äußeres bestimmen. Weshalb auf die Dauer nicht ausbleiben konnte, daß der König in heißer Liebe zu Thaleju entbrannte. So sehr ihr das schmeicheln mochte, sie konnte nicht alle seine Zudringlichkeiten dulden, wurde zunehmend zorniger und beschloß, nie mehr mit dem Landesherren zu würfeln. Lange mußte der zutiefst unglückliche König bitten, bis ihm die Göttin halbherzig Vergebung gewährte. Thaleju versprach, wieder zu erscheinen, aber nur einmal im Jahr dürfe sie der König sehen, in Gestalt eines unschuldigen, jungfräulichen Mädchens. Die Gestalt der Kumari wollte sie zu diesem Zweck annehmen.

So mußte der König erkennen, daß jenes in die Verbannung geschickte Kind wirklich die Wahrheit gesagt hatte. Eilends ließ er Kumari und ihre Familie aus der Wildnis zurückholen, wo sie einige Wochen gehaust hatten. Ein leerstehender Palast wurde dem göttlichen Kind zur Verfügung gestellt.

Mir wurden drei oder vier Legenden dieser Art erzählt. Aber gerade diese gefiel mir am besten. Jeder kann Kumari sehen, die lebende, die noch kindliche Göttin in Kathmandu. Sie wird von ebenso gelehrten wie frommen Männern ausgewählt aus den Töchtern der Sakya-Sippe im Alter von fünf bis sechs Jahren.

Weil es sich um eine sehr große Sippe handelt, vorwiegend aus Goldschmieden bestehend, ist eine reiche Kinderschar immer vorhanden. Aber zweiunddreißig bestimmte Merkmale muß der kleine Körper aufweisen, verschiedene Mutproben soll das bedauernswerte Kind bestehen, bevor es in die engere Wahl gezogen wird. Intelligenz wird von dem Mädchen verlangt, ein bildhübsches Gesicht, ein makelloser Körper usw. Tugendhaft muß die Kleine sein, natürlich auch folgsam und ruhig. Nie darf infolge eines Nadelstiches oder aus sonstigen Gründen ein Tropfen Blut ihre Haut durchdringen. Was natürlich bedeutet, daß mit einsetzender Pubertät die Rolle der Kumari zu Ende ist.

Das göttliche Kind wohnt im Kumari Bhahal, einem mittelalterlichen, palastähnlichen, mit zahlreichen Schnitzereien und anderem Schmuck bedeckten Haus, ganz in der Nähe des Durbar-Platzes. Von ihrer Familie und Bedienten versorgt und auf jede Weise verwöhnt, führt das vergöttlichte Wesen in seinem Bhahal ein gewiß langweiliges Leben. An bestimmten Festtagen darf die Kumari, auf einer Sänfte getragen, ihr vornehmes Gefängnis verlassen. Einmal im Jahr begegnet sie dabei dem regierenden König und versichert ihm mit liebenswürdigem Lächeln, daß er mit Fug und Recht die Krone trage, als Wiedergeburt des Gottes Vishnu. Allen ist es gestattet, in den reich geschmückten, aber meist schattigen Hof des Kumari Bhahal einzutreten. Man darf alles und jedes fotografieren, auch die kunstvoll geschnitzten Fenster mit ihren Rahmen, sogar jenes Fenster, an dem Kumari erscheinen wird. Bevor dies geschieht, bezahlt man einem der Wächter (vermutlich gehört er zur Familie des Mädchens) einige Rupien. Alsdann müssen die Kameras verschwinden, denn es ist aufs strengste verboten, ein Bild von der kleinen Göttin aufzunehmen. Es gibt jedoch genügend Ansichtskarten von dieser oder anderen Kumari zu kaufen. Dann wird ein bestimmtes Fenster von innen geöffnet, das hübsche, kleine, in bunte Seide gehüllte Mädchen erscheint, beugt sich ein wenig hinaus, lächelt gezwungen, und schon ist es wieder im Hintergrund verschwunden. Dank der pausenlos einlaufenden Spenden, so bescheiden im einzelnen der Betrag auch sein mag, ist für das gute Einkommen der Kumari gesorgt. Aber die Präsentation, alle zwanzig bis dreißig Minuten aufs neue, von morgens früh bis abends spät, ist gewiß eine Belastung. Irgendwann ist die »Regierungszeit« der Kumari zu Ende, spätestens wenn sich die erste Blutung ankündigt. Dann ist alles vorbei, die bisherige Kumari fällt zurück ins normale Leben. Die Wahl der nächsten Kumari ist bereits im Gange.

Für eine Kumari ist es nicht leicht, den passenden Mann zu finden. Die meisten Kandidaten scheuen davor zurück, ein Mädchen zur Lebensgefährtin, zur Mutter zu wählen, das so lange verwöhnt wurde und nicht gelernt hat zu arbeiten. Pausenlose, harte Arbeit wird jedoch von nepalischen Frauen als selbstverständlich erwartet.

Zweimal habe ich Kumari gesehen, die eine vor bald dreißig Jahren, die andere vor kurzer Zeit. Beide machten keinen glücklichen, ja nicht einmal einen zufriedenen Eindruck. Ausstaffiert waren sie, geschmückt und geschminkt wie Kinderpuppen. Mit allem möglichen Klimperkram waren sie behängt, mußten sich immer wieder auf gleiche Weise am Fenster zeigen, den Versuch machen, zu lächeln, und wieder verschwinden. Wie gut haben es doch bei uns die Mädchen, von denen keines verpflichtet wird, für gewisse Zeit ein göttliches Wesen darzustellen, es sei denn, man denkt an Stars von morgen.

*Gebetsfahnen wehen überall im Himalaya. Sie umgeben nicht nur die heiligen Stätten der Buddhisten, sondern auch viele Orte. Der stetige Wind in den Bergen bewegt sie und trägt den Göttern die Gebete der Menschen zu.*

*Buddhistische Gebetsmühlen gibt es in allen Größen. Sie werden mit einer Bewegung der Hand in steter Rotation gehalten. Auf jedem Zylinder wird unzähligemal der Gebetstext wiederholt: »Om mane padme, hum« (Das Kleinod im Lotus, Amen).*

*Über die weiße Halbkugel, die die vier Elemente der Erde symbolisiert, sehen die Augen Buddhas hinweg. Der Buddha von Bodnath ist der größte von Nepal, das heute allerdings mehrheitlich hinduistisch ist.*

*Gurus, Swamis, Yogis, Lama-Priester usw. sind an jedem Straßenrand zu finden. Sie sind auf milde Gaben angewiesen.*

## Das Pfauenfenster von Bhaktapur

Wer Patan gesehen hat, könnte in Bhadgaon (Bhaktapur) meinen, es handle sich um eine bloße Wiederholung. Also wäre es vielleicht angebracht, auf Patan zugunsten von Bhaktapur zu verzichten oder umgekehrt. Beide Kulturzentren sind von der Hauptstadt in etwa der gleichen Zeit, in rund einer halben Stunde, über relativ gute Straßen zu erreichen. Man kann deshalb im gleichen Hotel von Kathmandu bleiben. Lieber mehr Zeit für eine Stadt als zuwenig für beide. Aber ganz so ähnlich, wie es auf den ersten Blick scheint, sind die beiden Städte einander doch nicht, ganz im Gegenteil.

Bhaktapur hat mir ausnehmend gut gefallen. Es ist noch ursprünglicher, altnepalischer und provinzieller als Patan. Man genießt vor allem in den Nebenstraßen und draußen vor der Stadt eine bäuerliche Umgebung so, wie sie früher war. Nur in der Nähe von Bhaktapur habe ich 1959 noch gesehen, was vor zwanzig bis dreißig Jahren allenthalben üblich war: Da sitzen und liegen junge Frauen vor ihrem Haus, damit beschäftigt, das neugeborene Baby von oben bis unten mit duftendem Öl zu bestreichen. Dadurch werden böse Dämonen gehindert, sich an dem Kleinkind zu vergreifen. Statt dessen werden gute Feen herbeischweben, um den wohlriechenden Säugling zu streicheln und zu schützen.

Auch ein ganz andere Sitte haben die Bhaktipuren beibehalten. Nach wie vor klatschen sie frischgefallene Kuhfladen an die Wand ihrer Häuser. So trocknet der Dung in der Sonne, bis er abfällt. Die immer fleißigen Hausfrauen sammeln die nun geruchslosen Fladen auf, um damit ihr Küchenfeuer anzuheizen. Weil aber heute Kuhfladen zur Düngung der ausgelaugten Felder unentbehrlich geworden sind, sieht man sie nur noch selten an den Wänden.

Aber angeklatschte Kuhfladen sind nicht gerade die bedeutendste Sehenswürdigkeit der Stadt. Schon vor tausend Jahren und mehr soll der sagenhafte König Ananda die Siedlung unter dem ursprünglichen Namen Bhadgaon gegründet haben. Angeblich hat ihm der Hindu-Gott Vishnu diesen Wunsch im Traum unterbreitet. Ebenso wie der Stadtstaat Patan konnte sich auch das bescheidene Königreich Bhaktapur bis zum Jahre 1768 in Frieden und Freiheit bewähren. Weil aber auch ein noch so menschenfreundliches Volk nicht in Frieden leben kann, wenn es bösen

Invasoren nicht gefällt, haben eines Tages die kriegslüsternen Gurkhas unter ihrem Anführer Prithvin Naraya den Staat Bhaktapur vereinnahmt, ebenso wie Patan und zuvor schon Kathmandu.

Allerdings hörte ich von Einheimischen auch Kritik, deren baufällige Häuser man abriß, um das frühere, vom Erdbeben zerstörte Stadtbild wiederherzustellen. Diese Betroffenen klagen über die willkürliche Enteignung der angestammten Wohnsitze und die geringe Entschädigung.

Der künstlerische Höhepunkt Bhaktapurs liegt am Durbar Square. Uralt kann man das Torana eigentlich nicht nennen, denn es besteht erst seit dem Ende der Malla-Epoche. Unsagbar schön ist es auf jeden Fall. König Yaya Ranjid Malla hat das einzigartige Meisterwerk im Jahre 1743 in Auftrag gegeben. Es ist nichts weiter als ein Tor, aber was für ein Tor! Der Malla-Herrscher hat, kurz bevor Prithvin Naraya die Malla von ihrem Thron fegte, begnadete Künstler gefunden. Auf einer nicht zu übersehenden Steinsäule gegenüber dem Torana thront die vergoldete Statue des Bhupatindra-Malla, der in alten Zeiten gleichfalls König von Bhaktapur gewesen ist. Unverwandt blickt er auf das goldene Tor mit zum Gebet gefalteten Händen. Hinter dem vielbewunderten Tor liegt der Sun-doka genannte ehemalige Königspalast, der nicht weniger als neunzehn Höfe umfaßt. Zur Zeit sind aber nur neun fürs staunende Publikum geöffnet. Palast der fünfundfünfzig Fenster wird er genannt. Er hat durch das Erdbeben von 1934 schwer gelitten. Doch schon sind fleißige Leute dabei, auf unsere Kosten die alte Herrlichkeit wiederherzustellen. Der Eingang zu den teilweise wiederhergestellten Bauten wird eifersüchtig bewacht, einerseits von Hanuman, dem Affengott, andererseits von Narasimha, halb Mensch und halb Löwe.

Allen Grund haben die Fabelwesen, die hinter ihnen liegende Nationalgalerie zu bewachen. Sie zu besuchen, ist gewissermaßen die moralische Pflicht eines jeden Bhaktipur-Besuchers. Es gibt dort Thankas der ältesten und edelsten Art, nicht im geringsten zu vergleichen mit jenen Rollbildern, die man allenthalben den Fremden anbietet, keineswegs älter sind als der Besucher und meistens früheren Vorlagen nachgebildet. Worauf es ankommt, sind echte Naturfarben, wie sie heute kaum noch hergestellt werden.

Der Teich von Siddha-pokari ist dem Vernehmen nach das größte künstlich angelegte Wasserbecken in Nepal. Schon vor fünfhundert Jahren hat man es gegraben, es wird von einer unterirdischen Quelle gespeist. Das

Wasser soll sauber sein, das Niveau bleibt stets das gleiche. Sowohl den Hindu wie den Buddhisten jeder Glaubensrichtung gilt der Siddha-pokari als heiliges Gewässer. Aber wirklich sauber und klar wie Kristall ist der Pokari leider nicht. Es wohnt nach altem Volksglauben eine große heilige Schlange darin. Auch wenn man das Reptil weder sieht noch seine Bewegungen verspürt, darf man es unter keinen Umständen stören. Deshalb wird der Teich nicht gereinigt, niemals darf man das Wasser ablassen. Die Schlange könnte es übelnehmen und womöglich die Störung mit dem Verschlingen einer Hausfrau bestrafen, die ihre Kinder am Rand des Beckens abgesetzt hat.

Nur rechtgläubige Hindu dürfen den Thaleju-Tempel betreten. Der heilige Innenhof wird von einem Doppelposten mit angeblich scharfgeladenen Gewehren und blitzenden Bajonetten bewacht. Aber selbst die streng blickenden Gurkhas mit ihren breitkrempigen Hüten sind letzten Endes echte Nepali und daher freundlich. Ein Lächeln genügt, schon darf ich eintreten. Abgesehen von ein paar riesengroßen Tempeln kann ich nichts von besonderer Bedeutung erkennen. Es kommt auf den rechten Glauben an, nicht auf Äußerlichkeiten fürs Auge.

Vielen Besuchern in Bhaktapur wird ein dreistufiger Tempel am Durbar Square unvergeßlich sein, denn auf zwei Etagen mit überdachten Balkonen wird jedermann preiswert mit nepalischen Speisen verwöhnt. Jeder Tisch ist gut besetzt, und viele fremde Sprachen schwirren durcheinander. Mir gegenüber sitzen sechs Motorradfahrer, die mit vier schweren BMW-Maschinen aus der Schweiz gekommen sind.

Wer an sein Finanzamt denkt, dem möchte ich noch den Besuch des dreistufigen Kasi-bischwana-Tempels empfehlen. Ohne großzügige Entwicklungshilfe wäre dieser Tempel nicht mehr zu sehen. Aus dem Schutt des Jahres 1934 ist er wiedererstanden. Gemeinsam mit seinem Nachbarn, dem turmartig schlanken Nyatopala stellt er für nepalische Begriffe ein Gleichgewicht des Schreckens dar, dem die Gottheit Bhairava Schlimmeres als den Tod bedeuten kann oder auch eine wohlwollende Wiedergeburt, die gutes Leben verspricht.

Wer Shiva sehen will, wie er sich mit seiner Gattin Parvati vereint, muß ein Steinrelief aus dem 5. Jahrhundert betrachten. Aber es liegt relativ verborgen, man muß ziemlich lange danach suchen. Die beiden Gottheiten lieben sich in genau der gleichen Stellung seit tausendfünfhundert Jahren. In Bhaktapur ist das möglich. Dahinter, im Tempel selbst, erhebt sich ein riesengroßer Stein. Er stellt eine von den vierundsiebzig heiligen Lingam (Phallus) dar, die sich im Tal von Kathmandu befinden.

Weiter stromaufwärts bis zum Hanuman-gat, wo sich die beiden Arme des Hunamantu-Flusses vereinen, ist allerhand los. Während der Sommerzeit wird der Platz von Einheimischen für Familienausflüge, besonders aber für Badefreuden ausgiebig genutzt. Um Mißverständnisse zu vermeiden, es geht in den Freibädern von Nepal durchaus anständig und gesittet zu, auch wenn zwei riesige Lingam-Darstellungen hier ebenfalls ganz ungeniert an Fruchtbarkeits- und Liebesfreuden erinnern.

Weiter draußen wird die Landschaft noch rustikaler. Man sieht grauhaarige Männer an ihren Drehscheiben mit der Herstellung von Tongefäßen beschäftigt. Frauen schaffen fleißig an Webstühlen oder holen Wasser aus den Springbrunnen, die man schon vor langer Zeit zur Versorgung der Haushalte tief in die Erde gebohrt hat. Hin und wieder klappern Sägemühlen, häufig zu sehen sind auch Männlein und Weiblein, die Getreide zum Trocknen ausbreiten. Sie tun das ebenso auf der befahrenen Straße wie auf den Terrassen von Tempeln und Pagoden. Eine bescheidene Steinterrasse wird überschattet von zwei enorm hohen, breitausladenden, heiligen Baobab-Bäumen. Welch idealer Rastplatz für Lastenschlepper und todmüde Pilger!

Der Pujari-math nahe dem Dattraya-Tempel enthält unter anderem Sehenswürdigkeiten der nepalischen Holzschnitzerei. Im Hof befindet sich das weltberühmte Pfauenfenster. Es ist ein Wunderwerk von Filigran aus tiefbraunem Holz. Nicht jeder kann diesen Anblick so recht genießen. Man muß die Fähigkeit, seine Strahlung aufzunehmen, mitbringen. Wer all das bestaunen möchte, kann sich kaum mit einem Tag begnügen. Aber wer möchte schon so viel Zeit für eine Kleinstadt aufbringen?

Allein in der Umgebung von Kathmandu gibt es ja noch Pashupatinah, Swayambhunath usw. Da wir gerade vom Pfauenfenster in Bhaktapur gesprochen haben und von der Kunst der Holzschnitzerei im Lande Nepal, muß ich noch auf das Dwarika-Hotel eingehen, das an der Straße nach Bodnath gewissermaßen ein urnepalisches Dorf für sich darstellt. Eines Tages fand ich im Postfach meines Sherpa-Hotels eine persönliche Einladung, noch am gleichen Abend im Dwarika-Hotel zu erscheinen. Verwalter dieses Unternehmens war und ist ein Ehepaar namens Shresta, ein recht bekannter und häufiger Name in Nepal. Dessen Tochter ist verheiratet mit einem Deutschen in Stuttgart. Diese deutsch-nepalische Verbindung war der eigentliche Anlaß, mich und noch eine Reihe anderer deutscher Besucher ins Dwarika zu bitten.

Dort war das Beste nicht allein Essen und Trinken, sondern Fenster und Türen. Die Anlage besteht aus verschiedenen Gebäuden, alle von bildschönen Gärten umgeben. Jedes Fenster des Dwarika, jede Tür und jeder Türpfosten verdanken ihre Entstehung einem altnepalischen Schnitzer. Der Stil ist nicht etwa vergangenen Zeiten nachgeahmt, sondern jedes der Kunstwerke ist mindestens zweihundert Jahre alt, einige sogar noch älter, wie mir der Hausherr versicherte. Sein Hobby, seine große Leidenschaft war und ist das Aufspüren solcher Kostbarkeiten. Sehr schwierig ist das geworden, weil ja noch andere Leute darauf großen Wert legen. Was die Preise betrifft, ließ sich der Hausherr nicht einmal zu Andeutungen hinreißen. Wie es der strengen Sitte der früheren Jahrhunderte entsprach, durfte keine dieser Kostbarkeiten von der gleichen Art sein. Da hatten die alten Schnitzer, hochangesehene Künstler ihres Faches, ihren besonderen Stolz. Jedes Stück zeigt ein anderes Muster. Gewiß ist die Sammlung absolut einmalig. Schon das allein läßt einen möglichst langen Aufenthalt im Dwarika-Hotel wünschenswert erscheinen. Auch die Landschaft ringsherum wird bisher noch nicht von modernen Elementen entstellt.

Der Hausherr, der in den Vorständen namhafter Firmen sitzt, zeigt mir noch einen Schuppen, angefüllt mit weiteren Schnitzarbeiten, in der Hauptsache Fensterumrahmungen, Fensterläden, Portale und Türpfosten. Es bleibe ihm nichts anderes übrig, meinte der Sammler, als noch weitere Gebäude zu errichten, um die bereits angehäuften Stücke unterzubringen.

Das Essen war auf so echte Weise nepalisch, wie man es nur »ganz privat« bekommt. Nicht gerade aufregend für die Geschmacksnerven, aber entschieden landesüblich. Sogenannte Newari-Küche, typisch für das Kathmandu-Tal. Eine allgemein nepalische Küche wird man vergebens suchen, sie ist unterschieden nach den weit entlegenen Regionen. Manches hat man aus Indien, Sikkim und Ladakh übernommen. Gekochter Reis wurde uns vorgesetzt mit einer Linsensoße, Dal genannt, dazu oder danach verschiedene Gemüse, stark gewürzt mit Ingwer, Knoblauch und Chili. Ingwertee wurde gereicht, auch Tee aus Yak-Butter und eingestreutem Salz. Es fehlte nicht an großen Rettichen und an Tsampa, gemahlenem Getreide, mit viel Milch vermischt. Es ist das übliche Gericht der Menschen im Gebirge. Süßigkeiten gab es zwischendurch, Backwerk namens Laddu und Jelebi.

Wer wollte, bekam als Getränk Tsang, also nicht das gewöhnliche, auch in Nepal sehr beliebte Bier nach unserem Geschmack, sondern etwas viel Stärkeres, das aus fermentiertem Reis, Mais, Gerste, Weizen oder Hirse hergestellt wird. Noch viel stärker, von geradezu umwerfender Schärfe ist der Raki, ein gleichfalls aus Weizen stammendes Gesöff. Dafür befanden sich auf unserem Tisch seltsam geformte, farblose Schälchen aus Ton, etwa in der Größe einer hohlen Hand. Die Hausfrau, eine sehr gut gepolsterte Dame, die ihren Angehörigen und Angestellten deutlich zu verstehen gab, wo es langgeht, und zahlreichen Frauenklubs vorsteht, besaß die Fähigkeit, Raki aus einer so hoch wie möglich gehaltenen Karaffe mit bewundernswerter Treffsicherheit in die vergleichsweise winzigen Tonschalen zu schütten. Nicht zuviel und nicht zuwenig, kein Tropfen ging daneben, und jedesmal war das Gefäß bis zum Rand gefüllt.

Nur gut, daß ich nicht selber zu fahren brauchte, sondern ein Taxi bestieg, um wieder ins Sherpa-Hotel zu gelangen. Der Raki hatte mir sehr gut geschmeckt, die Straße schwamm mir vor den Augen.

## Patan und die Christen

Soviel auf einmal ist kaum zu fassen. Nur ein Jahrhundert und nicht viel mehr haben die Malla-Könige gebraucht, um in Patan, der Residenz ihres kleinen Königreichs, nicht weniger als fünfundfünfzig reichverzierte Tempel und hundertsechsunddreißig Bahal zu bauen. Diese Gebäude, von den Nepali schlicht Bahal genannt, sind für unsere Begriffe kleine Paläste oder Patrizierhäuser.

Patan liegt so nahe bei Kathmandu, daß die Vororte der kunstvoll angelegten Stadt mit ihrer viel größeren Schwester Kathmandu zusammenwachsen. Weil Patan als Wiege der nepalischen Kunst gilt, genauer gesagt, des Newar-Stils, wird es vielfach Lalitpur genannt, zu deutsch »schöne Stadt«. Hunderttausend Bewohner sind es inzwischen, die sich in der relativ engen Stadt und ringsherum ausbreiten. Sogar Industrie hat sich entwickelt.

Die Geschichte der Stadt geht zurück bis ins 5. Jahrhundert unserer Zeitrechnung. Da hat ein inzwischen schon Legende gewordener König namens Manadewa einen prächtigen Palast gebaut, das sogenannte Mana-Haus. Von ihm gehen vier Hauptstraßen aus in vier Himmelsrichtungen. Auch der indische Kaiser Ashoka hat Patan besucht. Er ist den Spuren des Gautama Buddha gefolgt und hat dessen Lehre im Himalaya verbreitet.

Der Mittelpunkt von Patan, auch hier Durbar Square genannt, besitzt einen besonderen Zauber. Es ist alles beschaulicher in Patan, gemütlicher als in der nahegelegenen Großstadt. Zwei hohe wuchtige Säulen erheben sich auf dem Durbar Square, von denen eine die vergoldete Statue des Königs Siddhi-narsing trägt. Der Palast besteht aus drei Komplexen. Steinlöwen bewachen ihn, und der elefantenköpfige Gott Ganesha wird in verschiedenen Ausführungen dargestellt, nämlich liegend, stehend und mit weitausgreifenden Schritten. Auch sonst sind heilige Tiere nicht gerade selten, wie etwa Schildkröten, die auch lebend gehalten werden, Krokodile usw. Was man nicht so leicht entdecken kann, ist ein in den Boden eingelassenes königliches Bad, das sogenannte Tusha-hiti. Es ist mit einer doppelten Reihe von Statuen umgeben sowie von acht mythischen Schlangen, den sogenannten Naga. Aus mir nicht bekannten Gründen wird das alte Königsbad von einem Soldaten mit aufgepflanztem Gewehr bewacht.

Aus dem Jahre 1734 stammt ein vergoldetes Tor, der Eingang zum Mani-keshab-narayan-chowk. Es ist so kunstvoll gearbeitet, aus vergoldetem Kupfer mit zahlreichen Heiligenfiguren, daß die Arbeit an diesem Wunderwerk angeblich sechzig Jahre gedauert hat. Gegenüber der Nordseite des Palastes befindet sich ein aus Stein gebauter Tempel, Krishna-Mandir gewidmet. Er ist deshalb in der Kunstgeschichte so berühmt, weil er von indischen Architekten errichtet wurde, ganz im Stil der Mogul-Architektur. Davor steht, wieder auf einem hohen Pfeiler, der heilige Vogel Garuda. Dem Gott der Händler hat man das überaus sehenswerte Bhimsen-mandir geweiht. Viele der Schnitzereien sind versilbert oder vergoldet.

In einigen der Tempel sind Ladengeschäfte untergebracht, auch solche, die moderne Thankas und Gebetsmühlen verkaufen. Beim Durchwandern der Gassen stößt man immer wieder auf große, gemauerte Wasserbecken, wo fleißige Frauen ihre Wäsche und noch gründlicher ihre Kinder waschen. Andere sind allein für Männer gedacht, die sich hier so sauber wie möglich halten.

Mein Reiseführer enthält eine Skizze des Durbar Square aus dem Anfang des vorigen Jahrhunderts, wobei unsereins mit Befriedigung vermerkt, daß sich in bald zweihundert Jahren an diesem und auf diesem Platz fast nichts geändert hat. Manche der Straßen steigen ziemlich steil nach oben, andere verlaufen sehr windungsreich. Gepflastert sind die meisten mit roten Ziegelsteinen. Man darf die Verwaltung bewundern, die alles wieder so schön hergerichtet hat, wie es wohl zur besten Zeit gewesen ist. Wer erotische Schnitzereien zu schätzen weiß, kommt östlich vom Durbar Square auf seine Kosten. Dort befindet sich ein relativ bescheidener, aber dreistöckiger Tempel namens Olaku-ganesh, der besonders von gläubigen Hindu der Yjapu-Bauernkaste geschätzt wird. Eine unterirdische Quelle mit einem doppelten Wasserspeier liegt neben dem Balkumari-Tempel.

Wer Zeit genug hat, sollte sich auch die Umgebung von Patan ansehen, die zum großen Teil aus Bauernland besteht. Man stößt dort auf eine Stupa, nach dem indischen Kaiser Ashoka genannt, und schaut von dort über die Felder und Gemüsebeete am Bagmati-Fluß. Dabei denke ich an ein besonders hübsches Erlebnis während meines ersten Besuches in Nepal vor gut dreißig Jahren. Da hatte ich einen Maler aus Schwabing in München kennengelernt, der trotz eines im Zweiten Weltkrieg verlorenen Beines sehr gut zu Fuß war. Wir wanderten durch die Felder und genossen die schöne Stimmung. Mit einem Male hörten wir fröhliche Rufe und lautes Gelächter. Eine Hochzeitsgesellschaft unter freiem Himmel, vielleicht zwanzig bis fünfundzwanzig Personen, strahlte uns liebenswürdig entgegen. Sie waren allesamt um ein langes weißes Tuch versammelt, auf dem die schönsten Genüsse ausgebreitet waren. Wir konnten gar nicht anders, wir mußten die Einladung der freundlichen Leute annehmen. Der Maler sprach einige Worte Nepalisch, ich kein Wort. Dennoch wurden wir verwöhnt, bewirtet und von allen Seiten angelächelt. Das sei so üblich, wurde uns erzählt, wenn Fremde in der Nähe einer Hochzeitsgesellschaft erscheinen, so bedeuten sie Glück und werden herzlich eingeladen.

Der älteste Tempel von Patan, Kumbeshwar, befindet sich außerhalb der Stadt. Er ist um einen großen Hof gruppiert, wo man während verschiedener Zeiten im jeweils herrschenden Stil gebaut hat. Da gibt es Säulen und Skulpturen von der Licchavis-Zeit über die Epoche der Thakuris und Malla bis hin zur Rana-Zeit und auch moderne Schöpfungen.

Nach so zahlreichen Schönheiten besuchte ich den zoologischen Garten bei Patan, den einzigen Zoo seiner Art in Nepal. Das war vielleicht eine Enttäuschung! Ein großes Areal ist vorhanden, aber es wird schlecht gepflegt. Die Tiere, auch riesige Raubtiere wie Tiger, Leoparden und Wölfe, sind hinter scheußlichen Gittern auf engstem Raum eingepfercht. Zahlreiche Käfige und Gehege stehen leer, in anderen leidet ein Wildbulle, ein Yak, ein Nashorn oder ein anderes Opfer. Völlig vereinsamt sind die Geschöpfe. Auch die Unterbringung der Affen ist als Quälerei zu bezeichnen.

Als ich wieder Gelegenheit hatte, mit Prinz Gyanendra zu sprechen, konnte ich es nicht unterlassen, darauf hinzuweisen. Die Zustände wären ihm wohlbekannt, meinte er, aber die Mittel reichten nicht aus, um den Zoo von Grund auf zu renovieren und zu modernisieren. Der Plan bestünde, aber Spenden ausländischer Gönner wären bisher nicht eingetroffen. Ich nehme an, der Royal Chitwan Nationalpark ist der Regierung wichtiger und dringender. Der botanische Garten dagegen ist eine wahre Wonne und Freude für die Liebhaber seltener Pflanzen.

Wer einen guten Kaffee genießen möchte und die besten Kuchen, dem kann ich nur die deutsche Bäckerei empfehlen, allgemein German Bakery genannt. Der Besitzer mit seiner deutschen Frau war außerordentlich liebenswürdig, hat mich herumgeführt und bestätigt, wie wohltuend es sein kann, in nepalischer Umgebung zu leben.

Am Rande von Patan befindet sich die von Jesuiten geführte Schule von St. Xavier, verbunden mit einem Internat für Jungen. Es ist die einzige Schule ihrer Art in Nepal und wohl auch die beste, die sich unter den gegebenen Umständen denken läßt. Viele der führenden Persönlichkeiten, auch der königlichen Familie, werden und wurden dort ausgebildet. Eine katholische Kirche gehört dazu, wo regelmäßig Gottesdienste abgehalten und Messen gelesen werden. Aber nach außen tritt die Kirche nicht in Erscheinung, sie soll es auch nicht. Von den Behörden wird christliches Gedankengut abgelehnt, obwohl Ausländer glauben können, was sie wollen. In den Kirchenräumen von St. Xavier sitzen die Gläubigen meist auf dem Boden. Ich habe an der Messe teilgenommen und fand die Feier der Eucharistie sehr eindrucksvoll.

In Gesprächen mit den geistlichen Herren ergab sich, daß es im nepalischen Königreich gesetzlich verboten ist, für die christliche Religion zu missionieren. Erlaubt ist den Lehrern und Schülern lediglich ein Gebet um die Mittagszeit, aber in einer Form, die allgemein an die Gottheit gerichtet ist.

Ein paar hundert Meter weiter befindet sich die Mädchenschule mit Mädchenpensionat, St. Mary genannt, wo unter anderem auch viele der Rana-Prinzessinnen und die Frau des jetzt regierenden Königs ausgebildet wurden. Zufällig rollt gerade ein VW-Bus aus der klosterähnlichen Anlage, in dem sich sechs, in geistliche Tracht gehüllte Schwestern des englischen Ordens aus München befinden. Alle sind recht heiter gestimmt, und wir führen ein angenehmes, angeregtes Gespräch über das Münchener Leben.

In der St.-Xavier-Schule schenkte man mir ein Heftchen über die christlichen Einflüsse, besser gesagt, die Missionsversuche in Nepal. Zu meinem Erstaunen konnte ich daraus entnehmen, daß schon sehr früh, nämlich im Jahre 1661, die jesuitischen Glaubensboten, Pater Johann Grueber, ein Österreicher aus Linz an der Donau, und Pater Albert d'Orville, ein Belgier aus Brüssel, durch Nepal gezogen sind und sich in Patan aufgehalten haben. Sie befanden sich auf dem unglaublich weiten Weg von Peking über Lhasa nach Agra, wobei sie einen großen Teil von Tibet durchzogen. Sie wurden vom damals regierenden Malla-König in Patan gut aufgenommen und haben die Weihnachtstage bei ihm verbracht. Beide haben sich am chinesischen Observatorium in Peking verdient gemacht, sie haben auch den damals noch nicht fertigen Tadsch Mahal besucht und waren beim Dalai Lama in Lhasa. Wie es scheint, war man zu jener Zeit gegenüber christlichen Predigern toleranter.

Im Jahre 1703 wurden vom Papst italienische Kapuziner mit der Mission in Tibet und Nepal betraut. Sie blieben von 1707 bis 1745 und haben dort eifrig gewirkt, ungestört vom Dalai Lama. Etwa zur gleichen Zeit war der Jesuitenpater Hippolyt Desiderie in Tibet, er hat dort die unsagbar schwierige Sprache und Schrift gelernt. So gilt Pater Desiderie als erster Tibetologe der Geschichte.

Um das Jahre 1748 waren mehrere Kapuziner in Nepal und haben sogar eine christliche Kirche eingerichtet, die sogenannte Nevar-Kirche. Doch mit der Ankunft der Gurkha-Könige hörte die christenfreundliche Stimmung auf. Die Missionare mußten das Land verlassen, der christliche Glaube wurde verboten.

Erst im Jahre 1951 wurde dem Jesuitenpater Marshal Moran gestattet, Christen zu betreuen und die St.-Xavier-Schule zu errichten. Aber wie gesagt, missionieren dürfen die Jesuiten nicht.

Während meiner Unterhaltung in der St.-Xavier-Schule war mein jesuitischer Gesprächspartner sehr zurückhaltend. Zahlreich seien, meinte er, ohne genauere Angaben zu machen, die protestantischen Christen in Nepal. Sie scheuten sich aber, von ihrem Glauben zu sprechen, ihn zu propagieren oder auch anzugeben, von welchem Geistlichen sie betreut wurden. Geringer an Zahl sind katholische Christen in Nepal. Meist stammen sie aus Indien, besonders Südindien. Ein Nepalese, der zum katholischen Glauben übergetreten ist, hat es schwer in seinem Land. Kein Christ kann auf eine gehobene Stellung hoffen, schon gar nicht im Staatsdienst.

Eines Tages, als ich wieder die Tempel rund um den Durbar Square in Kathmandu besuchte und mich über die zahmen Schildkröten wunderte, die in einem der heiligen Höfe herumliefen, wurde ich von einem vierzigjährigen Mann angesprochen. Er beherrschte die deutsche Sprache verblüffend gut, weshalb ich mich erkundigte, wo er denn gewesen war. Er hatte sieben Jahre lang als Krankenpfleger in München gewirkt, hatte sich dort wohl gefühlt und war aus irgendwelchen Gründen zum katholischen Glauben übergetreten. Der gute Mann erbot sich, mir alle Sehenswürdigkeiten zu zeigen und zu erklären. Weil er das vorzüglich machte, wollte ich wissen, warum er denn nicht professioneller Fremdenführer sei. Aber nein, eine solche Stellung habe er nicht gefunden, trotz aller Bemühungen nicht finden können. So bot ich ihm an, mich für ihn bei der Lufthansa oder einem der großen deutschen Reisebüros zu verwenden, weil ich glaubte, daß so gut gebildete, perfekt Deutsch sprechende Leute gesucht würden. Darüber freute sich der Mann sehr, denn offenbar ging es ihm schlecht.

Zunächst hatte ich vereinbart, er sollte mich am folgenden Tag in der Halle des Sherpa-Hotels treffen, um mir andere Merkwürdigkeiten zu zeigen, die sonst den Fremden entgingen. Der Mann ist nicht gekommen, und ich habe ihn niemals wiedergesehen. Wie mir ein englisches Ehepaar erzählte, das in Kathmandu lebt, war der Mann gewiß beobachtet worden. Man hat es wohl nicht gern gesehen, daß er mit einem deutschen Besucher, zumal einem Schriftsteller, Kontakt aufnahm. So hat man ihn vermutlich daran gehindert, mich zu treffen.

## Pashupatinath. Wo man die Toten verbrennt

Seit prähistorischen Zeiten werden in Pashupatinath religiöse Feste gefeiert. Zu diesen Ereignissen strömt eine Unmenge von Pilgern herbei, darunter die sogenannten Sanyasin und Sadhu. Es sind ständig umherziehende, asketisch lebende Gläubige, die, lediglich in Lumpen gehüllt, von Sand und Asche bedeckt, nach Pashupatinath ziehen, oft aus weiter Ferne. Für sie hat schon vor dreihundert, manche sagen vor fünfhundert Jahren einer der Malla-Könige jene fünf Kilometer lange gepflasterte Straße bauen lassen, die von Kathmandu nach Pashupatinath führt. Sie überquert den Dhobi-Khola-Fluß und führt durch eine ursprünglich höchst angenehme Landschaft. Aber leider ist nun diese Straße eine vielbefahrene Verkehrsader geworden. Wo früher Felder und Weiden einander folgten, schließt nun eine Siedlung an die andere.

Es gibt auf dieser Straße, ungefähr in der Mitte zwischen der Hauptstadt und dem Heiligtum, eine Dharamsala, ebenfalls von den verdienstvollen Malla-Königen angelegt, eine Massenunterkunft für sparsame Pilger. Außerdem werden in dem Schuppen dicht daneben altersschwache und sterbende heilige Kühe untergebracht.

Der heilige Ort hat sich beiderseits des Bagmati-Flusses entwickelt und dehnt sich alle Jahre weiter aus. Manche der Gebäude liegen außerhalb des eigentlichen Tempelbezirks, andere sind erst in diesem Jahrhundert entstanden und fallen dank ihrer scheußlichen Blechdächer aus dem Rahmen. Wie es sich von selber versteht, ist der bedeutendste und wohl auch der älteste Tempel Shiva geweiht. Der Eintritt ist nur rechtgläubigen Hindu gestattet, aber dem Vernehmen nach dürfen auch Buddhisten und Anhänger des Lamaismus das Tor passieren.

Weil man uns schon von weitem ansieht, daß wir den rechten Glauben nicht haben, sperren zwei Militärpolizisten den Eingang. Da hilft kein freundliches Lächeln, sie lassen mich nicht hindurch. Aber der eine weist auf eine Treppe hin, die außerhalb des Tempels ein gutes Stück hinaufführt. Von dort gewinne ich freien Überblick, kann jedoch nichts Besonderes entdecken. Was man schon beim erlaubten Blick durch den Eingang sehen kann, ist die große Skulptur des Stieres Nandi, der als Reittier des Shiva wertvolle Pflichten erfüllt. Weil dieser Nandi dem Betrachter das Hinterteil zukehrt, kann niemand die unnatürlich groß geratenen Fortpflanzungsorgane übersehen. Überhaupt spielt die Fruchtbarkeit eine große Rolle. Die Verehrung des Lingam, wie von den Gläubigen das männliche Glied genannt wird, ist unverkennbar und ganz allgemein. Sie kommt frisch und frei an den Skulpturen zum Ausdruck, die den Gott unbekleidet oder nur wenig bekleidet darstellen. Dabei trägt er seinen erigierten Lingam deutlich zur Schau.

Zwei Brücken führen über den etwa fünfzig Meter breiten Fluß, der in Pashupatinath eine ziemlich wilde Schlucht durchfließt. Links von der Brücke befinden sich sechs bis sieben aus dem Gestein gehauene, kreisrunde Plattformen, die sogenannten Ghat. Dorthin werden die sterblichen Überreste der Hindu gebracht, um nach alter Weise verbrannt zu werden. Auf dem einen oder anderen Ghat sind schon die Vorbereitungen dafür im Gang. Angehörige schleppen in Tragekörben oder in den Armen das notwendige Holz herbei. Es soll trocken sein und möglichst von heller Farbe. Dort ruht auch schon der in weiße Tücher eingeschlagene Leichnam. Wenn es soweit ist, wird er auf den Holzstoß gelegt und mit weiterem Holz zugedeckt. Brennbare Flüssigkeit, in den meisten Fällen wohlriechende Öle, werden darübergesprüht. Es ist sodann die Pflicht des nächsten Angehörigen, den Scheiterhaufen in Brand zu stecken. Bis der Tote in Asche verwandelt ist, vergeht ungefähr eine Stunde. Danach schaufeln und fegen die Angehörigen die noch rauchenden Reste in den Fluß, bis kein Krümel mehr übrig ist. Der Bagmati wird sodann den Aschenstaub, zu dem der Mensch geworden ist, weitertragen, immer weiter, bis er in den heiligen Ganges mündet. So gelangt er schließlich ins Meer. Damit nichts davon auf dem Grund des Bagmati zurückbleibt, sind Angehörige oder Angestellte damit beschäftigt, den Boden des Flusses aufzuwirbeln und für die Weiterbeförderung der Asche zu sorgen.

Weil der Fluß heilig ist, baden viele Leute darin, besonders kinderlose Frauen, die hoffen, von ihrer Unfruchtbarkeit geheilt zu werden. Man sieht Leute, die bis über den Kopf untertauchen, andere wiederum schlürfen ein wenig von dem graubraunen Naß.

Rechts von der Brücke gibt es wieder einige Ghat. Obwohl diese genauso aussehen wie die anderen links von der Brücke, sind diese Plattformen allein für die Verbrennung verstorbener Könige und ihrer Angehörigen bestimmt. Wenn sie benutzt werden, dann im Rahmen großer Feierlichkeiten. Eine Unmenge von Menschen strömt zu diesen Anlässen herbei. Als seinerzeit die sterblichen Reste des Königs Thribuvana verbrannt

*Die verschiedensten Dämonen bewachen die Tempel.*

wurden, der in einem Schweizer Sanatorium an Herzversagen gestorben war, soll eine halbe Million Nepali Zeuge gewesen sein.

Hat der Besucher eine der beiden Brücken zur Ostseite hin überschritten, steigt er über steile, unregelmäßige Stufen hinauf und immer höher hinauf. Etwa ein Dutzend Chaitya, für unsere Begriffe Kapellen, säumen diesen Aufstieg. Jeder Besucher wird von Affen begleitet, die um Genüsse für ihren angeblich hungrigen Magen betteln, in Konkurrenz mit zahlreichen Sadhu, die um Almosen bitten.

Droben ist ein zweigeschossiger Tempel, gewidmet dem in alten Zeiten hochberühmten Guru Dakshiramurti. Je höher man steigt, desto schöner wird der Blick auf die drunten liegenden Anlagen. Obwohl es bis zum großen Fest des Shivaratri noch einige Zeit dauern wird, haben sich im Hof des Ram-Tempels schon eine nicht geringe Zahl von Yogi und Sadhu niedergelassen. Sie leben während der viele Monate andauernden Pilgerfahrten dank der Opferbereitschaft rechtgläubiger Hindu und Buddhisten. Manche Sadhu tragen die Haare hüftlang, und einen habe ich gesehen, dessen eng geknüpfte Zöpfe bis fast an die Knie reichten. Gerade dieser aber trug sonst nichts als einen Lendenschurz. Überhaupt scheinen diese Pilger gegenüber der Witterung sehr widerstandsfähig zu sein. Die meisten betteln nicht direkt, sondern erwarten entsprechende Gaben von den Passanten.

Wer nicht glaubt, daß der vielseitige Gott Shiva selbst den Mahadeva-Tempel besucht hat, kann dort mit eigenen Augen die Fußabdrücke des Himmelherrschers im Steinboden betrachten. Der frommen Sage nach befinden sich an dieser Stelle seine Spuren schon seit der Entstehung des Gotteshauses. Eine Art von Freilichtmuseum umgibt den Tempel, eine reiche und sehenswerte Sammlung von Steinskulpturen, Götter und Göttinnen darstellend. Natürlich können auch hier vielseitige Darstellungen des Lingam nicht fehlen. Besonders lieblich erscheint mir die kunstvolle Darstellung in einem kleinen Tempel der Parvati, der Gattin des Shiva. Sie ist so dezent weiblich, so begehrenswert dargestellt wie keine andere. Sie entsteigt einer Lotosblüte, ist beneidenswert schlank, hat wunderschön gewölbte Brüste und einen herzgewinnenden Ausdruck. Sie trägt eine Krone und Juwelen und wird von lodernden Flammen umgeben. Ganz in der Nähe der bezaubernden Parvati erscheint Gott Shiva in seiner schrecklichen Art, nämlich als Tika Bhairava. Gar so leicht ist das Heiligtum nicht zu finden, es schmiegt sich an die Hänge im Lelei-Tal nahe dem Zusammenfluß zweier Flüsse südlich von Chapagaon.

Ausgesprochen unanständig für europäische Augen wirkt Mahadeva ganz im Hintergrund des Tempels. Er entsteigt der Vagina, getreu dem tantrischen Buddhismus, wonach »Buddha im Schoß der Frau weilt«. In diesem Sinn betrachtet man jedes sich liebende Paar gemäß der Symbolik des Shakti-Kultes als Vollbringer einer rituellen Handlung. So ist auch hier die sexuelle Vereinigung eine heilige Angelegenheit und Pflicht der Gläubigen.

Blut fließt in Strömen bei den täglichen Opfern im Heiligtum der Dakshina, dort, wo die gen Süden führende Hauptstraße zu Ende ist. Mehr Tiere werden dort in Verehrung der Kali umgebracht als sonst irgendwo im Königreich Nepal oder seiner Umgebung. Nur männliche Tiere kommen in Frage, darunter Büffel, Ziegen, Schweine, Enten, Hühner und sogar Tauben. In eine lange Reihe von gläubigen Hindu mußte ich mich einfügen, um bis an die Opferstätte zu gelangen. Eine steile, gefährlich rutschige, relativ enge Treppe führte nach unten, danach mußte ich über eine Ansammlung spitzer, wackliger Steine turnen. Schließlich war ich angelangt in einem Gewirr von kleinen Tempeln und Pagoden.

Unter dem Schattendach breit ausgreifender dicht belaubter Äste kam ich an den Ort des Grauens. Dort blökten die Schafe, flatterten die Hühner, quiekten die Schweine und gaben todgeweihte Büffel ihre bösen Ahnungen kund. Ein paar Männer, die bis über die Knöchel im Blut standen, zogen breite blanke Messer durch den Hals der Opfertiere. Es roch übel, es war grausig, dies alles so unmittelbar zu sehen. Aber ich konnte nicht weiter vor und nicht wieder zurück, der relativ schmale Weg war verstopft. Hätte ich vorher gewußt, was hier und wie es vor sich geht, nie wäre ich dort eingedrungen.

Als ich durch das schmale Tal des Grauens geschritten war, wo Religion so grausam wütet, fühlte ich mich erleichtert. Etwa hundert Meter entfernt öffnete sich ein kleines Tal, in dem zwei der bescheidenen murmelnden Flüsse sich vereinten. In dem seichten Wasser, das so schön und sauber gurgelte, wurden die hingeschlachteten Opfer gründlich gewaschen. Alle Männer und Frauen, die sich Verdienste in den Augen der Kali erworben hatten, waren eifrig mit dem Reinigen beschäftigt. Auch hier herrschte enges und emsiges Gedränge.

Wieder ein paar hundert Meter weiter erreichte ich ein anderes Tal, das man nur als lieblich bezeichnen kann. An den sandigen, nur leicht geneigten Hängen hatten sich Familien und Freunde zusammengefunden, um nun ein leckeres Mahl zu genießen. Die eben gesäuberten Körper der Opfertiere wurden über flackerndem, angenehm duftendem Holzfeuer zubereitet, in kleine Teile zerschnitten und verspeist, meist mit den Händen. Auch belebende Getränke hatten die Gläubigen mitgebracht, was ihrer Stimmung sicht- und hörbar zugute kam. Lautes Gelächter klang von allen Seiten, Kinder juchzten, und Hunde erfreuten sich an den Abfällen.

## Aufstieg zum Swayambhunath. 336 Stufen sind zuviel

Anders geht es nicht, wenn man hinauf will zur Plattform des ältesten, höchsten und heiligsten Gottesgebäudes im Himalaya. Wie man weiß, hat Manjushri, ein sagenhafter Halbgott, mit dem Flammenschwert der Weisheit das Gebirge von Chobar durchtrennt und dem Wasser des großen Binnensees den Abfluß in Richtung des Ganges ermöglicht. So ist anstelle jener vorgeschichtlichen Fluten das fruchtbare Tal von Kathmandu entstanden. Aber wann das war, weiß niemand. Es gibt auch Leute, die anderer Auffassung sind. Sie meinen, es sei der göttliche Krishna gewesen, der die so sagenhafte Verwandlung erzielt habe.

Wo sich heute die gewaltige Stupa von Swayambhunath erhebt, sproß seinerzeit eine wunderbare, unheimlich blaue Lotosblume. Wie manche der Gelehrten meinen und sich darüber natürlich streiten, soll die noch heute vorhandene, bestaunenswerte erste Anhäufung der gewaltigen Erdmasse am Rand des ehemaligen Sees das Grundelement für Swayambhunath gewesen sein. Das soll mindestens tausend Jahre vor unserer Zeitrechnung gewesen sein, vor der Verbreitung des Buddhismus.

Im Jahre 250 v. Chr. hat der allmächtige und von tiefer Weisheit erfüllte indische Kaiser Ashoka das heutige Nepal besucht und dabei auch Lumbini, den Geburtsort des Gautama Buddha, betreten. Von dessen Lehre war Ashoka so angetan, daß er alle ihm zur Verfügung stehenden Mittel anwandte, um die Lehre des Gautama Buddha zu verbreiten. In der Umgebung von Patan soll der Kaiser den Auftrag zum Bau von vier Stupa, von buddhistischen Heiligtümern, veranlaßt haben. Schon zuvor gab es hier künstliche Hügel, haben die Stupa von Swayambhunath bestanden. Ashoka hat alles verbessert, verschönert und den Hügel noch weiter anheben lassen. Auf ihn geht die in Nepal bemerkenswerte Verschmelzung des buddhistischen und des hinduistischen Glaubens zurück.

Jedes Zeitalter, jede Dynastie hat sich um Swayambhunath bemüht und den Besuch des Heiligtums gefördert. Vierundzwanzig Könige folgten einander während der Kirati-Dynastie, deren beste Zeit das 7. und 8. Jahrhundert n. Chr. gewesen ist. Sogar aus dem fernen Lhasa, der Hauptstadt von Tibet, zogen Pilgerscharen heran, über die gefährlichen Hochpässe im Himalaya hinweg.

Im Jahre 1346 haben Invasoren versucht, das weltbekannte Heiligtum zu zerstören. Doch abtragen konnten sie das großartige Gebilde nicht. Der zu jener Zeit regierende Malla-König ließ nicht nur die letzten Gotteslästerer und ihre Untaten beseitigen, sondern legte auch eine breite Treppe an, um den Aufstieg zu erleichtern. Teilweise wurden die Stufen in den gewachsenen Fels gehauen oder aber mit Platten gefaßt.

Nicht weniger als dreihundertsechsunddreißig Stufen muß ich bewältigen. Doch viel schlimmer als diese Zahl ist ihre Unregelmäßigkeit. Verschieden ist die Höhe, mal sind die Steinplatten rauh, dann wieder glatt und glitschig. Auf schrägen Platten muß man sich halten, andere sind wieder leicht gewölbt, wegen der darunter verlaufenden Wurzeln. Die eine oder andere Stufe ist gelockert oder verschiebt sich unter dem Gewicht des Treppensteigers. Es befinden sich rechts und links Buddha-Skulpturen, mit rotem Puder bestrichen, in gelbleuchtender Farbe. Mir scheint, sie achten sehr darauf, daß kein Tempelbesteiger in seinen Bemühungen nachläßt. Zu langes Ausruhen ist nicht höflich, die Schande vorzeitigen Abstieges wird wohl keiner der Wallfahrer auf sich nehmen.

Mittag ist es, aus dem wolkenlosen Himmel brennt kräftig die Sonne. Ich bin nur leicht bekleidet, aber der Schweiß perlt. Tropfen rinnen mir vom Hals, den ganzen Rücken hinab in die Schuhe hinein. Ich keuche wie eine der ersten Lokomotiven von 1850, die Augen tränen, die Lungen schnaufen, und mein Herz bummert in der Brust, als wollte es zerspringen. Schließlich gehe ich auf die Achtzig zu.

Es führt auch eine Straße hinauf zur obersten Terrasse der Stupa, noch steiler ist sie und liegt noch praller in der Sonne als die vermaledeite Treppe. Dafür ein Fahrzeug zu benutzen, gar ein motorisiertes, entspricht nicht der Heiligkeit des Ortes. Im übrigen ist es wohl auch verboten.

Beim ersten Besuch in Nepal vor bald dreißig Jahren hatte ich es besser. Zwar fühle ich mich genauso fit wie damals, aber die Treppe scheint seitdem steiler geworden zu sein. Zu jener Zeit war ich am frühen Morgen nach Swayambhunath gefahren, um dem einheimischen Massenansturm zu entgehen. Vom Himmel herab strahlte keine brennend heiße Sonne, sondern fiel zarter Nieselregen. So konnte ich die dreihundertsechsunddreißig Stufen relativ flott hinter mich bringen.

Droben angekommen, wurde ich von drei Sachen verblüfft. Erstens zerrte an mir ein unfreundlicher Affe, ungefähr von der Größe eines Schimpansen. Es war ein nepalischer Langur-Affe, vollgefressen und herrisch. Offenbar übte er das Amt eines Torhüters aus, der gleichermaßen

Kassierer war. Eintritt sollte ich zahlen in Gestalt von Erdnüssen, eine große Tüte voll. Diese war zweitens leicht zu haben: Neben mir stand schon eine Frau, die genau Bescheid wußte über die Sitten und Gebräuche an diesem Ort. Kaum hatte ich die prallgefüllte Tüte in der Hand, griff drittens schon der Affe danach. Statt sich zu bedanken, fing der habgierige Kerl gleich an, mit vollen Händen zu fressen.

Kleine und ganz kleine Gotteshäuser standen herum, eine Sammlung von Kapellen. Jede war durch ein Gitter verschlossen, doch konnte man es öffnen, um Opfergaben hineinzulegen. Ich erblickte zwei oder drei Nepali-Frauen, die mit heiligen Handlungen beschäftigt waren. Sie hatten Kinder bei sich, die ihrem Beispiel folgten. Die Frauen trugen schwere Reisigbündel auf dem Rücken, die sie vermutlich über die steile Treppe hinaufgeschleppt hatten. Weil sie so viel zu tun und so schwer zu tragen hatten, reichten ihre dunkelblauen rotbestickten Röcke kaum bis zur halben Wade hinab. So konnte ich sehen, daß sie tätowiert waren, von den bloßen Füßen hinauf. Schwarze, rote und hellblaue Streifen, nicht nur aufgemalt, sondern offenbar tief in die Haut geschnitten.

So etwas sieht man heute kaum mehr. Sie kamen aus den Bergen, wo die Verschönerung von Frauenbeinen damals noch allgemein üblich war, und verdienten ihren Lebensunterhalt, wie mir Boris Lissanevitch erzählte, durch den Verkauf von Brennholz aus den bewaldeten Höhen. Mitten in der Nacht schlugen sie die frischen Äste ab und trugen sie zu ihren Stammkunden in Kathmandu. Täglich etwa zwölf Stunden Schwerarbeit, wozu noch ihre Pflichten als Mütter, Ehefrauen und Hausfrauen kamen.

Noch ein paar Schritte weiter, nach einem kurzen Gang durch das Labyrinth der Kapellen, Altäre und Götterbilder, dann fühlte ich mich auf frischer Tat ertappt. Die Augen Buddhas waren auf mich gerichtet. Nichts konnte ihnen verborgen bleiben. Geradewegs durchbohrt kam ich mir vor, alle meine Sünden waren mit einem Male bloßgelegt. Das hatte mit seinen Augen der allwissende, alles erkennende Buddha von Swayambhunath getan. Sein Antlitz, das riesengroß alle vier Seiten der Stupa bedeckt, schaut hinab von dem riesengroßen himmelhohen Gottesberg von Swayambhunath. Je zwei Augen beobachten und erkennen auf allen vier Seiten die vollkommene Wahrheit. Mitleid, Erbarmen und Allwissenheit liegen in diesem Blick, aber auch strafende Strenge und ernste Vorwürfe. Zwischen den Augenbrauen befindet sich die Andeutung eines dritten Auges, das Symbol der Erleuchtung. Die aufgemalte Nase erinnert an das

Fragezeichen unserer Schrift. Hier bedeutet es das nepalische Zeichen für eins, es symbolisiert damit die Einheit des Lebens.

Symbolik ist alles in Swayambhunath, der blendend weiße, halbkugelförmige, von Menschen aufgetürmte Erdhügel bedeutet die vier Elemente: Erde, Feuer, Luft und Wasser. Die dreizehn goldenen Ringe am Turm über den Buddha-Augen symbolisieren die dreizehn Stufen der Weisheit. Dreizehn Stufen hat die Leiter, die letzten Endes zum Nirwana führt, zur ewigen Glückseligkeit. Dies bedeutet der Schirm ganz oben an der Spitze.

Heute ist vieles anders als vor rund dreißig Jahren. Es wimmelt von Besuchern, darunter auch von zahlreichen Ausländern. Desgleichen wimmelt es von Affen. Beachtlich und wunderbar die nahe Berührung des buddhistischen und des hinduistischen Glaubens. Jeder kommt hier auf seine Kosten. Hindu-Tempel und auch Ghompa sind reich vertreten. Gebetsmühlen, wie sie vor allem der Lamaismus hoch zu schätzen weiß, umgeben die gesamte Stupa. Sie werden von den Gläubigen in Richtung des Sonnenlaufes in Gang gesetzt, während dieser seinen Rundgang vollzieht. Symbolisch gilt die Gebetsmühle als Rad der Weisheit, das den Zyklus von Leben und Tod versinnbildlicht.

In einem der Ghompa, der buddhistischen Klöster, nahe der Stupa, findet jeden Nachmittag um sechzehn Uhr eine religiöse Zeremonie statt. Jeder kann hineingehen, auch ungläubige Menschen, auch Christen und Moslem. Wer den Wunsch dazu verspürt, kann auch mit dem Rimpoche, dem zuständigen Priester, ein privates Gespräch führen. Man zieht natürlich die Schuhe aus und benimmt sich so still wie möglich. Frauen tragen auf ihrer Stirn den roten Punkt, den sogenannten Tika, den sie sich aus geweihtem Zinnoberpulver selbst auftupfen. Es gibt in einem Schrein hinter der Stupa frühnepalische (newarische) Meisterwerke aus Bronze, die im Tal von Kathmandu entstanden sind. Es brennen Butterlampen, es duftet nach Blumen und ätherischen Ölen.

Manches ähnelt einem Volksfest. Es ist üblich, daß Familienoberhäupter, wenn es gilt, einen besonderen Tag zu feiern, hier ihre Lieben um sich versammeln oder Freunde einladen. Da sehe ich ein gutes Dutzend älterer Herren, die sich hinter einer marmornen Balustrade bei Speis und Trank königlich amüsieren. Kaum haben die Senioren mich erblickt, werde ich schon herbeigewunken und soll mitfeiern. Aber ich habe noch anderes zu tun, ich muß mich dankend entfernen.

Etwas unterhalb der Stupa stehen die etwa vierstöckigen Häuser von

Verwaltungsbeamten, Priestern und sonstigen Angestellten. An der Regenrinne hinauf turnen behende Affen und steigen durchs Fenster in die Wohnungen. Bald erscheinen die Kletterkünstler aufs neue mit aufgeblähten Backen. Sie eilen genauso hurtig und sicher hinunter, wie sie hinaufgekommen sind. Eine der vielen Legenden, die sich um Swayambhunath ranken, erzählt, der Halbgott Manjushri hatte sich in Swayambhunath seine Haare schneiden lassen. Aus jedem Haar soll ein Baum entstanden sein und aus jeder Laus ein heiliger Affe.

Auch die Stupa von Bodhnath ist ein von Menschen aufgetürmter, schneeweiß bemalter Hügel. Natürlich fehlen auch ihm nicht die Augen Buddhas. Sie sind vielleicht noch ausdrucksvoller als jene von Swayambhunath. Man kann, wenn man gelenkig ist, bis nahe zu den rot, weiß und blau gefärbten Augen hinaufsteigen. Den dreifach abgestuften Sockel umgibt eine runde Ziegelmauer mit einhundertsiebenundvierzig Nischen, in jeder davon befinden sich vier oder fünf Gebetsmühlen. Mit anderen deutschen Besuchern, die ich zufällig hier antraf, bin ich mehrfach um die große Stupa gewandert. Das fiel dem höchsten Priester auf. Er schickte einen Boten, der uns bat, in seine private Residenz zu kommen. Dort schritten wir über tiefe Teppiche, erhielten schauerlich süße Getränke und durften dem hohen Herrn die Hand reichen. Er war schon alt, sehr beleibt und konnte oder wollte sich nicht aus seinem tiefen Sessel erheben, aber was er in gebrochenem Englisch sagte, war voller Güte und Freundlichkeit.

## Besuch von und bei hohen und höchsten Herrschaften

Thribuvana Highway wird die kühne Fernstraße genannt, die uns heute vom Terai, aus dem tiefen, tropisch feuchten Süden des Königreiches, nach Kathmandu führt. Entlang tiefeingeschnittener Flußläufe wollen wir hinauf in hellgrüne Höhen, hinweg über verschiedene Engpässe. Die Straße verläuft an steil abstürzenden Hängen, eine Haarnadelkurve folgt der anderen. Unserem Fahrer macht das gar nichts aus. Seit Jahren, vielleicht schon seit Eröffnung des Highway im Jahre 1972, ist er dort wie zu Hause. Mit Hilfe tüchtiger Ingenieure aus Indien und mit Geldern aus dem Nachbarland, haben viele tausend Nepali die bewundernswerte Straße in nur dreijähriger Arbeitszeit fertiggestellt. Eine freundschaftliche Geste gegenüber dem hochgelegenen Nachbarland ist der Straßenbau gewesen. Die politische und persönliche Verbindung der indischen Union des Pandit Nehru mit dem Großvater des heute regierenden Königs von Nepal war sehr eng gewesen, ja fast freundschaftlich zu nennen. Es war auch dem indischen Einfluß, der tatkräftigen Hilfe des fast diktatorisch regierenden Nehru zu verdanken, daß der im goldenen Käfig gefangengehaltene Thribuvana wieder den Thron seines Landes besteigen konnte.

Erstaunlich zu sehen, wie weit die Terrassenfelder hinaufreichen, bis über zweitausendfünfhundert Meter! Oft sind die Felder nur so schmal wie die Korridore in einem Hotel, abgestützt von Steinmauern, die alle Jahre wieder mühsam begradigt werden müssen. Gerade deshalb ist der Boden um so wertvoller geworden, so daß er immer wieder aufgefüllt werden muß durch Erde, die man aus den Flußtälern nach oben schafft auf dem Rücken von Menschen, wobei auch Frauen tatkräftig mithelfen. Nach starken Regenfällen bleiben Abschwemmungen nicht aus. So beginnt die Arbeit aufs neue und immer wieder aufs neue. Das gleiche gilt für die Straße nach den Wolkenbrüchen im Monsun. Dann machen sich Arbeitskolonnen und auch militärische Formationen mit großer Eile daran, die abgerissene Verbindung wiederherzustellen.

Sehr solide wirken die Behausungen für Menschen und Tiere. Aus Natur- und Ziegelstein werden sie errichtet, mit weit ausladendem Strohdach über dem dritten Stock. Unten leben bei schlechtem und kühlem Wetter die Tiere, im Stockwerk darüber die Menschen, ganz oben sind die Vorräte eingelagert. Früher hielten sich die Bauern so hoch über dem

Meeresspiegel keine Rinder, sondern Schafe, Ziegen und Schweine. Das hat sich geändert, seitdem es Fremden, besonders Schweizern, gelungen ist, widerstandsfähige Rinder von Hochalmen aus ihrem Land im Himalaya einzugewöhnen. Auch die Schweine gedeihen. Die Muttersau hat man angebunden, damit sie nicht entläuft oder abstürzt, während die Jungschweine frei herumlaufen. Wie sie sich suhlen im Sumpf, wie sie grunzen und sich des Lebens freuen – es macht wirklich Spaß, das zu sehen.

Hier oben lebt man nicht nur von Reis, Mais, Hirse und Hafer, sondern zum großen Teil auch von Kartoffeln. Wenn die Kolonialvölker oft gescholten werden, weil sie die Eingeborenen beherrscht und ausgebeutet haben, so haben sie andererseits segensreich gewirkt. Dazu gehört die Einfuhr von Kartoffeln, zunächst im nördlichen Indien, dann auch im Königreich Nepal. Sie vertragen Kälte, lassen sich auch in höheren Lagen anbauen und sind im Gebirge sehr beliebt.

Wie schon auf anderen Himalaya-Straßen, versetzen uns auch auf dem Thribuvana-Highway entgegenkommende Fahrzeuge in Angst und Schrecken. Es fehlt nicht an Lastwagen, Autobussen und anderen großen Vehikeln. Die Fahrer müssen schon zwei bis drei Kurven vorausahnen, was ihnen entgegenkommt. Mitunter scheint es, als könne sich nur die Kante der Reifen noch gerade auf der Straße halten. Es geht aber gut, geht immer wieder gut, so sehr man darüber staunt.

Ochsenkarren sieht man nur noch selten, dafür Fußgänger mit und ohne Lasten, denn die Nepali waren seit Anbeginn aller Zeiten daran gewöhnt, sich auf eigenen Füßen durch die Täler und Gebirge zu bewegen. Immer wieder begegnen wir gebückten Frauen, die in Körben große Mengen Brennholz nach Hause tragen. Es sollen jeweils dreißig bis fünfzig Kilo sein. Damit nicht genug, während sie diese schwere Last flott tragen, verrichten sie andere Arbeit mit den Händen. Sie spinnen Wollfäden zu grauweißen Knäueln. Dennoch nicken uns alle Frauen zu, sie lächeln ebenso freundlich wie zufrieden.

»Das ist es ja«, bemerkte Samson Rana, »das ist eine der großen Sorgen unseres Landes, der Raubbau an Feuerholz. Viele tausend Frauen sind's, die an jedem Tag Holz im Wald schlagen, frisches Holz, leider, weil's nicht genug Fallholz gibt. So vernichten sie nach und nach die Waldungen. Schon haben wir in manchen Tälern mit rasch fortschreitender Erosion zu tun. In ein paar Jahren werden die Berge kahl sein. Regen wäscht den Humus hinunter.«

Aber was will man dagegen machen? Man will es nicht, man kann es nicht. Natürlich ist es verboten, das Jungholz oder noch grüne Äste zu schlagen. Aber soll man einer geplagten Frau das Holz abnehmen, sie vielleicht sogar bestrafen, nur weil sie Brennholz braucht, um daheim die tägliche Mahlzeit zu kochen oder während des Winters die lebensnotwendige Wärme zu erzeugen? Man versucht es mit Aufklärung. Man versucht es auch mit dem Import von Mineralölen, aber dafür fehlen die Devisen. So wird bis auf weiteres die Waldvernichtung weitergehen und damit die Erosion.

Je höher wir hinaufkommen, desto mehr wird die Fahrt zu einem spannenden Film. Immer neue Ausblicke tun sich auf, immer neue Ängste werden überstanden. Keinen größeren Ortschaften begegnen wir, in der Hauptsache einzelnen Gehöften. Alles nette Leute, keiner schaut grimmig und verflucht die ständige Störung. Besonders, wenn es steil bergauf geht und wir langsam fahren, erfreuen uns die bezaubernden hübschen Kinder der Bergbewohner. Sie spielen mit Steinchen, mit abgebrochenen Ästen und Kleiderfetzen. »Das stimmt«, meint Samson, »reizende und hübsche Kinder, nur leider, leider, gibt es zu viele. Viel zu viele!«

Wie sieht die Zukunft aus, wie kann Nepal die künftigen Generationen ernähren? Wenn man bedenkt, daß nur zwölf Prozent des Königreichs landwirtschaftlich nutzbar sind, wenn nur etwa ein Drittel als Weideland für Rinder, Schafe, Ziegen und Yaks dienen kann, muß man befürchten, daß es bald Probleme gibt, die nicht zu lösen sind.

Als wir Kathmandu erreichen, sind die Hauptstraßen verschönt durch ein Meer von Fahnen, die sich im Winde bewegen. Allenthalben Girlanden, Spruchbänder, Blumenschmuck. Einerseits handelt es sich um die Fahnen des Königreichs Nepal, andererseits um die Fahnen Spaniens. Ein großer Tag für das vor kurzem noch nur wenig bekannte Land im Himalaya. König Juan Carlos von Spanien und seine Königin Sophia, eine Enkeltochter Kaiser Wilhelms II., erscheinen heute zum Staatsbesuch. Sie werden drei bis vier Tage bleiben und sind natürlich hochwillkommene Ehrengäste des Königs Bir Bikram Shah Dev und der Königin Aishwarya Rajya Laksmi Devi Shah.

Wie es der Zufall will, liegt mein Hotel, das Sherpa-Hotel, unmittelbar an der Durbar Marg, der Hauptstraße von Kathmandu, gerade gegenüber des Anapurna-Hotels. In wenigen Minuten werden die vier Majestäten durch diese Straße zum Palast des nepalischen Königs rollen. Längs der Straße sind Schulklassen aufgebaut. Sie schwenken Papierfähnchen, die nepalischen und die spanischen. Andere Nepali stehen nicht dicht gedrängt. Bemerkenswert die relativ geringe Zahl von Sicherheitskräften. Nur alle fünf bis zehn Schritt ein Soldat, der während der Vorbeifahrt sein Gewehr mit aufgepflanztem Bajonett präsentieren wird. Es scheint sich um Männer der Gurkha-Truppen zu handeln. Gewiß wird es auch noch Sicherheitsbeamte in Zivil geben, aber sehr zahlreich können sie nicht sein.

Da kommen sie schon, zunächst eine Kavalkade in scharlachroten Uniformen, mit Gold bestickt und Federbüsche auf dem Helm. Wer genauer hinsieht, dem kann nicht entgehen, daß es sich bei diesen Kavalleristen durchweg um ältere Herren handelt. Manche mit Schmerbauch, viele mit starken Brillen, und die meisten prusten wegen der ungewohnten Anstrengung. Reservisten dürften es sein, die gelernt haben, bei Staatsempfängen eindrucksvoll auf ihren Rössern zu sitzen. Danach folgen verschiedene Kutschen, die ihrem äußeren Anschein nach viele Jahre lang in den Remisen gestanden haben. Sie wurden gebaut in den Jahren vor und nach

*Der Singha Durbar entstand 1911 nach europäischen Vorbildern.*
*Anfangs diente er dem Rana-Herrscher, heute verschiedenen Ministerien.*

1900. Damals regierten noch die Rana, die einen englischen Fimmel hatten. Sicher sind die Kutschen haargenau englischen Vorbildern nachgeahmt worden. Die Gefährte sind beiderseits offen, kein Wagenschlag und erst recht keine Panzerung schützt die Insassen vor den Gefahren eines Attentats.

Im ersten Wagen, mit rotem Samt und Goldleisten geschmückt, befinden sich Seine Majestät König Bir Bikram Shah Dev von Nepal und Seine Majestät König Juan Carlos von Spanien, dessen Abstammung bis ins frühe Mittelalter nachzuweisen ist. Beide grüßen freundlich nach rechts und links, wie sich das für Majestäten gehört, und beide sehen recht zufrieden aus. Danach der Wagen mit den königlichen Damen, mit der besonders gutaussehenden Königin Sophia, neben ihr, vollschlank und stark geschminkt, Aishwarya Rajya Laksmi Devi Shah, die natürlich aus der Rana-Sippe stammende Gattin des regierenden Königs. Vor allem Sophia von Spanien beherrscht den Umgang mit der Bevölkerung, ganz gleich, wo sie sich befindet. Zurückhaltender ist die Königin von Nepal. Den beiden Damen gegenüber Prinzessin Maria Christina, eine der Töchter von Juan Carlos und Sophia. Die zweite Tochter ist nicht mit von der Partie, leider auch nicht der fabelhaft aussehende, noch höher als sein Vater gewachsene Kronprinz Felipe di España.

Dem königlichen Wagen folgt wieder eine berittene Eskorte, gleich uniformiert wie die erste, sehr eindrucksvoll und ebenso »pensioniert« wie die Reiter ganz vorn. Neben den Kutschen laufen rotuniformierte Lakaien mit langen Fliegenwedeln in der Hand.

»Morgen sehen Sie noch viel höhere Herrschaften«, erklärt mir Samson mein Programm, »dann steigen sie auf in einer flotten Maschine und betrachten aus sicherer Entfernung die erhabensten Gipfel der Welt.«

So schnell ist es jedoch nicht getan. Wenn auch die Werbung des Tourist Office verkündet, seit Beginn dieses Jahres werde täglich eine bestimmte Maschine die Kette der Himalaya-Gipfel anfliegen, Start um 8.30 Uhr, hat dabei das Wetter mitzusprechen. Klar und frei müssen die Berge sein.

Wir sind pünktlich, aber noch hat sich der Nebel nicht gehoben. Außerdem zieht aus dem Westen eine Wolkenbank heran. Wann es losgeht, können nur die Götter sagen, und davon gibt's sehr viele bei den Hindu und Buddhisten. So nehmen wir Platz im Coffeeshop droben auf der Terrasse und fassen uns in Geduld. Tja, das waren noch Zeiten, als der

Flughafen nur aus einem holprigen Rollfeld bestand und einem vom Wind gebeutelten Zelt. Wenn ich ans Jahr 1958 denke, an meine erste Landung auf dem später Thribuvana genannten Flugplatz ... Nur drei Plätze im ganzen Königreich konnte man anfliegen, jetzt aber sind es achtunddreißig und bald noch mehr.

Allerdings gehörten dazu zirka zwölf behelfsmäßig ausgebaute Stols. Das sind Short-take-off-and-landings, also Rollbahnen für kurze Starts und kurze Landungen. Sie haben größtenteils keine modernen Anlagen, keine Sprechfunkverbindung zur Außenwelt. Meist verkehren hier die zweimotorigen, überaus zuverlässigen Twinotters, noch mit Propellern ausgestattet und zur Aufnahme von maximal neunzehn Passagieren bestimmt. Unter anderem bedienen sie so weit- und hochgelegene Plätze wie Lukla, Jomosom, Manang und Tumlingtar. Von diesen und anderen Rollbahnen aus beginnen die Trekker ihren Aufstieg in den Himalaya, Männer und Frauen, die es von Lukla aus versuchen – nicht weniger als fünftausend pro Jahr. Wer am Ende wieder von einem dieser Plätze nach Kathmandu fliegen will, kann sich auf eine Reservierung nicht verlassen. Bisweilen warten über hundert ermüdete Trekker am Lukla-Rollfeld auf den Heimflug. Sie müssen in Zelten übernachten und selber sehen, wie sie zu ihrer Verpflegung kommen.

Als noch das von den Japanern geleitete Mount Everest View Hotel bei Lukla in Betrieb war, hatte man es einfacher. Aber aus mir nicht bekannten Gründen ist die komfortable Unterkunft, über dreitausend Meter hoch gelegen, außer Betrieb. Alles, was man bekommen kann, ist warme Milch. Zur Zeit stehen im Dienst der RNAC einundzwanzig Maschinen verschiedener Art, bald noch mehr. Während ich dort war, landete zum ersten Mal eine Boing 737 auf dem Thribuvana Airport.

Auch diesmal herrscht lebhafter Betrieb in der Halle, draußen auf der Startbahn steigt eine Maschine nach der anderen auf. Allerdings sind es, aus wetterbedingten Gründen, nur internationale Brummer, die sich den Blindflug leisten können. Noch immer macht sich Nebel breit, wenn auch zwei Wartestunden verstrichen sind. Weniger Sorge bereitet die aus Westen heranziehende Wolkenwand, sie hat sich weitgehend aufgelöst und streicht ab.

Samson geht hinunter ins Gewühl, um Erkundigungen einzuziehen. Er hat ein längeres Gespräch mit dem Flugdirektor. Daraus ergibt sich eine neue Lösung. Nicht mit der sonst zur Himalaya-Kette aufbrechenden

Maschine werden wir starten, sondern mit einer Twinotter und dem Piloten Sidhi. Er war einer der ersten Piloten des Königreichs. Vorsichtig ist er, was einer der Gründe sein dürfte, daß er noch lebt. Von ihm stammt die Devise: »Wir vermeiden es, durch Wolken zu fliegen, weil sich darin steinharte Berge verstecken.«

Natürlich herrscht enormer Andrang, als man den Start der Twinotter bekanntgibt. Nur gut, daß wir ganz vorn an der Sperre warten. So geraten wir unter jene neunzehn Glückspilze, die einen Platz in der Maschine finden. Auf der Rollbahn warten wir eine weitere Viertelstunde, bis Captain Sidhi meint, die Luft sei nun klar genug. Die Twinotter rollt an, hebt ab und steigt auf. Unglaublich weit hinauf sind die Vorberge von menschlichen Siedlungen bedeckt, so bald hören die Terrassenfelder nicht auf. Welch unglaubliche Mühe, von tief unten alles Material hinaufzuschaffen und dann wieder die zum Verkauf bestimmte Ernte nach unten zu bringen. An manchen Hängen ist die Erosion deutlich zu erkennen, nicht mehr viel ist zu sehen von den dichten Wäldern, die früher die Hänge beschattet haben. Hinüber geht es über die Berge im Kathmandu-Tal und weiter hinauf. Gletscherbäche haben die Täler ausgespült. Wir sehen überall die hellen, spritzenden, blitzenden Wasserläufe auf ihren geschlängelten Wegen. Auch diese Gewässer enden ohne Ausnahme nach sehr langen Umwegen im heiligen Strom Ganges.

Näher und näher rücken die eisgekleideten Riesen, mehr und mehr Filme werden verbraucht. Wer genug im Kasten hat, macht höflich einem anderen Fotofreund Platz. Captain Sidhi ist so freundlich, seinen Passagieren aus dem Lautsprecher zu erklären, um welche Giganten des Himalaya es sich handelt. Er nennt die Namen und die Höhenmeter. Wir kommen aus dem Staunen nicht heraus. Das glitzert und flimmert auf erregende Weise. Kaum möglich ist es, die gesamte Pracht zu überschauen. Mit dem bloßen Auge, durch Brillen und durch Ferngläser versucht jeder, die Gipfel zu sehen.

Wer geglaubt hat, daß sich der Mount Everest über alle anderen deutlich heraushebt, ist enttäuscht. Auf dem Globus verbirgt sich der höchste Berg hinter und zwischen anderen. Eine niedliche Stewardeß beugt sich lächelnd zu mir herab. Sie meint, ich solle mich nach vorn ins Cockpit begeben. Mit Fernglas und Kamera natürlich. Aber nicht länger als maximal zehn Minuten. »Machen Sie schnell, wir sind gleich am Everest.«

Ich eile ins Cockpit, bedanke mich bei Captain Sidhi und kann den Platz des Kopiloten in Anspruch nehmen. Jetzt kurven wir nach Norden zwischen Vorbergen hindurch, um dem Everest noch näher zu rücken. Ich denke an die zahlreichen Expeditionen und an die vielen Opfer, die jener Thron der Götter gefordert hat. Die beiden ersten waren die Cambrigde-Studenten Mallory und Irvin. Vom Basislager hat man durch starke Teleskope gesehen, daß sie schon nahe am Gipfel waren. Dann verschwanden sie spurlos bis auf den heutigen Tag. Ihr Schicksal ist nach wie vor eines der großen Rätsel im Himalaya.

Als ich seinerzeit am Trinity College in Cambrigde studierte, hat man steif und fest behauptet, diese beiden, Mallory und Irvin, seien die wahren Erstbesteiger des Everest gewesen. Aber bewiesen ist es nicht, es fehlten ihnen noch hunderfünzig bis zweihundert Meter. Für die meisten Menschen haben der Neuseeländer Edmund Hillary, später Sir Edmund, und der Sherpa Tenzing Norgay am 29. Mai 1953 die höchste Erhebung erreicht. Seitdem sind es über hunderfünfzig Personen gewesen, aus ganz verschiedenen Nationen, die gleichfalls droben waren. Sie wußten ja nun Bescheid und hatten es nicht mehr ganz so schwer.

Der Pilot will es nicht wagen, über 8800 Meter zu steigen, um die höchste Erhebung zu überfliegen. Es sind widrige Winde zu befürchten. Aber knapp über die Südflanke hinweg zieht unsere Twinotter, und so nahe wie nur möglich schaue ich auf die glitzernden Kristallbrücken des Sagarmatha. Mit ein paar – hoffentlich guten – Fotos in der Kamera gebe ich den Platz wieder frei.

Anderthalb Stunden dürften vergangen sein, als unsere Twinotter wieder aufsetzt. Aber was für eineinhalb Stunden sind das gewesen! Es ist unmöglich, solch ein Erlebnis zu vergessen. Ich kann jedem Nepal-Besucher nur dringend dazu raten. Im übrigen kostet das einmalige Vergnügen nicht mehr als siebzig Dollar.

# Ein Nationalpark am Thron der Götter

Sagarmatha bedeutet Mutter des Universums oder auch Thron der Götter. Sagarmatha ist der nepalische Name für den Mount Everest, Chomolungma nennen ihn die Tibeter. Wenig hat Sir George Everest mit dem höchsten Gipfel der Erde zu tun. Er brachte es während seines langen Lebens (1790 bis 1866) zum Chef der britisch-indischen Landvermessung. Nicht er selbst, sondern ein von ihm entsandter Trupp konnte mit Hilfe starker Fernrohre die höchste Erhebung im Himalaya herausfinden. Die Beamten der britisch-indischen Verwaltung haben dann, um ihren Chef zu ehren oder ihm zu schmeicheln, diesem Massiv den Namen Mount Everest gegeben.

Bestiegen haben den Thron der Götter als erste der neuseeländische Bergsteiger Edmund Hillary zusammen mit dem nepalischen Sherpa Tenzing Norgay, und zwar am 29. Mai 1953, dem gleichen Tage, als in der Westminster Abbey in London Elizabeth II. zur Königin gekrönt wurde. Diese erhob Hillary zum Sir und verlieh seinem Begleiter einen hohen Orden sowie eine lebenslängliche Rente.

Später bin ich beiden begegnet, Sir Hillary in Kathmandu, Sherpa Tenzing zwei Jahre vor seinem Tode im indischen Höhenkurort Darjeeling, wo er die Alpenhochschule leitete und eine besondere Art tibetischer Zwerghunde züchtete. Sir Edmund Hillary war damals gerade neuseeländischer Botschafter in Indien und in Nepal beglaubigt. Viel hat der ungewöhnliche Mann zur Entwicklung von Schulen und Hospitälern im Lande der Sherpa getan.

Während meines letzten Besuchs in Nepal machte ich die Bekanntschaft eines anderen Neuseeländers, des Autors des Buches »The Story of the Mount Everest National Park«, der aus dem Freundeskreis von Hillary hervorgegangen ist. Bruce Jeffries ist sein Name, wobei man auch seine charmante Frau erwähnen muß, denn sowohl an seinen Schriften wie an seinen Expeditionen hat sie regen Anteil genommen.

Was das Ehepaar Jeffries und mich zusammenbrachte, lag jedoch in weiter Ferne, in einem Dorf der kanadischen Eskimo mit Namen Igloolik an der Küste des Eismeeres. Mich hatte ein Rundflug von fünf Wochen Dauer dorthin geführt, zu dem mich der damalige Leiter des Wildschutzes des Northwest Territory eingeladen hatte. Igloolik ist ein noch heute bestehender Stützpunkt der Polarmenschen und dient der kanadisch-amerikanischen Flugzeugüberwachung. Der schon hochbetagte Missionar Vandevelde hatte mich gastlich aufgenommen, mit manchen der Eskimo hatte ich weite Ausflüge ins Packeis unternommen. Ich durfte sie in schmalen schwankenden Kanus auf der Jagd nach Walrossen, Weißwalen und Eisbären begleiten.

Ausgerechnet in dieser fernen, an kein Flugnetz angeschlossenen Ortschaft hatte sich das sympathische Paar angesiedelt. Nicht nur vorübergehend, vielmehr ist Igloolik noch der Mittelpunkt ihres Lebens. Doch der unermüdliche Forscherdrang, verbunden mit dem leidenschaftlichen Willen zur Erhaltung eingeborener Tiere, hatte Bruce Jeffries und seine Gattin ins Hochland des Himalaya geführt. Von angesehenen Bergsteigern und Wissenschaftlern empfohlen, sollten die beiden Jeffries die Umgebung des Mount Everest studieren, Erfahrungen gewinnen und raten, was den Umfang, die Verwaltung und den bleibenden Schutz des künftigen Sagarmatha-Nationalparks betrifft.

Weitgehende Maßnahmen werden von Tag zu Tag nötiger. Verordnungen allein genügen nicht. Was auf dem geduldigen Papier steht, muß kontrolliert werden. Die Umgebung der höchsten Berge ist ein begehrtes Ziel der Bergwanderer geworden. Was dort gesündigt wurde und in zunehmendem Maße weiter gesündigt wird, ist kaum zu glauben. Während früher die Sherpa, die über weite Gebiete verstreut nur in kleinen Gruppen lebten, kein Brennholz schlugen, sondern sich allein mit Fallholz begnügten, haben sie während der letzten Jahrzehnte, als Begleiter der Trekking-Gruppen, Raubbau getrieben. Abfallbeseitigung müssen sie erst noch lernen, erst recht die Trekker. Die Abholzung hat zur Erosion geführt. Mitgeführte Tragtiere jeder Art haben grüne Flächen kahlgefressen. Die Sherpa selber sind, wenn auch nur bescheiden, zu Geldverdienern geworden.

Edmund Hillary trägt selbst einen gewissen Teil von Schuld daran. Allein schon die von ihm gewünschte Anlage des Flugplatzes von Lukla in dreitausendsechshundert Meter Höhe hat das Heranschaffen von Baumaterial, Verkaufsartikeln und bisher unbekannten Getränken für die Sherpa möglich gemacht. Manche der heutigen Ortschaften des einst so schlichten, urwüchsigen Bergvolkes sind kaum noch zu vergleichen mit der Darstellung auf Fotos, die man an gleicher Stelle vor etwa zwanzig bis dreißig Jahren aufgenommen hat.

*Die rituelle Reinigung am Bagmati* (oben) *ist ebenso kennzeichnend für das religiöse Leben wie Götterstatuen* (oben rechts: *der Affengott Hanuman) und Tänze* (unten: *in Bhutan*).

Links: *Auch die Unterdrückung durch die Chinesen hat nichts an der tiefen Religiosität der Tibeter ändern können.*

Rechts: *Hinduistische Götter und Dämonen begleiten die Wege in Kathmandu.*
Rechts unten: *Die berühmte Statue des Vishnu »Narayana« (= Wasserruhestätte) auf der Weltenschlange Ananda in Buddhanilkantha bei Kathmandu.*

*Daß diese Pilger auf einer Straße in Ladakh wandern, ist sofort an den typischen Flügelzylindern der Frauen zu erkennen.*

Zwei alte Zivilisationen waren sich dort vor Jahrtausenden begegnet, die indische und die chinesische. Zwei Religionen, der Hinduismus und der Buddhismus, haben sich miteinander auseinandergesetzt, befruchtet und vermischt. Desgleichen zwei Rassen, die kaukasische und die mongoloide, ein Prozeß, der sich über viele Generationen hingezogen hat. Eine Grenze zwischen dem Königreich Nepal und dem Gotteskönigreich Tibet hat es nicht gegeben. Alles ging ineinander über.

Die Bhotia, zahlenmäßig die bedeutendsten Bewohner des nördlichen Teiles des hohen Himalaya, sind aus Tibet gekommen. Bhot heißt Tibet in ihrer Sprache. Beiderseits der nepalisch-tibetischen Grenze leben die zu den Bhotia gehörenden Sherpa, gering an Zahl und über weite Räume verstreut.

Zwischen ihnen, besser gesagt mit ihnen, in eigenen Dörfern und schwer zu erreichenden Tälern, leben die Tamang, ebenso tibetischer Abstammung wie die Sherpa. Ihre Wohngebiete liegen in drei Regionen, am Oberlauf des Dudh Kosi (Milchfluß), im Quellgebiet des Chumbu und im Tal von Solu. Ferner gehören zu ihrer Heimat die tiefeingeschnittenen, wildromantischen Schluchten des Varak. Von Süden her gab es keine Einwanderung, weil die Chumbu-Region viel zu hart, zu hoch und zu wenig fruchtbar ist. Dennoch genossen die höher angesiedelten Stämme ein relativ gutes Auskommen. Sie waren nicht nur Farmer und Viehzüchter, sondern hatten sich auch zu Händlern entwickelt. Keine Reise war ihnen zu weit, kein Wanderweg zu mühselig. Sie zogen während der Sommermonate, mitunter auch im Winter, über die Höhe des Himalaya von Nepal nach Tibet, sogar aus dem nördlichen Indien bis ins Wohngebiet der Chinesen. Schneefälle sperren nur selten den Übergang vollkommen. Wenn es aber geschieht, werden die Handelskarawanen zur Rückkehr gezwungen. Dann muß man unter allen Umständen versuchen, eine tiefere Lage zu erreichen.

Ein großes Glück war es für diese Händler, daß gleich nach der Schließung der tibetisch-indischen Grenze 1951, dann erst recht nach 1959 in Massen Touristen und Bergsteiger kamen, von denen sie womöglich noch besser leben als vom alten Handel.

Die Ausdehnung des geplanten Nationalparks, so hat mir Bruce Jeffries erklärt, soll tausendzweihundert Quadratmeilen (3108 qkm) betragen und im Schnitt über dreitausend Höhenmeter liegen. Wie bei älteren Nationalparks werden sich vermutlich die Grenzen nach und nach ausweiten. Die

Grenzberge und die Übergänge sind die höchsten der Welt. Kein Paß liegt tiefer als fünftausend Meter.

»Warum gerade dort ein Nationalpark?« wollte ich von Jeffries wissen. Er erklärte, daß die gesamte Region, besonders das Chumbu-Gebiet, sehr verletzlich sei. Nur dünn liegt die Humusschicht auf dem unfruchtbaren Boden. Zu rasch kann Regen die gute Erde wegschwemmen. Wobei Jeffries mich daran erinnerte, daß auch Spanien, Italien und Griechenland in antiken Zeiten dicht bewaldet waren. Für Bauholz, vor allem für den Bau von Schiffen, hat man die einst dichten und schattigen Wälder abgeholzt. Wenn man nicht die Holzgewinnung im Himalaya drastisch vermindert, könnten in wenigen Jahren die Gebirge Nepals ebenso kahl sein wie die der Mittelmeerländer.

Wegen der Abgeschlossenheit haben sich im weiteren Umkreis des Mount Everest Pflanzen und Tiere unabhängig entwickelt. Es sind besondere Arten entstanden, die schon jetzt gefährdet sind. Abgesehen davon, ist die Lebensart der Sherpa einzigartig, sie beruht auf der Höhenlage ihres Wohngebietes. Sie beruht auf einer bewundernswerten Harmonie mit der Natur.

Waren schon vor uralten Zeiten Tibeter aus verschiedenen Gründen über die Höhenrücken ins Land der Bhotia gekommen, unter Mitnahme ihres Viehs, folgten ihnen nach der gewaltsamen Übernahme Tibets durch die chinesische Volksrepublik noch weitere Tibeter. Mehrere tausend gelangten allein in die Region von Chumbu. Die Zunahme des Viehs und die Bedürfnisse der Trekker und ihrer Begleiter hatten schädliche Folgen für die Hochtäler. So gab es viele Gründe, an einen Nationalpark zu denken. Aber mit Rücksicht auf die Trekker, einer neuen Einnahmequelle der Sherpa, konnte sich die Regierung nicht so bald entschließen. Dann aber hat Prinz Gyanendra beim Weltkongreß des World Wildlife Fund in Bonn, Mitte Oktober 1973, diesen Plan vertreten und zu Spenden der Naturfreunde in aller Welt aufgerufen.

Weil gerade die Neuseeländer schon lange Erfahrungen mit Nationalparks haben, wurden und werden vor allem sie am Sagarmatha-Nationalpark beteiligt. Offiziell hat man die Mount-Everest-Umgebung schon 1979 zur World Heritage Site erklärt, so daß relativ reichlich ausländische Gelder sprudeln, nicht zuletzt aus den Kassen der UNESCO.

Es ergeben sich in jenen Höhen Veränderungen, die man bei uns in besiedelten Gebieten als Katastrophen beklagen würde. Weil aber nur wenige Menschen dort leben, erscheinen sie der übrigen Welt nicht so bedrohlich. Hin und wieder entstehen neue Seen, stürzen Felswände zusammen oder verändern sich Flußläufe. Mitunter haben Trekker allen Grund, sich zu wundern, daß ihre Spezialkarten nicht mehr stimmen.

Vom Oktober bis zum Dezember herrscht an den meisten Tagen heller Himmel. Die Sonne strahlt vom wolkenlosen Firmament, man genießt unerhört weite, einmalig schöne Blicke. Aber die Nächte sind kalt, bisweilen grimmig kalt. Bei Namche Bazaar reicht der Bodenfrost fünfundvierzig Zentimeter tief, die Temperaturen sinken bis auf zwölf Grad unter Null, bisweilen auf minus zwanzig Grad. Vom März bis April steigt die Temperatur, aber noch immer kann Schnee fallen. Im Mai ist es schon warm, gelegentlich heiß. Wolken schweben herbei, deren Inhalt sich tagelang ergießt. Mitunter erreichen die jährlichen Niederschläge tausend Millimeter, die größte Menge zwischen Juni und September. Über fünftausend Meter fallen auch während des Monsun die Niederschläge in Gestalt von Schnee, aber hoch oben nur in geringen Mengen.

Nadelbäume reichen bis viertausend Meter. Darüber gedeihen noch Rhododendron und Wacholder. Über fünftausend Meter bis in die schier unglaubliche Höhe von fünftausendsiebenhundert Meter bedecken noch Gras und Gestrüpp die zerklüftete Gegend. Hoch droben existieren Edelweiß und andere nahe dem Boden dahinkriechende Pflanzen, die auch in hohen Lagen Westeuropas und Nordamerikas zu finden sind.

An der Waldgrenze begegnet man den widerstandsfähigen Himalaya-Birken, Thakpa in der Sherpa-Sprache, die sich besonders an den steilen Hängen des Tengbotche bis zur Grenze von viertausend Meter halten. Wo sie imstande sind, ihr Leben zu fristen, können noch Silbertannen und Wacholderbäume bis fünfzehn Meter hoch wachsen. Es gibt rot, weiß und zitronengelb blühenden Rhododendron. Daneben existieren Zwergformen des Wacholder und des Rhododendron, die dem Menschen kaum bis an die Knie reichen. Noch weiter oben trifft man auf den Schneerhododendron *Rhododendron nivale*. Nur die Alpenkresse und sogenannte Kissenpflanzen können bis zu fünftausendsiebenhundertfünfzig Meter Höhe bestehen. Die Grenze allen Pflanzenlebens ist bei sechstausend Meter erreicht, wo es nur noch einige graugrüne Inseln der Vegetation gibt.

Touristen und Trekker haben nur selten Gelegenheit, freilebende Tiere zu beobachten, zu fotografieren und zu filmen, was nicht heißt, daß diese selten sind. Aber die Menschen, ob Trekker, Forscher oder Händler, folgen seit langem fast immer den gleichen Pfaden. Weil die Tierwelt des Himalaya scheu und gerade das Bergwild in den höchsten Regionen der Erde die Einsamkeit gewöhnt ist, bedeuten schon geringe Spuren fremder Witterung Alarm. Besonders die warmblütigen Tiere halten sich weitab von Pfaden. Sie haben enorm weite Gebiete für sich allein. So wird auch die Pitt-Viper, die giftigste Schlange von Nepal, den Menschen kaum gefährden. Zwar windet sich das Reptil bis zu viertausend Meter hinauf, greift aber die Zweibeiner nicht an. Im Gegenteil, sie flüchtet vor jedem unbekannten Wesen. Andere Schlangen sind harmlos, wie zum Beispiel die weitverbreitete Oligodon. Wenn auf hochgelegenen Schneefeldern, nahe den Pässen, erstaunlich große Kröten auftauchen, so ist das ein Glücksfall. Angeborene Triebe veranlassen sie, ohne Rücksicht auf die bittere Kälte, von einem Tal ins andere zu streben.

Am ehesten werden Touristen und Trekker einen Thar, meist eine stattliche Herde, erblicken. Diese Wildziege ist nicht so scheu wie die anderen vierbeinigen Bewohner des Himalaya und relativ zahlreich. Einen kapitalen Thar-Bock habe ich selber zur Strecke gebracht, aber nicht im Himalaya, sondern viele tausend Kilometer davon entfernt, im Hochgebirge der Südinsel von Neuseeland, im Forgotten Valley. Ende des vorigen Jahrhunderts haben leidenschaftliche Tierfreunde in Neuseeland, wo es bis zum Erscheinen der Europäer kein einziges Säugetier gegeben hat, zahlreiche Huftiere aus vielen Ländern der Erde eingeführt. So erschienen dort auch fünf Thar aus dem nepalischen Himalaya. Sie haben sich dank der milden Winter und des reich vorhandenen Futters derart vermehrt, daß sie heute dort geradezu als Landplage gelten.

Im Himalaya hat es nie an Bären gefehlt. Der Schwarzbär erreicht eine Schulterhöhe von etwa sechzig Zentimeter und ein Gewicht bis zweiunddreißig Kilogramm. Man erkennt ihn leicht an dem hellgefärbten, fast weißen Dreieck auf der Brust. Er hält Winterschlaf, weil es während jener Zeit nichts für ihn zu fressen gibt. Ihre Herzschläge sollen dann auf fünf bis sechs während einer Minute fallen.

Zu den Huftieren der nepalischen Wildnis gehört der Moschushirsch mit fünfundsechzig Zentimeter Schulterhöhe, in der Farbe grau bis braun. Er trägt keine Hörner oder sonstigen Kopfschmuck. Seine weit vorspringenden Zähne erlauben dem Tier, auch in großen Höhen von Moos und Flechten zu leben. Glaubt sich der Moschushirsch in Gefahr, so kann eine Drüse in seinem Unterleib eine scharf riechende Flüssigkeit ausspritzen.

Sie wirkt auf Verfolger derart abstoßend, daß sich der Feind so schnell wie möglich entfernt. Aber gerade diese Stinkdrüse wird von der Parfümindustrie stark begehrt. Wenige Tropfen davon genügen, um den Geruch von Parfüm jeder Art lange zu erhalten. Auch für manche Medikamente ist Moschus sehr begehrt. Eben deshalb stehen heute die Moschushirsche unter Naturschutz. Wilderei wird streng bestraft, aber nur selten entdeckt.

Es gibt Wölfe in der Umgebung des Mount Everest, Schakale, Wildhunde, auch Füchse und Marder im Gesamtbereich des Himalaya. Während die Langur-Affen nicht höher steigen als bis auf etwa dreitausend Meter, wurden Wölfe beim Überqueren von Fünftausendmeterpässen und höher beobachtet. Wenn Schakale während der Paarungszeit sehnsüchtig heulen, antworten ihnen sämtliche Hunde, auch die Wildhunde aus der weiteren Umgebung. Der Himalaya-Hase bringt Junge zur Welt, die schon bei Geburt einen leichten Pelz tragen und ihre Augen öffnen. Aber die am höchsten lebenden Säugetiere der Welt sind die Murmeltiere.

Besonders interessieren sich Bruce Jeffries und seine Frau für die Schneeleoparden. Herrlich schöne Tiere gewiß, leider überaus scheu und seltener von Jahr zu Jahr. Nur im Hochgebirge des Himalaya, besonders in der weiteren Umgebung des Mount Everest, konnte sich der Schneeleopard halten. Wegen seines herrlichen, überaus dichten und wärmenden Fellkleides, das ein Muster von hellbraunen bis dunkelbraunen Flecken auf weißem Untergrund trägt, wurde das edle Raubtier viel gejagt und für zoologische Gärten gefangen. Erst vor kurzem hat man den Schneeleoparden unter Naturschutz gestellt. Militärstreifen bemühen sich, seine menschlichen Feinde zu fassen. Weil aber die Preise für ein Fell enorm gestiegen sind, gibt es unter den Bhotia so manchen hartgesottenen Leopardenjäger, der sein Leben aufs Spiel setzt, um es zu erbeuten.

So selten sind die Schneeleoparden geworden, daß man den Restbestand mittlerweile nicht einmal mehr schätzen kann. Eben deshalb ist Bruce Jeffries bestrebt, die Einrichtung des Sagarmatha-Parks durch ein Reservat für Schneeleoparden zu ergänzen. Er hat sich monatelang in menschenfernen Schluchten am Rande der Waldgrenze aufgehalten, um Schneeleoparden zu beobachten – ein schwieriges Unternehmen, denn Geduld ohne Ende, starke Ferngläser und extreme Mühen sind dazu erforderlich. Ihm und zwei anderen Bergsteigern gelang es schließlich, einen geringen Bestand, kaum mehr als ein halbes Dutzend Schneeleoparden, zu lokalisieren. Er wird jetzt von einem der höchstgelegenen Tempel aus ständig bewacht.

Von den Yak, von den Grunzochsen des Himalaya, wurde schon gesprochen. Diese Gehilfen des Menschen sind aus einer Wildform entstanden, von denen noch heute einige hundert Geschöpfe existieren, sich aber so weit wie möglich von menschlichen Ansiedlungen entfernt halten. Einige Exemplare sind vor allem in der Chumbu-Region vertreten. Nur im Winter steigen sie hinunter auf dreitausend Meter. Im übrigen bevorzugen sie das Grenzgebiet, wo sie Bergpässe kennen, die von Menschen nicht besucht werden.

Die Lungen der Yak sind so eingerichtet, daß sie in dünner und bitterkalter Luft leben können. Im Tiefland würden sie eingehen. Der Bulle wiegt bis fünfhundertfünfzig Kilogramm, und seine Schulterhöhe kann zwei Meter erreichen. Der wilde Yak hat nichts dagegen, sich auch mit Kühen zu paaren, die in menschlicher Obhut leben. Dies aber wagt er nur bei tiefer Nacht. Danach läßt er sich lange Zeit nicht mehr blicken. Die Frau des Yak wird von den Sherpa sowie anderen Bergbewohnern Nak genannt.

Wie mir Bruce Jeffries versichert, haben Experten nicht weniger als hundertzwanzig Arten verschiedener Vögel im geplanten Sagarmatha-Nationalpark gezählt. Die Region ist ein wahres Paradies für Ornithologen. Unter den Raubvögeln finden wir den Lämmergeier und den Goldadler, die keine Verwandten in Europa oder Amerika besitzen. Nistplätze von Geiern wurden in Höhen von sechstausend Metern angetroffen. Sie greifen Beute unterschiedlichster Art an und können sich auch an jungen Thars vergreifen. Es fehlt nicht an Raubvögeln, die sich neuerdings auch menschlichen Siedlungen nähern. Immer wieder werden unbekannte Vogelarten entdeckt. Wer sich darauf versteift, hat die Chance, selbst ein gefiedertes Geschöpf zu entdecken, das bisher den Wissenschaftlern entgangen ist. Eine unübersehbare Menge von Schmetterlingen gibt es bis fünftausendzweihundert Meter.

Der berühmteste Bergmensch im Himalaya ist der Sherpa. Der Name Sherpa bedeutet »aus dem Osten kommend«. Wie Historiker herausgefunden haben (was andere Experten wieder bestreiten), sind die ersten Wanderungswellen der Sherpa aus der Provinz Kham im östlichen Tibet gekommen. Sie hätten sich rund tausendzweihundertfünfzig Kilometer Luftlinie von ihrem alten Verbreitungsgebiet entfernt. Der Anführer während dieser beispiellosen Wanderung soll der Guru Rimpotche gewesen sein, der Begründer einer besonderen Art des Lamaismus. Wann diese Wanderung der Sherpa stattfand, die vermutlich hundert Jahre und mehr in Anspruch nahm, ist nicht bekannt. Eine zweite Gruppe kam in den Jahren 1750 bis 1850, eine dritte Gruppe, vielleicht die zahlreichste überhaupt, in den Jahren nach 1951, als die Chinesen Tibet besetzten.

Wenn man immer wieder hört, wie die Kolonialmächte die Menschen der dritten Welt ausgebeutet haben, so können die Sherpa keine Klage vorbringen. Zwar lebten sie nicht in dem von England regierten Britisch-Indien, aber doch im Einflußbereich der Briten. Sie stellten dem Kolonialreich schon seit 1820 ein Kontingent Gurkha-Truppen. Sie lernten bei den Briten die Kartoffel kennen, die ihnen gut schmeckte. Ihre Vorliebe blieb nicht unbemerkt. Daraufhin bemühten sich Kolonialbeamte, die Kartoffel bei den Sherpa einzuführen. Mit unerwartet großem Erfolg, denn diese Frucht konnte auch in höheren Lagen gedeihen, vor allem konnte man sie für die harte Zeit des Winters aufheben. Die intelligenten Sherpa hatten das bald begriffen, und heute bilden Kartoffeln die Grundnahrung der Bergvölker. Dieses kluge Volk hat jede Möglichkeit zur Verbesserung seiner Lebenslage, jede sich bietende Lücke rasch erkannt und ausgebaut.

Heute müssen die Sherpa auf der Suche nach Arbeit ins Ausland abwandern. Ein Großteil von ihnen steigt hinab nach Darjeeling, wo sie als Teepflücker begehrt sind. Die Sherpa bilden kein geschlossenes Volk, sondern bestehen aus zahlreichen Clans. Das von ihnen dafür gebrauchte Wort bedeutet schlicht und einfach »Knochen«. Wie viele solcher »Knochen« es gibt, darüber streiten sich die Gelehrten. Ungefähr zwanzig Clans werden angenommen, deren Zusammenhalt sich vermutlich in nicht allzu ferner Zukunft auflösen wird. Es gibt Dörfer, in denen zwei oder drei Clans zusammen leben.

Mädchen treten bei ihrer Heirat in die Sippe des Schwiegervaters ein. Sie werden allgemein Schwestern genannt und als solche behandelt. Die Männer, gleich welchen Alters, gelten demgemäß als Brüder. Oft werden die Sherpa-Frauen von Fremden als unterdrückte Wesen geschildert. Nur flüchtige Besucher können so reden, die Wirklichkeit sieht anders aus. Der Ehemann spielt nach außen die beherrschende Rolle, aber drinnen im Haus regieren die Frauen. Sie beherrschen den Herd, die wärmespendende Feuerstelle, und halten die täglichen Mahlzeiten bereit. »Hände, die das Essen auf den Tisch stellen, regieren nicht nur das Haus, sondern das ganze Land«, lautet ein alter Spruch.

Wie vor langer Zeit auch bei uns üblich, werden noch heute im Sherpa-Land die Ehepaare von den Eltern zusammengeführt, was sich in der rauhen Praxis als nicht schlecht erweist. Schon in den jüngsten Jahren bestimmen die beiderseitigen Eltern, wer sich mit wem verbinden soll, eine Art Verlobung für unsere Begriffe. Sie kann aber heutzutage gelöst werden, falls sich Mann und Frau absolut nicht gefallen. Erst im Alter von siebzehn bis achtzehn Jahren wird die Hochzeit gefeiert, je nach dem Reichtum der beteiligten Familien oft großartig. Das ganze Dorf nimmt an dem zwei oder drei Tage dauernden Fest Anteil. Noch immer aber ziehen die Ehepaare nicht zusammen. Das geschieht erst nach einer dritten Heirat, wenn man es so nennen will. Die Familie des Mannes hilft dem jungen Paar beim Bau des eigenen Hauses, stellt den beiden Feld und Vieh zur Verfügung usw.

Erbe des väterlichen Besitzes ist nicht der älteste, sondern ganz im Gegenteil der jüngste Sohn. Bis er an die Reihe kommt, haben sich seine Eltern und Brüder mit ihren Frauen frei und selbständig gemacht. Früher gab es Vielmännerei, die sogenannte Polyandrie, besonders, wenn nicht genug Vermögen an Land, Geld und Vieh vorhanden war, um mehr als nur einen Sohn mit Gattin und Kindern gut zu versorgen. Andererseits war auch Polygamie nicht unbekannt, was sich meist aus praktischen Gründen ergab, waren doch die Männer sehr viel unterwegs, oft viele Monate lang, bei Hin- und Rückwegen anderthalb Jahre. Die Frauen brauchten jedoch einen Helfer. So konnte man ihnen gewiß nicht übelnehmen, wenn sie doppelt, vielleicht sogar dreimal in diese besondere Art von Ehe traten.

Frauen erledigen etwa die gleiche Arbeit wie Männer, und sie leisten mindestens ebensoviel. Weil sie neuerdings auch mit Bargeld umgehen, Einkommen wie Vermögen verwalten, haben manche Frauen auch den Beruf des Händlers, sogar den des Wanderhändlers, ergriffen. Mit ihren Yak und Maultieren, Trageschafen und Ziegen legen sie weite Entfernungen zurück und erlauben es damit ihrem Mann oder ihren Männern, sich daheim auszuruhen. Witwen können bald wieder heiraten. Recht so, denn nicht selten werden die Männer am vereisten Berg oder in den schäumenden Flüssen der Täler dahingerafft. Die Großmutter ist unentbehrlich, wenn beide Eltern schuften. Da muß sich die Oma um kleine wie halberwachsene Kinder kümmern.

Die Sherpa legen keinen Wert auf äußere Zurschaustellung ihres Reichtums. Das widerspricht den guten Manieren, und darauf legen die noch nahe der Natur lebenden Bergvölker großen Wert. Die Häuser sind zwar solide gebaut, deuten aber nicht auf die wohlhabenden Verhältnisse hin, die unterhalb des Daches herrschen. Manche Wohnungen sind heute modern eingerichtet. Rundfunk und Fernsehen fehlen nicht, auch nicht aller mögliche Schnickschnack, der meist aus indischen Basaren stammt. Die Sherpa leisten sich importierte Delikatessen, auch alkoholische Getränke, sofern es die Mittel erlauben.

Früher hat keine Behörde ihr Leben geregelt, heute haben sich die Sherpa, wie alle Bhotia, der vordemokratischen Form des Panchayat angepaßt. Ob die Wahlen mit rechten Dingen zugehen, ohne Protektion und passende Geschenke, wird von Landeskennern bezweifelt. Aber warum soll es bei den Nepali anders sein als bei uns!

Oft gehen alte Sitten und Gebräuche Hand in Hand mit neuen Methoden. Soziale Spannungen sind vom flüchtigen Besucher nicht zu bemerken. Im vorgesehenen Sagarmatha-Nationalpark leben ungefähr dreitausendfünfhundert Sherpa, davon achthundertsechzig in den relativ großen Dörfern Khumjung und Kunde. Im Tal des Bhote-kusi-Flusses zählt man rund siebenhundert Sherpa, während die sogenannte Hauptstadt Namche Bazaar von zirka fünfhundert Stammesgenossen bewohnt wird. Andere bedeutende Dörfer sind Pangboche und Phortse, jedes mit dreihundert Einwohnern. Weniger besuchte Ortschaften zählen nur vierzig Einwohner und noch weniger.

Je nach Jahreszeit zieht ein großer Teil der Sherpa mit allem Vieh in die Sommerlager, bis hinauf in die kargen Höhen von fünftausend Meter. Selbst dort besitzen sie feste Unterkünfte, manche sogar aus Stein gebaut. Neuerdings bleiben die Alten und Kranken im Winterlager, in Höhen von tausendfünfhundert bis dreitausendfünfhundert Meter. Mittelpunkt des Sherpa-Landes und der Ort, wo die Märkte stattfinden, ist vor allem Namche Bazaar.

In den Häusern, die meist zweistöckig, gelegentlich auch dreistöckig sind, lebt die Familie im zweiten Stock und, soweit es die Witterung gestattet, auf den teilweise überdachten Terrassen. Die meisten Türen und Fenster sind nach Südosten gerichtet, wegen des Sonnenscheins. Mit Holz sind die Dächer gedeckt, darauf liegen Steine, ähnlich unseren Almen und Hütten in den Alpen, wie sie früher dort allgemein üblich waren. Der Stein wird von Spezialisten aus dem Fels geschlagen. Man braucht keinen Mörtel, um die Mauern aufzurichten. Das Äußere wird mit Kalk und weißer Tünche bemalt, fast jedes Jahr aufs neue. Die Decke wird von säulenartigen Baumstämmen getragen. Fensterrahmen sind mit hellen, oft roten Farben angestrichen. Fensterscheiben aus Glas waren bis vor wenigen Jahrzehnten eine Kostbarkeit sondergleichen. Statt dessen hat man die Fensterrahmen mit feingeschabten, eingefetteten Tierhäuten bespannt, ähnlich wie auch bei uns noch im Mittelalter. Schornsteine waren früher nicht üblich, sind aber nun auf besseren Häusern zu sehen. Sonst zieht der Rauch durch die Fenster oder durch die Dachluken ab.

Noch immer sind die Räume und alles, was sich darin befindet, verrußt und dunkel gefärbt. Ganz so wie in unseren Berghäusern, gibt es auch im Sherpa-Haus einen Herrgottswinkel, dem Hausgott Lhu geweiht. Der Ehrenplatz neben dem Fenster gehört dem Hausherrn, neben ihn werden die Besucher gesetzt. Die Toilette, bei den Sherpa Chakhang genannt, befindet sich in einem Verschlag auf der Terrasse. Der Abfall wird von den Hunden gefressen oder hinaus auf die Felder geschafft. Diebstahl war bei den Sherpa unbekannt und soll auch heute noch selten sein. Was aber den raschen Griff ins Nachtlager der Touristen und Trekker betrifft oder das Interesse für die Lasten der Fremden, steht auf einem anderen Blatt.

Das tägliche Leben der Sherpa wird vom tibetischen Buddhismus bestimmt. Die älteste Sekte dieses Glaubens, Nyingmapa, ist heute noch eng verbunden mit der präbuddhistischen Bön-Religion. Als Schutzheiliger der Tibeter und eines großen Teiles der Sherpa und Tamang gilt nach wie vor der Lama Sangwadorie. Er hat den ersten Tempel in der Chumbu-Region angelegt, nachdem er durch die Luft von Tibet dorthin geflogen ist. Aber nicht nur fliegen konnte er, sondern auch Sonnenstrahlen als Wärmequelle für jeden nur denkbaren Zweck benutzen. Der jetzige Lama von Tengboche und sein Kollege von Pangboche gelten als Wiedergeburt des sagenhaften Sangwadorie.

Nur Eingeweihte können die Pflichten und Verbote der Lama verstehen. Für einige von ihnen gilt der Zölibat, für andere nicht. Es gibt demnach Lama, die heiraten und Familien gründen, andere dürfen nicht daran denken. Jene heiligen Männer, die zuständig sind für die tägliche Seelsorge, werden Thawa genannt. Sie leben nahe den Dörfern oder den Klöstern. In der Chumbu-Region existieren auch Nonnenklöster, bei Devoche und Thami. Die unverheirateten Nonnen nennt man Arni. Dem Vernehmen nach können sie in Trance die Verbindung mit Geistern aufnehmen. Einge der Lama, darunter auch die Inkarnation des hochheiligen

*Tschorte mit Gebetsfahnen.*

Sangwadorie, habe ich kennengelernt, durchweg sehr freundliche, höfliche und hilfsbereite Menschen. Meines Erachtens beruht ihr Einfluß auf einer Ausstrahlung, der man sich nicht entziehen kann. Im übrigen heißt es, daß ihre Erinnerung viele Generationen weit in die Vergangenheit zurückreicht.

Die Sherpa berechnen die Jahreszahlen nicht nach unserer Weise, also nach fortlaufenden Nummern, sondern nach Symbolen. Sie haben das Jahr des Pferdes, des Schafes, der Affen, des Hundes und sogar der Schweine und der Ratten. Besonders ereignisreich sind die seltenen Jahre des Tigers. Manche der Symbole bedeuten Gutes, andere wieder Schlechtes. Eine Frau, die im Jahr des Tigers zur Welt kommt, gilt als wild und widerborstig. Nur wenige Männer haben den Mut, eine von ihnen zu heiraten. Viele Feiertage können die Sherpa genießen, und sie tun es mit Freude und frommer Hingabe. Sie haben nicht nur ein, sondern zwei Erntedankfeste.

Ihr wichtigstes Kloster ist das von Tengboche. In sagenhafter Vorzeit ist es entstanden, wurde aber 1915 durch ein Erdbeben zerstört. Man hat Tengboche 1933 wieder aufgebaut. Bevor man die Ghompa erreicht, wird man einem Mani-Wall begegnen, oft auch mehreren dieser von Menschenhand erbauten Gebilde. Es gehört sich, auch für die Fremden, immer an der linken Seite vorüberzugehen. Das gleiche gilt für Tschorten. Sie repräsentieren in ihrem Aufbau den Geist der Erde, des Wassers, des Feuers, des Windes und der Sonne. Außerdem gibt es noch zahlreiche Gebetsmühlen und Gebetsfahnen. Will unsereins eine Gebetsmühle drehen, wird es ihm gestattet. Aber immer muß dabei im Uhrzeigersinn gedreht werden. Ein weiteres Sinnbild des Buddhismus ist die Stupa. Die dreizehn Ringe ihrer gewölbten Schale bedeuten die dreizehn Stufen der Erleuchtung. Die Farben an den Tschorten stehen: Blau für Himmel, Weiß für Wolken, Rot für Felsen, Gelb für die Erde und Grün für Wasser.

Die Sherpa und die Tamang können sich nicht so rasch vermehren wie andere Völkerschaften in Nepal. Alle zusammen zählen nicht mehr als zirka viertausend Köpfe. Ihre Dörfer liegen inmitten des Nationalparks, und die Verwaltung des Schutzgebietes kann und soll sich nicht um die inneren Angelegenheiten der Dörfer kümmern. Die Ureinwohner möchten nicht überfremdet werden, können es aber kaum vermeiden, daß nun Behörden, Beamte und Arbeitskräfte aus dem südlichen Nepal bei ihnen erscheinen. Die stammesverwandten Flüchtlinge aus Tibet haben sie ohne weiteres integriert, sie waren als Arbeitskräfte willkommen. Der Verkehr lief noch bis zum Jahre 1951 über den Nangar-Lopas-Paß. Da wurden die Leute von keiner Behörde kontrolliert, nur von den Sherpa selber. Innerhalb der Kasten der Hindu stehen die Sherpa gerade noch über den »Unberührbaren«, den am niedrigsten eingestuften Menschen. Alle Bhotia sind rechtgläubige Buddhisten, viele halten sich allerdings noch an den vorbuddhistischen Bön-Glauben. Selbstverständlich mißfällt es den Bhotia, wenn sie nun von eingewanderten Hindu von oben herab betrachtet werden.

## Trekking im Himalaya

Dieses anstrengende Vergnügen ist relativ neuen Datums. Wer es sich dank guter Kondition und Erfahrung zutraut, sein gesamtes Geraffel selbst zu tragen und den rechten Weg zu finden, sollte mit guten Freunden zusammen gehen. Besser noch ist ein landeskundiger Führer, ein Sirdar. Doch wegen der vielen Steigungen tragen vernünftige Leute ihre Ausrüstung nicht selbst. Dazu gehören Sherpa. Diese tüchtigen Männer und Frauen sind von Jugend an gewöhnt, Gewichte zwischen fünfzig und siebzig Kilogramm zu tragen. Schon ihre Vorfahren haben das seit vielen Generationen getan. Sie stammen durchaus nicht alle aus dem berühmten Volk der Sherpa, es können auch Tamang und andere Bhotia sein. Wird das Wort »Sherpa« im Englischen groß geschrieben, bezeichnet man damit die Angehörigen dieses Stammes. Klein »sherpa« geschrieben, sind die Lastenträger, Zeltaufsteller, Köche, Wäscher usw. gemeint. Nach der Zahl der Trekker richtet sich die Zahl der Helfer, ob es sich nun um Sherpa oder sherpa handelt. Sie alle unterstehen dem Befehl des Sirdar. In Afrika nannte man den Anführer in jenen Zeiten, als man noch Jagdsafaris unternahm, Kapita. Ebenso wie der Kapita trägt auch der Sirdar selbst nichts. Es würde sein Ansehen herabsetzen. Der Sirdar wacht über allem, besorgt unterwegs die Lebensmittel, kennt im voraus die Zeltplätze und sorgt dafür, daß schlechte oder kranke Träger, Störenfriede und diebische Elstern aus der Gruppe entfernt und ersetzt werden.

Ein guter Sirdar kennt von zahlreichen Trekking-Touren die Leute im vorhinein. Nur ein erfahrener, ein mit allen Wassern des Himalaya gewaschener Mann kann Sirdar werden. Entweder ist er über die verschiedenen Stufen der sherpa aufgestiegen oder stammt selbst aus dem Sherpa-Volk. Man glaubt nicht, wie viele Sirdar es dort oben gibt, die nah oder weit mit dem berühmten Sherpa Tenzing Norgay verwandt sind. Schon dessen Vater hat Fremde begleitet.

Wie aber findet man einen Sirdar? Einen, der absolut zuverlässig ist und wirklich alles regelt, vom Anwerben der Träger über die Beschaffung der richtigen Lebensmittel bis zur unentbehrlichen Verbindung mit den Talbewohnern in den schmalen Schluchten und auf den hochgelegenen Sommerweiden? Am besten durch eine Agentur. Davon gibt es ungefähr dreißig in Nepal, die meisten in Kathmandu. Auch internationale Reiseveranstalter können Sirdars vermitteln. Auch wenn ich keine persönlichen Gründe habe, für einen bestimmten Veranstalter die Werbetrommel zu rühren, möchte ich doch auf die Firma Hauser hinweisen, in Kathmandu durch Lama-Excursion vertreten. Die Büroräume befinden sich gegenüber dem Anapurna-Hotel, auf der gleichen Seite gelegen wie das Sherpa-Hotel, ganz in der Nähe des berühmten »Yak und Yeti«.

Lama Excursions gehört zwar einem Herrn Lama, er hat aber mit einem Lama-Priester nur den Namen gemein. Ich habe ihn besucht, hatte den besten Eindruck von seiner Organisation und hörte auch sonst nur positive Urteile. Er war so freundlich, mich eines Abends in sein auffallend üppiges Privathaus einzuladen, weil er dort in festlich-freundlichem Rahmen zwölf deutsche Trekker begrüßen wollte. Sie waren soeben nach einer Umwanderung des Dhaulagiri-Massivs wieder in Kathmandu eingetroffen. Eine großartige Leistung hatten die acht Männer und vier Frauen vollbracht. Zweiundzwanzig Tage waren sie unterwegs gewesen. Ich war der einzig Fremde im Haus, als die erfolgreichen, teilweise stark mitgenommenen Trekker beköstigt und mit einheimischen Alkoholika getränkt wurden. Der Jüngste war achtundzwanzig, der Älteste bereits zweiundsechzig Jahre alt. Alle waren des Lobes voll über den Sirdar, auch mit den sherpa hatte es keine Schwierigkeiten gegeben.

Das Unternehmen hat pro Kopf und Tag ungefähr fünfzig US-Dollar gekostet. Es geht auch billiger, wenn man weniger sherpas beschäftigt und sich auf einfache Gerichte beschränkt. Die sherpa erhalten pro Tag einen Grundlohn von rund fünfzig Rupien, was ungefähr vier Mark entspricht. Der Sirdar erhält den doppelten Betrag. Im übrigen erhält jeder eine Prämie, die sich nach Hilfsbereitschaft und Freundlichkeit richtet.

Auch beim Trekking läßt sich eine gewisse Klassengesellschaft nicht vermeiden. Teuer ist die durchorganisierte Gruppenwanderung mit Sirdar und sherpas. So können sich die zahlenden Trekker mit einem leichten Rucksack begnügen. Lediglich die Kamera, das Fernglas, der regendichte Umhang sowie ein Beutel mit Kleinigkeiten gehören dazu. Darin dürfen Sonnenöl, persönliche Medikamente und Häppchen nicht fehlen.

Schon zu früher Stunde wird der Trekker im Schlafsack von den sherpa mit einer Tasse Tee begrüßt, getreu der altenglischen Sitte des »early morning tea«. Nach dem Aufstehen, der Katzenwäsche und dem Ankleiden wird noch ein warmes Frühstück serviert. Nicht allzu früh bricht man auf, der morgendlichen Kälte wegen. Aber spätestens ab zehn Uhr wird man von Sonnenstrahlen umspielt, vorausgesetzt, die Sonne kann sich durchsetzen.

Meist sind die Märsche am Vormittag anstrengender als jene am Nachmittag. Nach drei bis vier Stunden des mehr oder minder mühsamen Trekking wird die Mittagspause eingelegt. Nicht besonders üppig ist der Lunch, reicht aber aus. Danach ergibt man sich der Ruhe, genießt die Vegetation, bewundert die Schmetterlinge oder erwehrt sich auch der Moskitos. Hat man im Laufe des Nachmittags den vorgesehenen Zeltplatz erreicht, wird es nicht lange dauern, bis die sherpa das Abendessen, die Hauptmahlzeit, servieren. Es ist reichhaltig und besteht bei Gruppenreisen aus drei Gängen, die teils nach europäischen, teils nach nepalischen Rezepten zubereitet sind.

Wohlgemerkt legen die Trekker und die sherpa die Wegstrecken nicht gemeinsam zurück. Alle Hilfskräfte haben ein großes Interesse daran, die Zelte aufzuschlagen und einzurichten, die Küche in Gang zu setzen bevor die Trekker an Ort und Stelle erscheinen. Fast immer eilt der Sirdar voraus, einem erfahrenen Begleiter obliegt es, den richtigen Weg zu weisen. Selbstverständlich ist, daß man den Trägern genügend Zeit zur Erholung läßt.

Es wäre ein Irrtum zu glauben, daß man meist durch menschenleeres Gelände zieht. Die erlebnisreichsten Trekkingpfade verlaufen durch Dörfer, führen an Hütten der Bergbauern vorbei und durchqueren weite, grüne, von fleißigen Menschen gepflegte Felder. Es gibt dort Teebuden, auch kleine Restaurants, wo sich besonders die Träger mit einheimischen Genüssen kräftigen. Unterkünfte sind vorhanden, die für wenig Geld relativ rauhe Betten bieten und auch Mahlzeiten servieren. Diese können durch einen Vorläufer bestellt werden, oder man wartet die Zubereitung ab, was allerdings länger dauern kann. Bis auf viertausend Meter und noch etwas höher reichen einige der ständig bewohnten Siedlungen hinauf. Die Sommerlager der Bhotia, wo sich ihre Ziegen, Schafe und Yaks am wohlsten fühlen, reichen bis fünftausend Meter, in seltenen Fälle noch etwas höher hinauf. Die Bhotia hausen entweder in Zelten oder in gut ausgestatteten, gemütlichen Steinhütten.

Wenn die Trekking-Tour noch weiter hinaufführt, vielleicht in selten betretene Täler hinein, dann allerdings bleiben die erschlossenen Regionen zurück. Es wird zwar dort sehr interessant sein, aber sicher auch primitiv. Meist sind dort die Trekker ganz auf ihre mitgeschleppten Sachen angewiesen. Sie könnten in heftiges Schneetreiben geraten und müssen riskante Gletscher überqueren. Einige der Touren führen die Trekker in Regionen, wo das Atmen immer problematischer wird, vielleicht bis auf sechstausend Meter Höhe. Aber das dürften Ausnahmen sein. Zu schwer arbeiten dabei die Lungen, auch das Herz klopft immer rascher in der keuchenden Brust.

Sind schon die gut organisierten Gruppen von zehn und mehr Trekkern in der Klassengesellschaft hoch angesiedelt, stehen darüber noch jene exaltierten Kleingruppen von zwei bis drei Steigern, die sich einen Sirdar, Träger und andere Hilfskräfte leisten können. Das äußerste ist die Einmannsafari mit allem Komfort und ausreichender Begleitung.

Viel einfacher, auch viel preiswerter wird es für jene Kraxler, die sich zwar den unentbehrlichen Sirdar leisten, vielleicht auch Koch oder Köchin, aber ihre Lasten selber schleppen. Diese Art von Bergsport ist unvergleichlich anstrengender und dauert länger, aber wer das unbedingt will und kann, braucht es nicht zu lassen.

Die Wochen von Ende September bis Ende April gelten als die beste Zeit fürs Trekking im Himalaya. Die Temperatur ist gleichbleibend, vor allem genießt man sehr häufig klare Sicht. Von vielen Stellen aus blickt man über die gewaltige Kulisse der einsamen Bergwelt. In unwahrscheinlicher Pracht erlebt man in zunehmenden Höhen Rhododendronwälder und duftenden Wacholder. Doch von Jahr zu Jahr verschärfen sich die Bestimmungen seitens der Behörden. Ein Trekking-Permit ist seit geraumer Zeit erforderlich, ebenso der Nachweis von mitgeführten Lebensmitteln und anderen Dingen. Neuerdings wird verlangt, daß die Trekker ein Kochgerät mitführen und den notwendigen Brennstoff, nämlich Esbit, Kerosin oder Gasflaschen, außerdem Klopapier mitführen und ihre Bedürfnisse weit abseits verrichten.

Für die Kleidung mag ein guter Rat aus alten Zeiten gelten. Man ziehe sich an, wenn es kühl und kälter wird, man entblättere sich bei zunehmender Wärme, also lieber zwei bis drei leichte Hemden anstelle eines dicken Wollhemdes. Dasselbe gilt für Jacken und Strümpfe. Wollene Strümpfe sollten es sein, zwei oder drei übereinander, anstelle eines fingerdicken, schweißtreibenden Stücks. Wichtig vor allem sind passende Stiefel. Sie brauchen im allgemeinen nicht fester zu sein als die Bergstiefel, mit denen wir in unseren Gebirgen herumsteigen. Sie sollten eingelaufen, auf langen Wanderungen erprobt sein. Turnschuhe und Pantoffel sind notwendig und angenehm während der Mittagspause und im Nachtlager. Schneebrillen muß man unbedingt dabei haben, auch solche mit recht dunklen Gläsern. Eine Kleinigkeit noch: Hosenträger haben sich besser bewährt als Gürtel. Weiblichen Teilnehmern wird nicht etwa zu Hosenanzügen geraten, sondern zu Röcken, möglichst angenehme, bis unters Knie fallende Röcke sollen ebenso wichtig wie praktisch sein, vor allem beim Ruf der Natur. Oft nämlich ist die Gegend ohne Deckung. Besonders Kinder sind neugierig und folgen Fremden, die sich betont diskret zurückziehen.

Am Ende müssen auch Gefahren erwähnt werden, die sich beim Trekking ergeben. Nach Auskünften unserer Botschaft ereignen sich alle Jahre wieder drei bis vier Todesfälle, manchmal mehr. Schlimm, aber nicht gar so schlimm, wenn man diese Zahl vergleicht mit den drei- bis vier-, bald schon fünftausend bundesdeutschen Bergwanderern, die sich in den Höhen des Himalaya bewegen.

Wer an tagelangen Wanderungen durch auf- und absteigendes Gelände gewöhnt und mit allem Notwendigen versehen ist, dazu noch gut geführt wird und bei der Abreise kerngesund ist, hat kaum etwas zu befürchten. Die Untersuchung des Allgemeinzustands, vor allem des Herzens, durch den Hausarzt ist zu empfehlen. Das Alter spielt nur insofern eine Rolle, als man sich als flotter Siebziger oder Achtziger wie ich nicht mehr zu sehr in Sicherheit wiegen sollte.

Die größte Gefahr ist die unvorhersehbare, mitunter ganz plötzlich und dann vielleicht lebensgefährlich auftretende Höhenkrankheit. Sie wird im Lande selbst AMS abgekürzt. Sie ist deswegen so heimtückisch, weil man die ersten Symptome nicht sicher erkennt. Es kann auch keine bestimmte Höhe genannt werden, ab der mit solchen Gefahren zu rechnen ist. Viel hängt davon ab, in welchem Zeitraum man die Höhenunterschiede hinter sich bringt. Man sollte sich beim Aufstieg Zeit lassen, mitunter einen Tag oder sogar mehrere. Wer sich von Kathmandu aus, bereits tausendachthundert Meter hoch gelegen, mit dem Flugzeug in doppelte Höhe begibt, vielleicht nach Lukla, Jomosom und anderen Posten, sollte auf jeden Fall einen Ruhetag einlegen, bevor das eigentliche Trekking beginnt. Ab dreitausendfünfhundert Meter muß mehr oder minder mit den ersten Symptomen der AMS gerechnet werden. Manche Leute können sich bis auf viertausend, sogar auf fünftausend Meter über Meereshöhe begeben, ohne sich schlecht zu fühlen. Selbst Pässe, bis nahe an sechstausend Meter wurden ohne Beschwerden überstiegen. Gut durchtrainierten Gipfelstürmern gelang es, wie unter anderem Reinhold Messner, die höchsten Gipfel der Welt ohne Sauerstoff zu erklimmen. Aber Messner sagte mir, daß er sich lange Zeit an den Aufenthalt in so schwindelerregenden Höhen gewöhne und erst abmarschiere, wenn er sich aufs beste gerüstet halte. Habe er statt dessen den Eindruck, er sei nicht in bester Kondition, steige er ohne weiteres wieder ab.

Die gewissenhafte Beobachtung des körperlichen Zustandes ist über dreitausend Meter geboten. Oft, aber nicht immer, sind erste Anzeichen der AMS: heftiges Magengrimmen mit und ohne Durchfall, Kopfschmerzen, stark klopfendes Herz, leichtes, dann zunehmendes Schwindelgefühl. Der dringende Wunsch, sich auszuruhen, sollte jeden verantwortlichen Trekker davon abhalten, falschen Ehrgeiz zu entwickeln. Auf keinen Fall sollte er sich zwingen, weiterzusteigen. Es gibt dann nur eines, nämlich ausruhen, vielleicht einen Tag lang. Natürlich führt das in einer Gruppe zu allerhand Problemen. Aber wenn es um die Bewahrung der Gesundheit geht, sollte dies keine Rolle spielen.

Geht der schlechte Zustand nach längerer Pause nicht vorbei, bleibt nur der Abstieg. Dem Höhenkranken muß dabei geholfen werden, auf keinen Fall sollte er allein absteigen. Sollte eine Ohnmacht auftreten, muß er getragen werden. Die sherpa sind dazu bereit, auch wenn der Kranke sechzig, siebzig und noch mehr Kilo wiegt. Sollte ein Stuhl zu finden sein, wird man ihn daran festbinden.

Sollte es notwendig sein, einen Hubschrauber zu rufen, muß haargenau die Stelle bezeichnet werden, wo der Helikopter (in unmittelbarer Nähe des Kranken) landen kann. Wie aber den Helikopter herbeirufen, das ist die Frage! Auch erstklassige Sprechgeräte haben nicht die notwendige Rufweite, weil himmelhohe Bergmassive dazwischenliegen. Den Rettungshubschrauber kann nur die Luftwaffe des Königreiches entsenden, aber nicht umsonst. Weil ohnehin eine Trekking-Versicherung abzuschließen ist, sollte auch die Luftrettung darin enthalten sein. Sonst muß man in Kathmandu eine Vertrauensperson kennen, die für die Bezahlung geradesteht.

Sollte es zum Schlimmsten kommen, ist es mit überaus hohen Kosten verbunden, die sterblichen Reste in die Heimat zu überführen. Der Verunglückte muß binnen kurzer Zeit nach nepalischer Sitte verbrannt und seine Asche in einen Fluß gestreut werden. Mehr kann auch die deutsche Botschaft nicht tun.

Aber so riskant ist Trekking im allgemeinen nicht. Von tausend Bergwanderern kehren ungefähr neunhundertneunundneunzig mit gesunden Gliedern, mit geschwellter Brust und vielen Fotos in die Heimat zurück. Eine bisher ungelöste Frage sind die nach der Heimkehr auftretenden Schwächezustände. Hohes Fieber, Ohnmachtsanfälle und Absenzen gehören zu den Ausnahmen. Irgend etwas, so scheint es, muß in der nepalischen Luft liegen. Man soll keine Flüssigkeit trinken, die nicht abgekocht ist oder sich in einer festverschlossenen Flasche befindet. Kein frischer Salat, kein frisches Gemüse, auch kein Obst soll verzehrt werden, das man nicht selber geschält hat. Man erhält bei den Verkaufsbuden, den fliegenden Händlern und auch in den Unterkünften, die sich – stark übertrieben – als Hotel bezeichnen, Lebensmittel. Dazu gehören Mineralwasser und Fruchtsäfte, natürlich gibt es auch Bier in luftdicht verschlossenen Flaschen. Wenn man sich bei der Heimkehr dennoch hundsmiserabel fühlt, es kommt zum Glück selten vor!

Seit der chinesischen Machtübernahme im ehemaligen Gottesstaat sind über dreißigtausend Tibeter mitsamt ihren Rindern, Ziegen, Wollschafen und Grunzochsen über die Grenze ins Königreich Nepal gezogen. Viele haben sich ins Kathmandu-Tal gewandt. Die meisten jedoch haben sich im Hochland niedergelassen, dessen Kargheit und dünne Luft sie aus ihrer Heimat gewohnt sind. Ihr wichtigster Lastenträger ist nach wie vor der Yak. Doch niemandem möchte ich raten, den Yak als Tragetier zu benutzen. Sein Rücken ist so breit, daß man sich nur unter großen Schwierigkeiten mit weitgespreizten Beinen darauf niederlassen kann. Einen wirklich brauchbaren Sattel habe ich nicht gesehen. Der Yak ist gewohnt, seine Last in Tragsäcken auf beiden Seiten des Körpers zu befördern.

Gute Freunde haben es unternommen, den heiligen Berg Kailash zu umwandern. Seinen Gipfel darf niemand betreten. Grimmige Geister und stolze Götter sollen dort oben zu Hause sein. Bei der Umrundung des geheimnisvollen Berges, die etwa sieben Tage gedauert hat, gab es streckenweise nur die Alternative, auf eigenen Füßen durch Geröll und schmierigen Schnee zu wandern oder sich einem Grunzochsen anzuvertrauen. Besonders Christl Laprell klagte darüber, daß sie immer wieder abrutschte, weil es ihr nicht gelang, sich im Pelz des Yak festzukrallen. Ist man erst mal in den feuchten Boden geglitten, in stachliges Gestrüpp oder tiefen Schnee, marschiert der Yak unbesorgt weiter, im Tempo der vorausgeeilten Gruppe.

Bei fast allen Ausflügen folgen die Trekker Handelswegen, die schon vor vielen tausend Jahren begangen wurden. Man folgt demnach, übertrieben ausgedrückt, tief ausgetretenen Pfaden. Nicht allein die Himalaya-Händler sind es gewesen, die alle Jahre gleich nach der Schneeschmelze aufgebrochen sind, sondern auch Pilger, die zu den Klöstern Khumjung, Pangboche, Thyangboche und heiligen Höhlen strebten. Diese waren und sind heute noch berühmt und werden verehrt bis hinunter nach Ceylon, heute Sri Lanka. Viele Wochen und Monate sind die frommen Wallfahrer unterwegs. Sie ertragen alle möglichen Strapazen. Sie trotzen schauerlicher Witterung und eiskalten Winden, um ans Ziel ihrer religiösen Sehnsüchte zu gelangen. Unbekannt ist die Zahl jener Unglücklichen, die es nicht geschafft haben.

Die meisten Pilger sind bettelarm, aber ein paar Münzen oder Geldscheine lassen sie dennoch zurück. Andere wieder, die sich eines hohen Einkommens erfreuen, werden von vier bis acht Trägern in bequemen Sänften getragen, im Schatten der Baldachine über hohe Pässe und durch Schluchten, ja sogar über Gletscher. Unmöglich zu schätzen, welche Beträge sie ausgeben oder in Gestalt milder Spenden zurücklassen. Darin aber lag einer der Gründe, vielleicht der wichtigste, für den Wohlstand Nepals während der Ranarchie. Unerschöpfliche Steuern und Abgaben haben die Handlanger der Rana auf die eine oder andere Weise in ihre Kassen fließen lassen. Nur auf diese Weise konnten die Rana ihre Paläste finanzieren und jene Kunstwerke schaffen, die wir noch heute bewundern.

Wer seine Wanderung in Pokhara, in Lukla, in Jomosom beginnt, wird im Verlauf seiner Tour von einer Klimazone in die andere gelangen. Man steigt durch Tannenwälder und schreitet durch halbdunkle Haine von Lärchen, Kiefern, Birken und die wunderbaren, weltberühmten Rhododendren. Die Einheimischen schenken dem Trekker immer ein freundliches Lächeln. Eine sehr beleibte Dame wurde ganz besonders freundlich von jeder Frau am Wegesrand begrüßt. Wegen ihres gewölbten Leibes hielt man sie für schwanger, deshalb fühlten die Nepalinnen mit ihr.

Wer fotografieren möchte, hat im allgemeinen keine Schwierigkeiten, aber ein anständiger Mensch sollte es nicht ohne Erlaubnis tun. Entweder lernt man die nepalischen Worte: »Bitte erlauben Sie mir eine Aufnahme.« Oder man lächelt gewinnend und zeigt auf den Apparat. Meist werden die Befragten nicken, sich sogar geschmeichelt fühlen. Nur wenige, meist ältere Personen ergreifen die Flucht, weil sie befürchten, anhand ihres fotografierten Bildes könne man sie verhexen.

Die Gruppe, die sich im Hause des Herrn Lama versammelt hatte, konnte viel erzählen. Es gehöre schon allerhand dazu, meinte einer, wenn man nach stundenlangem Anstieg von der Höhe hinunter in ein tiefes Tal blicke. Man hatte gehofft, die Höhe erreicht zu haben. Statt dessen mußte man aufs neue hinunter und dann wieder hinauf. Daran müsse man sich gewöhnen, innerhalb der Gruppe ginge es jedenfalls besser als alleine. Einer der Trekker hatte bis auf die Augen sein Gesicht vollkommen bandagiert. Er sah aus, als wäre es ihm nicht erspart geblieben, über einen Hang mit scharfkantigem Geröll abzurutschen. Doch es war nur ein Sonnenbrand. Verschieden reagiert die Haut der Menschen. Manche merken kaum etwas, und bei fast allen wirkt das Einreiben mit Sonnenschutzmitteln recht gut. Dann wieder gibt es Trekker, die sich weder durch einen breitkrempigen Hut noch durch sonst ein Mittel vor Sonnenbrand schützen können.

Andere Trekker, so leidenschaftlich sie auch wandern mögen, sagen, daß die anhaltenden Mühen, das wiederholte Auf und Ab nicht in die Beine gehe, sondern aufs Gemüt schlage. Unter den Heimkehrern von der Dhaulagiri-Umrundung war eine Frau von schätzungsweise vierzig Jahren, die ausgesprochen böse, direkt aggressiv war. Als ich mich auf einem freien Stuhl neben sie niederließ, schaute sie mich zornig an und fauchte: »Ich sitze nicht gern neben Fremden, schieben Sie ab, es gibt noch andere Plätze!« Der Führer des Unternehmens erklärte mir, die Arme könne nichts dafür. Sie verhalte sich auch in der Gruppe so abweisend. Ähnliche Neurosen kämen öfter vor, würden aber binnen weniger Tage, spätestens in ein paar Wochen abklingen. Dann wisse sie nicht mehr, wie unleidlich sie gewesen war.

# Der Yeti. Gibt es ihn oder gibt es ihn nicht?

Die Schotten haben ihr Ungeheuer im Loch Ness, die Bewohner der pazifischen Nordwestküste schwafeln vom Sasquatsch, und wenn die Presse keine Sensationen auf Lager hat, meldet sie mal wieder das Auftauchen einer schier endlosen Seeschlange. Aus dem südlichen Eismeer oder aus polynesischen Gewässern kommt gelegentlich die Kunde von Riesenpolypen, deren furchtbare Fangarme kleine Schiffe ins Verderben ziehen. Auch inmitten Europas redet man von Fabeltieren. In den Voralpen geistert der Tatzelwurm durch nachtdunkle Wälder, die Bayern haben ihren Wolpertinger. Weshalb sollen nicht die Nepalesen ihren Yeti haben?

Natürlich glaubt kein vernünftiger Mensch an solchen Unfug wie den Sasquatsch, ans Loch-Ness-Ungeheuer, schon gar nicht an den Tatzelwurm und die Wolpertinger. Aber am Yeti, am »abominable snowman« im hohen Himalaya, ist vielleicht doch etwas dran! Zu viele seiner Fußabdrücke wurden entdeckt, genau vermessen, fotografiert und mit Gips ausgegossen. Nicht wenige Sherpa, Tamang und andere Bewohner verkehrsferner Höhentäler haben den Schneemenschen gesehen und bei seinem Anblick gezittert. Auch einige renommierte Forscher und Bergsteiger konnten von einer Begegnung mit dem unheimlichen Wesen berichten. Die Schilderungen stimmen in den meisten Fällen überein, auch werden immer wieder die gleichen Regionen erwähnt. Gibt es nun den Yeti oder gibt es ihn nicht?

Können heute noch unbekannte Tiere entdeckt werden, mitunter sogar relativ große? Man denke nur an das Okapi, eine pferdegroße Antilope, die erst um das Jahr 1910 in den zentralafrikanischen Urwäldern am Ituri entdeckt wurde. Der bis drei Meter große Komodo-Waran auf der indonesischen Insel gleichen Namens, das sogenannte Landkrokodil, konnte mit Sicherheit erst im Jahre 1924 festgestellt werden. Meine Frau und ich waren vermutlich die ersten Deutschen, die ihn gesehen und in Farbe fotografiert haben. Erst kürzlich hat man den Quastenflosser *Latimeria cholumnas* entdeckt, ebenso einen urzeitlichen Tintenfisch nahe der Insel Madagaskar, und erst 1987 ist es gelungen, den Quastenflosser zu filmen. Noch seltsamer vielleicht: Der Kongo-Pfau wurde dort entdeckt, wo man es am wenigsten vermutete, nämlich auf dem Dachboden des Kongo-Museums Tervueren in der Nähe von Brüssel.

Der Yeti aber wurde nie fotografiert oder gefilmt. Von all jenen, die beschwören, ihn gesehen zu haben, hatte im entscheidenden Augenblick keiner die Kamera schußbereit. Um so erstaunlicher meine Unterhaltung im Babar Mahal mit Dr. Mishra, dem in Edinburgh ausgebildeten Direktor des King Mahendra Trust for Nature Conservation. Ganz nebenbei sagte dieser vielseitige Kenner der Menschen, Tiere und Pflanzen im Himalaya: »Ich selbst habe einen Yeti fotografiert!« Mir verschlug es die Sprache. Als ich sie wiedergefunden hatte, bat ich ihn, mir das Yeti-Bild zu zeigen. »Nichts leichter als das«, gab mir der nepalische Gelehrte zur Antwort und holte ein kiloschweres Fotoalbum aus dem Regal. Auf einer Seite war in Farbe und gestochen scharf der Schneemensch dargestellt: Vor fast zweihundert Jahren hatte ihn ein begabter Maler auf die Rückwand des Thiangbotshe-Tempels gemalt, der sich auf knapp viertausend Meter im Herzen des Himalaya befindet.

Ob diese Darstellung in etwa der Wahrheit entspreche, wollte ich wissen, oder allein der Phantasie des Künstlers. Dr. Mishra zuckte mit den Schultern und lächelte belustigt. »Wie man sagt, hat sich der Mann an die Schilderung der Sherpa gehalten, möglicherweise auch selber ein solches Untier entdeckt.«

Der Yeti, von den Nepalesen Yhe-teh genannt, trägt dem Vernehmen nach ein drahthaarig wirkendes, rotbraun bis dunkelbraunes Fell. Sehr breit sind seine Füße, mit weit abstehenden Zehen. Die Größenangabe schwankt zwischen 1,20 Meter und drei Metern, falls der Tiermensch sich aufrichtet. Es kommt sehr darauf an, ob das betreffende Exemplar voll ausgewachsen ist oder sich noch in der Entwicklung befindet. Nach fast allen Schilderungen trägt er auf dem Schädel einen erhöhten, völlig behaarten Knochenwulst, der von der Stirn bis zum Hinterkopf reicht. Meist bewegt sich das Fabelwesen auf allen vier Gliedmaßen. Es kann sich aber ohne Mühe auf zwei Beine erheben und auch auf diese Art meilenweit laufen. Wie Augenzeugen weiter berichten, verhält sich der Yeti recht selbstsicher und wirkt oft wie ein Halbstarker. Er brummt nicht etwa wie ein Bär, sondern stößt schrille Schreie aus. Manche der Sherpa und der Tamang sind in der Lage, diese Schreie nachzuahmen.

Seine Beschreibung als scheußlicher Schneemensch ist die Übersetzung des tibetischen Wortes Migyu. Eine andere Bezeichnung für das menschenscheue Ungetüm ist Tsuh-thé, was »Mann im Felsen« bedeutet. Die Waffen des Yeti sind seine besonders scharfen Nägel an Händen und

Füßen. Diese überdimensionalen Kratzer lassen sich auch an Fußspuren im Schnee erkennen.

Der Yeti soll ein Nachtwandler sein, der sich auch ohne Mondschein und Sternenschimmer durch vergletscherte Täler bewegt. Man weiß nicht, ob er die nächtliche Lebensweise von Natur aus führt oder nur, weil er menschliche Beobachter nicht leiden kann. Wie man glaubt, hält sich der Yeti meist oberhalb der Baumgrenze auf, in Höhenlagen zwischen dreitausendfünfhundert bis viertausend Meter. Er überquert die höchsten Pässe, wo er im ewigen Eis und Gletscher keine Nahrung finden kann, aber vermutlich wandert er dabei von einem Futtergebiet ins andere. Während manche Bergbewohner meinen, der Yeti sei Vegetarier, glauben wiederum andere, er würde bei passender Gelegenheit Fleisch fressen und sich sogar an Schafen und Yaks vergreifen. So muß man annehmen, daß er sich oft in den Hochwäldern herumtreibt, weil er sonst nicht genügend Futter finden würde. Sicher dürfte sein, daß die meisten Yeti schon Menschen gesehen haben und sich entweder vor ihnen fürchten oder die menschliche Ausdünstung verabscheuen. Es wird so sein wie bei den Tigern im Tiefland, daß die Yeti, sicher verborgen, sehr viel mehr Menschen gesehen haben als umgekehrt. Sie halten sich fern von Handelswegen. Da sie dank ihrer abgeschiedenen Lebensweise kaum jemals einem Menschen begegnet sind, bleiben sie wie angewurzelt stehen, wenn sie ihn erblicken. Dann flüchten sie so rasch wie möglich, so daß nur wenige für Sekunden einen Snowman zu Gesicht bekamen. Der Mensch hat sozusagen nur einen Schatten gesehen und kann wahrheitsgemäß nicht mehr behaupten, als daß sich ein größeres Lebewesen fluchtartig fortbewegt hat.

Der ungreifbare Yeti, wenn es ihn wirklich gegeben hat, war in alten Zeiten über weit größere Gebiete verbreitet als heute. In der chinesischen Mythologie ist häufig von einem »sehr großen, völlig behaarten Affenmenschen« die Rede. Wie die Legende berichtet, läuft er meist auf zwei Beinen durch die Gegend und lebt so einsam wie nur möglich, und zwar in ganz verschiedenen Gegenden. Durch alle Jahrhunderte hindurch haben chinesische Autoren über den Wildmann berichtet, besonders häufig während der Han-Dynastie im schon damals hochkultivierten China. Ein Historiker namens Lee Yanshou hat sogar behauptet, der Wildmensch könne sprechen. In seinem märchenhaften Bericht sind auch eine Reihe von Worten des Untiers erwähnt. Natürlich kann niemand etwas davon verstehen, es dürfte sich um Produkte der Phantasie handeln.

Vor rund hundertfünfzig Jahren sind ihm auch Europäer begegnet. Der erste, von dem wir über das Untier Nachricht haben, war der britische Vertreter am Hofe des Königs von Nepal, David Hodgson mit Namen. Von 1820 bis 1843 hat sich der wanderfreudige Mann in Nepal aufgehalten, länger als jeder andere weiße Mann, von dem wir wissen. An seine Regierung in London hat der gewissenhafte Hodgson berichtet und dabei den Yeti als Dämon bezeichnet. Er sei vollständig behaart, könne aufrecht laufen und stoße schrille Schreie aus. Auf wenige Schritte Entfernung will ihn Hodgson gesehen haben, allerdings nur für einige Augenblicke, wie er selber zugibt. In den folgenden Jahrzehnten haben, zu Recht oder Unrecht, etwa ein Dutzend andere europäische Entdecker behauptet, sie wären dem Wildmenschen begegnet und hätten seine Fußabdrücke vermessen.

Falls unsereins die Absicht hat, der Sache auf den Grund zu gehen, wird man schier erdrückt von der Fülle der Nachrichten. Das Verbreitungsgebiet des unfaßbaren Schneemenschen reicht von den Regionen westlich von Nepal bis nach Sikkim hinein. Man hat ihn an der Grenze von Tibet gesehen und noch weit darüber hinaus. Im Jahre 1887 hat ein Engländer namens L. A. Wadell auf einem Schneefeld in 5182 Meter Höhe deutliche Fußspuren des Schneemenschen gesehen. Vor ihm waren bereits indische Teilnehmer einer britischen Expedition auf Fährten gestoßen, sie verliefen über einen Paß in 4870 Meter Höhe. Beide Male geschah dies im Nordwesten von Sikkim. Wie Wadell in seinem Buch »In den Himalayas« (1898) erwähnt, haben die von ihm befragten Tibeter fest an die Existenz des Yeti geglaubt. Sie haben weiter behauptet, der *Ursus isabellinus* würde Fleisch fressen und Grunzochsen töten. Demnach konnte er auch Menschen gefährlich werden, und deshalb ergriffen die Einheimischen schleunigst die Flucht, wenn sie auf seine Fährte stießen. So ging das weiter. Immer wieder trafen Berichte über die Existenz, über das Verhalten, über das Aussehen des Fabelwesens in England ein. Verschieden lang waren die Fußspuren des Ungetüms, sechsundvierzig bis sechsundsechzig Zentimeter, außerdem viel breiter als Menschenfährten. Auch Leute, die man für zuverlässig halten sollte, britische Offiziere der ostindischen Armee, Bergsteiger und Forscher, haben darüber berichtet. Diese Berichte können nicht alle auf Phantasie oder Schwindel beruhen.

Der Oberstleutnant C. H. Howard Burry fand 1921 während der ersten Everest-Expedition auf sechstausendvierhundert Meter Höhe Yeti-Spuren, die er genau untersucht hat. Sie waren vollkommen anders als die

Spuren von Bären oder anderen bekannten Tieren. Barfuß waren sie über den kristallklaren Schnee gelaufen, vermutlich wollten sie über den Paß hinüber in tiefere Lagen. In der Gegend dort oben war kein Futter zu finden, und so können sie nicht dort zu Hause gewesen sein.

Ein anderer Offizier der britisch-indischen Armee hat 1922 eine menschenähnliche, vollkommen mit Pelz bedeckte Figur erblickt, die in weiten Sprüngen entfloh. Der indische Botaniker A. N. Tombawi hat an den südlichen Abhängen des Kangchenjunga zwei oder drei angebliche Yeti sehr genau beobachtet, und dabei stieg ihm durchdringender Geruch in die empfindliche Nase. Seine Beschreibung der Fußabdrücke deckt sich genau mit denen anderer Forscher.

Ein britischer Naturforscher mit dem unbritischen Namen Kaulbach ist nahe der tibetisch-burmesischen Grenze beim Buddhistenkloster Bumthang Ghompa auf ungemein deutliche Spuren des Schneemenschen gestoßen, in 4870 Meter Höhe. Er hat sie aufgezeichnet und vermessen. Auf 5800 Meter haben zwei norwegische Uransucher, Aage Thornberg und John Frastis, die Fährten von zwei Yeti entdeckt und sind ihnen gefolgt. Unglücklicherweise hat Thornberg auf einen der Schneemenschen geschossen, allerdings nur in die Luft, wie er sagt. Er habe sich bedroht gefühlt. Daraufhin hätten beide Tiere angegriffen, dann jedoch kehrtgemacht und seien eilends davongelaufen.

Unheimlich klingen bestimmte Klagen der Einheimischen. Da war ein Sherpa aus dem Hochdorf Kathagsu, der weit oberhalb Schafe weidete und von seinen laut bellenden Wachhunden alarmiert wurde. Ein »abscheulicher Schneemensch« war im Begriff, ein Schaf zu töten oder fortzuschleppen. Er wurde von den Hunden vertrieben, kam während der folgenden Nacht aber wieder, brachte zwei Schafe um und verschleppte sie. Ähnliche Geschichten stammen auch vom Vater des weltberühmten Tenzing Norgay.

Etwa fünfundzwanzig Jahre vor der gewaltigen Leistung von Sir Edmund Hillary und seines Begleiters war Captain Sir John Hunt, ein damals sehr bekannter britischer Bergsteiger, in der gleichen Gegend unterwegs. Als glänzender Organisator und unermüdlicher Forscher ist Sir John bekannt geworden, weshalb man eigentlich annehmen sollte, daß er die Wahrheit spricht. Dicht unterhalb des Pasang-Gipfels auf der schwindelnden Höhe von 5790 Metern Höhe begegnete er Spuren, die ihm unerklärlich waren. Seine ebenso ängstlichen wie verwirrten Sherpa riefen sofort:

»Yeti, Yhe-teh!« Sogleich machte sich Hunt an die Untersuchung. Seine Sherpa jedoch liefen davon, weil sie Angst hatten. Erst tausend Meter tiefer konnte Sir John Hunt wieder zu ihnen stoßen.

Er schreibt in einem seiner Bücher: »Von fremden Bergsteigern, aber noch mehr von Einheimischen im östlichen Nepal habe ich bei verschiedenen Gelegenheiten vernommen, daß es die sogenannten Schneemenschen tatsächlich gibt, daß man immer wieder ihre Fährten findet. Der im Jahr 1939 amtierende Abt von Thiangbotshe hatte in der Umgebung mehrmals den Yeti beobachtet, sich aber nicht vor ihm gefürchtet. Er hat im Gegenteil Futter für ihn ausgestreut, das bei Nacht davongetragen wurde. Als man dem ehrwürdigen Abt farbige Fotos von allen möglichen Bärenarten, auch von Menschenaffen vorlegte, zeigte er auf einen Orang-Utan, den es in Nepal nicht gibt. Bärenähnlich sind die Yeti wohl gewesen. All diese Berichte führten zu der seltsamen Tatsache, daß der Yeti einen wissenschaftlichen Namen erhielt: *Homo niveus odiosus.* Kein schöner Name, denn er bedeutet sinngemäß dasselbe wie »abscheulicher Schneemensch«.

Sir Eric Shipton war nicht allein Bergsteiger aus Passion, sondern auch leidenschaftlicher Forscher. Seit dem Jahre 1950 hat er sich auf weiten, jahrelangen Expeditionen durch bisher nicht bekanntes Gelände im Himalaya bewegt. Seine besondere Liebe galt dem bisher nur wenig besuchten Rolwaling-Tal. Diese wilde, unheimliche Region reicht vom nördlichen Nepal hinüber ins südliche Tibet. Selbst heute läßt sich das Tal nur schwer erreichen, man braucht dazu einen Hubschrauber und besonders gutes Wetter. Auf der Ostseite des wildrauschenden Bothe-kusi öffnet sich hoch oben eine schmale Schlucht. Von dort aus blickt man in eine Welt, die unwirklich erscheint. Nur wenige Sherpa sind dort zu Hause, eine Gruppe von isolierten Bergmenschen, noch tief in alten Vorstellungen verstrickt. Sie glauben nicht nur an die Existenz des Yeti, sie fürchten ihn auch als Feind ihrer Yak und Schafe und behaupten sogar, er würde sich an Menschen vergreifen.

Von diesen abseits lebenden Sherpa begleitet, stieß Eric Shipton an einem Novembertag des Jahres 1951 im Schnee des Menlungtse-Gletschers auf die Spur menschenähnlicher nackter Füße. Er und seine Begleiter, zu denen auch ein Verwandter von Tenzing Norgay gehörte, folgten der Spur zwei Kilometer. Gestochen scharfe Aufnahmen hat Shipton mitgebracht. Oval waren die Fußabdrücke, etwa dreißig Zentimeter lang und ebenso breit, auch hier mit auffallend vorstehendem großem Zeh. Der

Vergleich mit den Aufnahmen und Zeichnungen des Captain Sir John Hunt ist überzeugend.

Auch hier kannten die Sherpa eine Sprache der Yeti: gellende Schreie und Pfiffe in verschiedener Tonart. Angeblich schleudern sie auch Steine und Äste auf Menschen herab. Einer jener Sherpa hat Shipton berichtet, sein Vater wäre von einem Yeti entführt, getötet und zur Hälfte aufgefressen worden. Das aber kann, so bezweifelt Shipton selbst, auch ein Schneeleopard gewesen sein. Tenzing Norgay hat Shipton von einem Schneemenschen erzählt, den er auf knapp zwanzig Schritt Entfernung beim Kloster Thiangbotshe gesehen hat, wobei man wissen muß, daß im Umkreis einer Ghompa aus religiösen Gründen kein Tier belästigt werden darf.

Im übrigen hat Vater Norgay von einem Yeti am Barong-Gletscher erzählt, der weiblichen Geschlechts gewesen sein soll. Das Untier hatte tiefeingesunkene Augen, einen haarigen Knochenkamm auf dem Kopf, war aber nicht größer als 1,20 Meter. Die keineswegs attraktive Schneemenschenfrau schien irgendwo Junge zu haben, denn ihre umfangreichen Brüste hingen tief herab. Auch sie ließ beim Anblick des Menschen schrille Schreie hören und raste dann den steilen Hang hinauf.

Eine japanische Expedition hat 1951 nach dem Yeti gesucht, aber nicht mehr herausgefunden als so viele andere davor. Die Londoner Zeitung »Daily Mirror« hat gleichfalls ein Team in den Himalaya geschickt, und ein gewisser Tom Slick, amerikanischer Multimillionär, hat auf seine Kosten eine private Yeti-Expedition ausgerüstet. Fährten haben sie gefunden, fotografiert und vermessen, aber seltsamerweise hatte keiner dieser Leute seine Kamera schußbereit, als angeblich ein Schneemensch auftauchte.

Auch Norman Dyhrenfurth, hochgeschätzter Forscher und Bergsteiger, sah sich veranlaßt, an den Schneemenschen zu glauben. In seinem 1961 veröffentlichten Buch »Nepal« schreibt er: »Tatsächlich wissen wir heute weiter nichts, als daß der Yeti wirklich existiert. Manche der Fußspuren können nicht anders erklärt werden . . . schade nur, daß bisher noch keine Aufnahme des Fabelwesens gelungen ist!!!«

Zwei, drei Jahre nachdem ich seinerzeit Sir Edmund Hillary begegnet bin, habe ich ihn abermals getroffen. Er führte in den Jahren 1960/61, finanziert von der World Book Encyclopaedia, begleitet von Experten aus Neuseeland, Großbritannien, Nepal, Indien, Österreich und den USA, eine Suchexpedition, die bis tief in das Rolwaling-Tal eingedrungen ist.

Nahe der tibetischen Grenze wurden viele Spuren entdeckt, alle in der schier unglaublichen Höhe zwischen 5790 und 6500 Meter. Was die Schneemenschen dort gesucht oder gewollt haben, ist nicht zu erklären. Alle Fährten stammen von barfüßigen Schneemenschen. Alle haben die schon bekannten abstehenden großen Zehen. Kein anderes Säugetier wurde gesehen, doch selbst nahe dem äußerst schwierigen Paß von Teschilapscha, 5800 Meter hoch, spürte man noch das Fabeltier auf. Im Khumjung-Kloster nahe einem Sherpa-Dorf entdeckte man Fellfetzen von einem angeblichen Yeti. Aber diese Entdeckung enttäuschte, sie stammte von einem Blaubären aus tieferen Lagen.

Zu erwähnen ist noch der alte König von Sikkim, dessen Sohn von den Indern abgesetzt und eingesperrt wurde. Er glaubte fest an die Existenz des Yeti und hat nach der Schilderung seiner Landsleute selbst solche Tiere gemalt. Mit eigenen Augen gesehen hat er keinen, aber er behauptete Fremden gegenüber, sie seien in den Bergen oberhalb von Gangtok keine Seltenheit. Jedoch könnten sie Menschengeruch absolut nicht leiden, und wenn irgendwo solche abstoßenden Gerüche auftauchten, machten sich die Schneemenschen unsichtbar.

Aus all diesen Berichten muß man schließen, daß die Schneemenschen, wenn sie wirklich existieren, intelligent genug sind, die Neugier der Menschen zu erkennen und sich mit Vorbedacht ihren Nachforschungen zu entziehen. Sie bewegen sich nur bei nachtschlafender Zeit, im Schutze der Dunkelheit. Aus ähnlichen Gründen haben ja auch die wilden Elefanten und die Rothirsche ihre Lebensweise geändert. Sie bleiben heute während des Tages in Deckung und begeben sich zur Äsung nur bei Nacht ins Freie.

Nachdem ein Mann namens Cronin längere Zeit im Arun-Tal verbracht hatte, erklärte er abschließend: »Ich glaube, daß heute noch ein großes Tier im Himalaya lebt, das sein Geheimnis bewahrt. Sicher handelt es sich um einen zweibeinigen Primaten, mit anderen Worten um einen Menschenaffen. Eines Tages wird wohl der Yeti als wirklich existierendes Lebewesen bestätigt.«

Russische Forscher haben in der Mongolei und in den höchsten Regionen des südlichen Sibirien nach dem »Waldmenschen« geforscht. Ergebnisse sind nicht bekannt geworden. Was nun Nepal betrifft, so glauben viele Yeti-Forscher an das Vorkommen des Schneemenschen. Beginnen wir mit den Umständen, die für den Schneemenschen sprechen. Die vorgefundenen Fährten stammen sehr wahrscheinlich nicht von Bären. In den Höhenlagen, wo man Yeti-Spuren entdeckt hat, gibt es keine Braunbären. Der Yeti hinterläßt auch Spuren im tiefsten Winter und im ewigen Eis. Die Bären aber verschlafen die grimmige Kälte und haben keinen Grund, über die höchsten Pässe zu wechseln.

Nach Meinung des bekannten Forschers Georg Schaller, der viele Jahre im Himalaya und in Zentralafrika zugebracht hat, gibt es in jenen hohen Gebirgen noch sehr weite unbekannte Gebiete, eine Terra incognita. Viele der Seitentäler hat noch nie eines Menschen Fuß betreten, auch nicht in moderner Zeit. Gewiß führen seit vorgeschichtlichen Zeiten Handelswege über die hohen Pässe im Himalaya. Sie dienten dem Warenverkehr, dem Tauschhandel zwischen Tibet im Norden und dem indischen Subkontinent. Es sind großenteils die gleichen Pfade, auf denen sich heute viele tausend ausländische Trekker durch das nepalische Königreich bewegen.

Eben deshalb muß es den Schneemenschen schon seit langem bekannt sein, wo sich die Zweibeiner herumtreiben, in Begleitung von Schafen, Grunzochsen, Maultieren und Ziegen. Für die Handelsleute und Trekker besteht wenig Grund, sich von den ausgetretenen Pfaden abzuwenden. Das könnte man nur im Rahmen einer großangelegten kostspieligen Expedition. Weil den Yeti der Menschengeruch widerlich ist, bevorzugen sie die unwegsamsten Gebiete. Dank der niemals ruhenden Winde können sie schon aus weiter Entfernung die unsympathischen Menschen wittern und sich weit zurückziehen.

Eines der vielen Beispiele für die Unsichtbarkeit mancher Tierarten sind die Schneeleoparden. Weil die nepalische Regierung ein Schutzgebiet für die seltenen Raubtiere anlegen möchte, haben sie einige Zoologen in jene Regionen geschickt, darunter Peter Matthiessen und Georg Schaller. Beide haben die Langtang-Region zwischen dreitausend und fünftausend Meter Höhe einige Monate lang besucht. Überall haben sie nach Schneeleoparden gefahndet, aber keinen gesehen. Doch zahlreiche Fährten haben die beiden Forscher gefunden, auch die Losung, Knochenreste ihrer Mahlzeiten usw. Matthiessen und Schaller haben auch Herden von Blauschafen entdeckt, die bevorzugte Beute der Schneeleoparden.

Hin und wieder glaubten die beiden tüchtigen Bergsteiger den Schatten eines Yeti zu sehen, aber mit Gewißheit konnten sie keinen erkennen. Die Fährten machten auf Georg Schaller den Eindruck, als stammten sie von den Berggorillas in Zentralafrika, denen er dort oft begegnet war. Auch diese leben in Höhen über dreitausend bis viertausend Meter, was immerhin beweist, daß menschenähnliche Tiere, sogenannte Hominiden, in so dünner Luft existieren können.

Für die Existenz des Yeti sprechen auch die aus verschiedenen Regionen stammenden übereinstimmenden Schilderungen seines Erscheinungsbildes. Sein »in der Mitte erhöhter Schädel« wird oft genannt. Es spricht für den Yeti, daß ihn Bergvölker, in erster Linie die Sherpa und die Tamang, relativ gut beschreiben und sogar seine Laute imitieren können.

Anderes spricht jedoch gegen die Existenz des abominable Snowman. Der Yeti-Schädel aus dem Kloster von Pangbotche schien echt zu sein. Er hat noch den behaarten Knochenkamm auf dem Kopf und war deshalb einer genauen Untersuchung wert. Durch Vermittlung von Edmund Hillary konnte man Skalp und Schädel zur Untersuchung nach Paris, London und Chicago bringen. Viele tausend US-Dollar mußte man dafür aufbringen. Aber leider wurde bald das negative Ergebnis offenbar. Es handelte sich um den zweihundert Jahre alten behaarten Schädel einer Himalaya-Wildziege, der heute selten gewordenen Serow. Die im gleichen Kloster aufgehobene Yeti-Hand, skelettierte Knochen mit behaarter Haut darüber, wurde gleichfalls untersucht. Eine Fälschung kam dabei heraus, wenn sie auch aus uralten Zeiten stammt. Menschenfinger und Wildziegenknochen hatte ein geschickter Bastler zusammengesetzt.

Die meisten der ausgemessenen und fotografierten Fährten des vermeintlichen Schneemenschen verraten gewiß ein barfuß laufendes Lebewesen, bei welchem die großen Zehen weit nach außen zeigen. Auch der großen Breite wegen mußte man annehmen, daß sie nicht vom Menschen stammen. Aber sie *könnten* doch von Menschen stammen, von Sherpa-Trägern nämlich, die sich angewöhnt haben, auch bei scharfer Kälte und tiefem Schnee barfuß zu laufen. Diese für uns unmögliche Lebensweise haben sie im Verlauf vieler Jahrhunderte von ihren Vorfahren übernommen. Nicht alle, aber viele der älteren Leute laufen noch heute auf diese Weise. Damit entfällt einer der vermutlichen Beweise für die Existenz des Yeti.

Was die erstaunliche Größe und Breite der Fährte betrifft, so wissen alle Gebirgsjäger auch bei uns, besonders die Gamsjäger, zu denen ich mich zählen durfte, daß infolge von Sonnenschein und Schneeschmelze auch die Spuren relativ kleiner Tiere sich vergrößern. Sie apern aus.

Da muß es letzten Endes doch Zweifel wecken, wenn es während dieser vielen Jahrzehnte bei so zahlreichen Begegnungen mit Yetis niemals gelungen ist, eines der Fabelwesen zu fotografieren. Die heutigen Teleobjektive und schußfertigen Kameras erlauben es, auf weite Entfernung und bei relativ schlechtem Wetter blitzschnell einigermaßen deutliche Aufnahmen zu machen.

Es gibt im Hochland sogenannte Sennin, die man als Bergverrückte bezeichnen kann. Sie leben in einem fanatischen Glauben oder weil sie nicht mehr richtig im Kopf sind hoch droben im Schnee, jedenfalls oberhalb der Waldgrenze. Ihre Wohnungen sollen Höhlen sein, wo sie auch den strengsten Winter verbringen. Die Leute sind überaus widerstandsfähig gegen Kälte, sie ernähren sich von Beerenfrüchten, von Wurzeln usw. Da sie in Pelze gehüllt sind und wahrscheinlich auch ihre Beine in Pelzschuhen stecken, können sie für Snowman gehalten werden. Werden sie entdeckt, laufen sie davon und schleudern Steine auf ihre Verfolger.

Peter Matthiessen hat in seinem Buch über die Suche nach den Schneeleoparden die Begegnung mit einem solchen Sennin beschrieben. Als man die gebückt laufende, von flatternden Pelzen bedeckte Gestalt anrief, lief sie, zu Tode erschreckt, davon. Keineswegs bestritten wird die Existenz von solchen Einsiedlern, die jahrein, jahraus in Höhlen leben. Es sind echte Eremiten, die keinen anderen Menschen sehen wollen. Sie laufen barfuß, und ihre Spuren werden durch die Schneeschmelze seltsam verändert.

In diesem Zusammenhang möchte ich noch die sogenannten Traumwandler, besser gesagt, die Traumwanderer erwähnen, die in den Hochlagen von Nepal, Tibet und Sikkim leben. Rational ist das Verhalten dieser Leute nicht zu erklären. Es handelt sich um eine Art von Schlafwandler, nur mit dem Unterschied, daß sie auch bei Tage unterwegs sind. Sie halten nicht ein, sondern laufen fort und fort. Schneller können sie laufen als jeder gewöhnliche Mensch und halten dabei die Augen halb geschlossen. Wohin sie streben, weiß man nicht, ebenso unbekannt sind die Kräfte, von denen sie bewegt werden, und es ist schon möglich, daß auch ihr Anblick die Legende vom Yeti bestärkt hat.

Als während des Winters 1987/88 eine wunderbare Serie über den Himalaya vom Fernsehen ausgestrahlt wurde, hat einer der Reporter den nunmehr schon weißhaarigen Erstbesteiger des Mount Everest, Sir Edmund Hillary, befragt, was es denn mit dem Yeti auf sich habe. Seine Antwort kann jeder so auslegen, wie er möchte. Sir Edmund sagte dazu: »Nur wer an den Yeti glaubt, kann ihn sehen.«

*Das Leben spielt sich soweit wie möglich auf der Straße ab. Die Busse* (oben) *sind immer überfüllt. Von Daman in Nepal aus kann man neun der vierzehn Achttausender sehen.*
Rechts: *Ein Friseur in Sikkim.*
Folgende Doppelseite: *Große Versammlung auf dem Durbar Square (= Königshof) von Patan in Nepal unter einem der vielen Tempeldächer.*

*Tempel und Schloßbauten beherrschen das Bild der Stadtzentren.*
Oben: *Der Durbar Square von Kathmandu.*
Unten: *Pashupatinath am heiligen Fluß Bagmati ist das Benares der Nepali.*

Was also wäre zu tun, um dem Schneemenschen auf die Spur zu kommen? Darüber habe ich mit Dr. Mishra gesprochen. Man müßte sich, so seine Meinung, in einem der als wahrscheinlich geltenden Verbreitungsgebiete, beispielsweise im Arim-Tal für längere Zeit niederlassen. Ruhiges Verhalten wäre die erste Voraussetzung. Eine Höhle wäre die passende Wohnung. Fellkleider oder die gewohnte Bekleidung der Sherpa müßte man tragen und keinen Lärm verursachen. Weil Europäer anders röchen als die Bergstämme, müßten die Yeti-Forscher versuchen, den Duft der Bergmenschen anzunehmen. Zu diesem Zweck dürfte man nur essen, was in der Gegend zu finden sei oder zur üblichen Speise der Bevölkerung gehöre. Zeit wäre natürlich notwendig, dazu viel Geduld. Die langen, schneereichen Winter müßte man überstehen und sich mit einem niedrig brennenden Feuer begnügen, das auch zum Bereiten der kargen Mahlzeiten diene. Wenn man dazu noch Maiskolben auslegte oder sonstige Landesfrüchte, so daß sich Yeti daran vergreifen, dann könnte es klappen. Der Versuch scheint mir verlockend, ein Erfolg könnte den Entdecker des Yeti weltberühmt machen.

## Kobra, Gharial und andere seltene Tiere

Die richtigen Persönlichkeiten muß man kennen, darauf kommt's an. In Ländern wie dem Königreich Nepal genügt schon eine. Dieses wirkt ähnlich wie der passende elektrische Stecker und führt weit in ein verzweigtes Netz von Kontakten. Hätte ich nicht von der Untersekunda bis zur Oberprima das Zimmer im Berlin-Dahlemer Internat mit Bernhard geteilt, dem späteren Prinzgemahl der Niederlande, der lange Zeit Präsident des World Wildlife Fund gewesen ist, dann wäre die hilfreiche Verbindung zu S. K. H. dem Prinzen Gyanendra, dem Königsbruder von Nepal, nicht zustande gekommen. Dieser hat mich an Dr. Mishra weitergereicht, Generalsekretär des Mahendra Trust for Nature Conservation. Er holte den vielseitigen, jugendfrischen Samson Rana an meine Seite. Eines Tages, während meiner vierzehn Tage im Chitwan-Park, brachte mich dieser späte Sproß der Ranarchie ins Hauptquartier von Kasara, wo uns ein perfekter Gentleman namens Ram Prit Jadas in Empfang nahm, damals Chef des Chitwan-Nationalparks. Ihm ist es gelungen, mehrere Arten von Lebewesen zu retten, die auf der Liste bedrohter Tiere stehen, sich aber neuerdings gut vermehren.

Nach dem Begrüßungstee zeigte er uns erst einmal das kleine, in seiner Art hochinteressante Museum im gleichen Haus. Anschließend führte uns der Chef zu ungefähr zwölf in Beton gefaßten Wasserbecken, wo man vorbildlich die Ghariale betreut, wissenschaftlich: *Gharialis gangeticus*, von den Nepalesen Gharial guhai genannt. Möglich gewesen war die Rettung dieses Reptils dank einer Stiftung der Frankfurter Zoologischen Gesellschaft. Die Ghariale, so muß man wissen, bilden eine besondere Erscheinungsform der Krokodile, sogar die älteste Art sollen sie sein.

Vor wenigen Jahren war der Bestand auf bestenfalls zweihundert Exemplare geschrumpft. Nur in einigen stillen Buchten des Ganges, des Brahmaputra und des Muhani Rivers lebten sie noch. Im Chitwan-Nationalpark, genauer gesagt, im Nharanjy-Fluß, lebten nach ungewisser Schätzung kaum noch fünfzig Tiere. Dem Untergang waren sie schon deshalb geweiht, weil sich die Eingeborenen daran gewöhnt hatten, die frisch gelegten Eier der Ghariale zu verspeisen. Die Bevölkerung Nepals hatte sich gerade in der Umgebung des Chitwan-Nationalparks enorm vermehrt. Ihre Ernährung war problematisch geworden, die Leute holten sich alles, was sie irgendwie erreichen konnten. Ghariale legen sehr viele Eier, zwanzig bis dreißig Stück, die sie im Sand vergraben und sich dann nicht mehr darum kümmern. Dank ihrer Spuren sind die nur oberflächlich im Sand versteckten Eier leicht zu finden. Außerdem sind diese Krokodile daran gewöhnt, ihre Eier stets an den gleichen Stellen zu vergraben. Nichts war leichter, als die nahrhaften Eier zu finden, um damit so rasch wie möglich zu verschwinden.

Doch auch nichts einfacher, als dies zu verhindern! Mit Hilfe jener von der Frankfurter Zoologischen Gesellschaft besoldeten Experten gelangten Dr. Mishra und Ram Prit Jadas zur denkbar besten Lösung. Man ließ die Einheimischen nach den Eiern suchen wie zuvor, kaufte sie aber den Leuten ab. Gerne waren die Eiersucher damit einverstanden, da sie zwei bis drei Rupien pro Stück erhielten. Dafür konnten sich die stets hungrigen Anwohner wertvollere Lebensmittel kaufen als Gharial-Eier. Die Eier werden von der Parkverwaltung in elektrisch beheizten Brutöfen zu voller Reife gebracht. Sind die Winzlinge ausgeschlüpft, werden sie in eines der großen Wasserbecken verfrachtet, wo man sie artgemäß füttert.

Jedes der ungefähr vier Meter breiten, sechs Meter langen Staubecken läßt Platz auf jeder Seite, damit die Jung-Ghariale herumkriechen können. Kaum sind sie zwanzig bis dreißig Zentimeter lang geworden, bringt man sie in ein größeres Becken usw., bis sie im Alter von fünf bis sechs Jahren so weit gediehen sind, daß man sie in die freie Wildbahn entlassen kann. Es ist inzwischen gelungen, die Flüsse im Chitwan-Park, den Rapti, den Reu und noch andere, relativ reich mit Ghariale zu bevölkern.

Den Gharial erkennt man sofort. Die Länge beträgt fünf bis sieben Meter, in seltenen Fällen acht bis neun Meter. Ihre Schnauzen werden unglaublich lang, bleiben aber erstaunlich schmal. Beide Kiefer sind besetzt von einer Menge sehr gefährlich aussehender nadelspitzer Zähne. Unter den größeren Tieren, die wir in den Staubecken gesehen haben, gab es mehrere Exemplare, denen ein Teil des Oberkiefers fehlte: ein Beweis dafür, daß sie heftige Streitereien untereinander austragen, wobei mitunter ein Tier dem anderen den Oberkiefer durchbeißt. Man glaubt, daß sie dann nicht mehr in der Lage sind, Fische zu fangen, ihrer ausschließlichen Nahrung. So bleibt nichts anderes übrig, als die Einkiefer-Ghariale in Staubecken zu halten und dort zu ernähren.

Die Ghariale haben einen sehr starken Schwanz und verfügen über teleskopische Augen. Ihre Nasenlöcher befinden sich im höchsten Teil des

Kopfes. So brauchen sie, um die Gegend zu beobachten, nur ihre Augen über die Wasserfläche zu heben. Nicht jedes von den männlichen Tieren kann sich mit einer Gharialin vergnügen, weil die stärkeren Männchen die schwächeren vertreiben. In freier Wildbahn wurde 1919 ein Männchen beobachtet, das sich einen Harem von zwölf Weibchen leisten konnte. Mit sechs bis zehn Jahren sind Ghariale geschlechtsreif, dann beginnen die Ausscheidungskämpfe.

Ähnlich wie gezähmte Elefanten pflanzen sich Ghariale nicht in Gefangenschaft fort, vielleicht, weil sie ständig frisches und fließendes Wasser brauchen. Das Problem ist jedoch lösbar, denn die Brutöfen machen es möglich, auch gefangene Ghariale zu vermehren. Würde man sie und ihre Eier allein der Wildnis überlassen, würden nur zwei bis drei Prozent der geschlüpften Krokos überleben. Jetzt aber werden künstlich ausgebrütete Ghariale in die wilden Wasserläufe gesetzt. Sie haben dann eine Körperlänge von anderthalb bis zwei Metern.

Anfang März 1981 wurde die Anlage eingeweiht, in Gegenwart von Sir Peter und Lady Scott, die sich seit gut zehn Jahren um die Leitung des WWF bemühen. Beide kenne ich gut, denn sie waren zur gleichen Zeit wie ich während mehrerer Fahrten des Expeditions-Kreuzfahrtschiffes »Lindblad Explorer« an Bord. Sir Peter ist der Sohn jenes Captain Falcon Scott, der bei dem Versuch, als erster den Südpol zu erreichen, auf tragische Weise ums Leben kam.

Auch das Smithsonian Institut in Washington hat sich an dem Gharial-Projekt beteiligt. Es hat winzige Radiosender gestiftet, die man einem von zehn freigelassenen Gharialen an den Schuppenpanzer heftet. Zweihundertfünfzig Zuchtghariale wurden freigelassen, berichtet Direktor Ram Prit Jadas, demnach tragen fünfundzwanzig von ihnen Radiosender und haben sich gemeldet. So ungefähr weiß man also, wo sie sich herumtreiben. Man hat sie auch in den Karnali-River und andere Flußläufe von Nepal gebracht, um ihr Verbreitungsgebiet zu vergrößern.

Naturfreunden, die sich unter anderem für Ghariale interessieren, können die Anlage bei Kasara besuchen. Aber Werbung findet nicht statt. Zu viele Besucher wären unerwünscht.

Was Naturfreunde im allgemeinen nicht zu sehen bekommen, sind andere Kostbarkeiten des Chitwan-Nationalparks, zum Beispiel die Sumpfkrokodile. Die Engländer nennen sie Mugger, die Nepali Magar gohi.

Unser neugewonnener Freund Ram Prit Jadas ist so liebenswürdig, einen ganzen Tag Zeit für uns zu opfern. Er ahnt, wo sich einige von diesen Muggers befinden. Ihr wissenschaftlicher Name lautet: *Crocodylus palustris.* Zu diesem Zwecke müssen wir zu Fuß gehen, über schwankenden, sumpfigen Boden, durch gut zwei bis drei Meter hohes Schilfgras. Feucht und schwül ist die Luft, und viele Mücken schwirren stechlustig umher. Zum Glück aber herrscht nicht die Jahreszeit der Blutegel. Diese nämlich sind eine ausgesprochen scheußliche Zugabe im Terai. Sie lassen sich fallen, springen hinauf an Lebewesen und suchen Menschen, um einen Flecken unbedeckter Haut zu erobern. Sie saugen sich fest, und, wie es scheint, spricht sich in Egelkreisen sehr schnell herum, wo etwas zu holen ist. Keine Seltenheit wäre es, erklärt Ram Prit Jadas, daß ein Besucher zwanzig bis dreißig Blutegel mit sich herumschleppt. Sie erregen keine Schmerzen, sind auch nicht gefährlich, aber ekelhaft sehen sie aus. Es genügt, eine Prise Salz auf die Tiere zu streuen, dann lassen sie sich sofort fallen.

»Dort drüben, am besten Sie haben ein Fernglas zur Hand, dort drüben liegt ein großer Mugger. Können Sie ihn sehen?« Nicht gleich, erst als sich die Augen ans unklare Licht gewöhnt haben, erkennen wir das Sumpfkrokodil in seiner ganzen Länge. Es liegt weder an Land noch im Wasser, sondern im Morast. Die Schnauze ist geöffnet, die scharfen Zähne sind gut zu sehen, aber das Untier rührt sich nicht. Seine Länge schätze ich auf mindestens sechs bis sieben Meter. Seine dunkle Farbe ist der Umgebung ideal angepaßt. Ich bin sicher, daß schon viele Menschen an den Sumpfkrokodilen, an den Muggers, vorübergingen, ohne sie bemerkt zu haben.

Merkwürdigerweise sieht *Crocodylus palustris* auch in Ruhestellung so aus, als würde es freundlich lächeln. Dem ist aber nicht so. Das Reptil frißt vorwiegend Fleisch. Es schnappt sich kleine und größere Tiere. Im Jahre 1979 wurde am Rapti River vor den Augen von drei Zeugen ein Nepali von einem Mugger auf schreckliche Weise umgebracht. Das Opfer, ein allzu forscher Mann, hatte das scheinbar schlafende Tier mit seinem Stock berührt. Blitzschnell war der Mugger auf den Mann gesprungen, hatte ihn gepackt, unter Wasser gezogen, auf diese Weise ertränkt und aufgefressen. Wählerisch ist das Sumpfkrokodil nicht, es frißt auch Aas und Schildkröten. Deren Panzer wird ohne weiteres geknackt und das Innere verschlungen.

Lange Strecken legen die Sumpfkrokodile zurück, wenn ihre Bleibe austrocknet und sie wieder einen feuchten Platz brauchen. Über das Liebesleben der Sumpfkrokodile weiß man so gut wie nichts, doch hat im Zoo von Madras ein Mugger fünf Weibchen gedeckt. Die Reptile graben Nester bis zu einem halben Meter tief in Sandbänke, wo sie die Eier ablegen. Im Gegensatz zu den Gharialen bleiben aber die Mütter in der Nähe und bewachen die Nester. Sie führen die geschlüpften Jungen ins Wasser, bisweilen transportieren sie die Kleinen in den Backentaschen. Die jungen Krokodile werden von Ottern, Störchen, Schakalen und anderen Räubern gerne aufgefressen. Früher gab es im Chitwan-Park mehrere tausend dieser Mugger, wie uns Chief Jadas versichert. Dann aber sank ihre Zahl bis unter hundert Stück. Dank des totalen Schutzes haben sie sich letzthin wieder vermehrt.

Was wir nicht gesehen haben, so sehr sich der Direktor auch darum bemühte, sind Süßwasser-Delphine. Sie werden von den Nepali Susu genannt. Auch früher hat man sie nicht verfolgt, jedenfalls nicht die Hindu, weil sie wissen, daß es sich um Säugetiere handelt. Die Erbeutung, die Tötung von Säugetieren aber ist unter rechtgläubigen Hindu eine schwere Sünde.

Es gibt verschiedene Arten von Süßwasser-Delphinen, darunter den chinesischen Fluß-Delphin. Davon habe ich einige Exemplare selbst gesehen, und zwar von der großen breiten, vielbefahrenen Brücke über den Yangtze bei Hankou aus. Den indischen Süßwasser-Delphin hat man schon vor etwa hundert Jahren entdeckt, aber er wird von Jahr zu Jahr seltener. Ganges-Delphine nennt man sie, einige Exemplare existieren auch im Chitwan-Park, dort, wo der Rapti River in den Narayani fließt. Die Ganges-Delphine brauchen tiefes stilles Wasser. Sie werden bis drei Meter lang, die Kühe noch größer als die Bullen. Dunkelgrau ist der Körper. Die Säuger leben und fischen Krebstiere am Boden der Flüsse. Etwa jede Minute muß der Süßwasser-Delphin auftauchen. Er hat allem Anschein nach keine Angst vor Booten, auch nicht vor Menschen. Weil heute die Wasserläufe im Chitwan-Park relativ ungestört bleiben, haben sich die Ganges-Delphine wieder vermehrt. Als wir, Samson Rana, der Chiefwarden, und ich an Bord von Einbäumen über den Narayani treiben, haben meine beiden Begleiter zwei der Süßwasser-Delphine gesehen, aber leider habe ich die Gelegenheit versäumt.

Man glaubt es kaum, aber der größte Teil des Chitwan-Nationalparks wird von Besuchern nie betreten, schon weil Fahrzeuge fehlen und das

Herumwandern in totaler Wildnis für Fußgänger gefährlich sein kann, einmal weil man sich verirren kann, dann auch wegen der Kobras. Ram Prit Jadas berichtet von ihnen und meint, sie seien die größten Giftschlangen der Welt. Bis sechs Meter lang können sie werden, erreichen in den meisten Fällen aber nur drei bis vier Meter. Sie bevorzugen dichten Wald und feuchtes Unterholz. Es ist nicht leicht, eine Königskobra zu erkennen, weil sie schon sehr früh die Annäherung bemerkt. Junge Kobras haben gelbweiße Streifen auf der schwarzen Haut, mit zunehmendem Alter aber werden sie immer dunkler und dunkler. Der Biß der Königskobra tötet binnen zwei, drei Minuten. Wer keine Antigiftspritze in der Tasche hat und sich nicht gleich eine Injektion verpaßt, ist verloren. Die Zahl der Todesopfer soll in Indien über tausend Menschen pro Jahr betragen. Im Chitwan spricht man von zwei bis drei Todesfällen im Jahr. Aber es dürfte auch in dieser Hinsicht eine Dunkelziffer geben. Die Giftzähne enthalten so viel des todbringenden Saftes, daß bereits Elefanten an dem Biß eingegangen sind, bemerkt der Chiefwarden mit sichtbarem Bedauern. Kobras sind nicht so aggressiv wie oft behauptet wird, es sei denn, sie haben Jungtiere zu verteidigen. Sie greifen nur an und beißen zu, wenn sie glauben, sie würden selber angegriffen. Sie bemerken auch leichtfüßige Geschöpfe an der für Menschen niemals erkennbaren Bewegung des Bodens. Ein Beben, so fein, daß es selbst Instrumente nicht aufzeichnen, warnt die Kobras.

Das Reptil ernährt sich von anderen kleinen Schlangen, von Ratten, Nagetieren u. ä. Die Kobras bauen sich richtige Nester im tiefen Dickicht. Wenn die Jungen geschlüpft sind, liegt die Mutter noch lange auf ihrer Brut. Sie bewacht ihre Nachkommen, und wenn Gefahr droht, erhebt sich die Giftschlange mit aufgeblähtem Kopf bis zur Höhe von ungefähr einem Meter. Was auch immer die Nachkommen bedroht, selbst Lebewesen von Elefantengröße, darauf schießt sie zu mit absolut tödlichem Biß.

Schlangen können nicht hören, also ist es glatter Schwindel, wenn von den sogenannten Schlangenbeschwörern behauptet wird, die Kobra würde nach ihrer Flöte tanzen. Nichts von dem sogenannten Konzert kann die Kobra vernehmen. Es sind allein die Bewegungen des sogenannten Beschwörers, die das Reptil veranlassen, ebenso wie der Mensch hin und her zu schwanken.

»Die meisten Besucher können sich nicht vorstellen«, sagte der Chiefwarden, »daß noch heute der größte Teil des Chitwan-Parks unerforscht ist. Bis hinauf zu den Civalik-Hügeln und hinüber zur indischen Grenze ist noch immer alles unberührte Natur.«

Sollte es auch bleiben. Ich finde es sehr beruhigend, wenn es weiterhin Geheimnisse des Urwaldes gibt. Rätsel der Natur sind im Grunde reizvoller als restlose Aufklärung. Für Naturfreunde, berichtet Ram Prit Jadas weiter, ist trotz allem der Monsun die schönste Jahreszeit. Die Regenfälle, die für Europäer und Amerikaner geradezu unglaublichen Wolkenbrüche, dauern nicht lange Zeit. Danach vertreiben kühle nördliche Winde die Wolkendecke und geben den Blick frei auf die Kette des Himalaya. So klar wie an solchen Tagen treten sie sonst kaum hervor. Im Januar, dem kältesten Monat des Jahres, können die Temperaturen abfallen bis nahe dem Gefrierpunkt, sogar Frostnächte hat man erlebt.

Kaum ist die Regenzeit vorüber, entwickelt sich die Natur in einer Art und Weise, die man fast als grüne Explosion bezeichnen kann. Dann herrscht noch immer eine Luftfeuchtigkeit bis zu hundert Prozent. Während der Nächte glaubt man oft, es regne draußen, aber es ist nichts weiter als Tau. Allenthalben tropft es von Bäumen, Blättern und Gräsern. Während des Monsun, und auch in den Wochen danach, schimmeln die Kleider, die Lebensmittel, die Möbel, ebenso Gegenstände aus Leder. Auch Menschen leiden darunter. Es wird empfohlen, sich täglich zu duschen.

Auch wenn die Lodges geschlossen sind, erscheinen ein paar unentwegte Freunde der Natur. Hohe Stiefel an den Füßen, Umhänge und Hüte gegen die fallenden Tropfen, so dringen sie ein in die Wildnis. Denn nun regt und rührt sich alles, auch die gefiederte Welt. Ornithologen erleben vermutlich die schönsten Stunden. Bisher ist die Zahl der Vogelarten noch nicht recht bekannt. Es gibt Unterstände für Vogelfreunde, wo sie, vor Sonne und Regen geschützt, die Vielfalt des gefiederten Volkes erleben. Es soll Leute geben, die vom ersten Morgenlicht bis zur Ankunft der Nacht, immer das starke Fernglas vor den Augen, weitreichende Kameras umgehängt, in diesen Hütten hocken, um sich bezaubern zu lassen von dem, was fliegt und zwitschert.

Den umwohnenden Menschen, von denen die meisten zum Volk der Tharus gehören, hat man erlaubt, während des Monsun, also während der Zeit des üppigen Wachstums, Futtergras, auch Bambus und Schilf, aus dem Park zu holen. Sie erhalten dafür einen Schein des Chiefwarden und müssen eine geringe Gebühr bezahlen. Fast alles wächst gleich wieder nach. Während des vergangenen Jahres, berichtet uns Ram Prit Jadas, haben sich rund sechzigtausend Menschen einen Schein besorgt, und ebenso viele sind vermutlich ohne Schein in den Park eingedrungen. Ein strenges Gesetz verbietet, daß sich Unberechtigte über Nacht im Park aufhalten, ausgenommen Touristen mit vereidigten Führern.

Ein großer Teil des Chitwan-Parks und seiner Umgebung ist bedeckt von Sal-Wäldern. Dabei handelt es sich um einen Hartholzbaum, der bis zu fünfunddreißig Meter hoch wird und stets seine gelbweißen Blätter behält. Aus dem Samen des Sal-Baumes kann man Öl gewinnen. Im übrigen ist das widerstandsfähige Holz begehrt für den Hausbau, für Straßenbrücken und Bahnschwellen, auch viele der alten Tempel und Paläste Nepals sind aus Sal-Holz gebaut. Aber leider führt der Raubbau zur Verminderung der Wälder und letzten Endes zur Erosion.

Im Chitwan-Schutzgebiet lebt auch unter vielen anderen Reptilien die größte aller Schlangen, die Python, von den Nepali Adjinga genannt. Der Chiefwarden hätte uns gerne eine der ungiftigen Schlingschlangen gezeigt, aber man entdeckt sie nur rein zufällig. Dieses Glück aber hatten wir nicht. Ram Prit Jadas holt aus seinem Archiv ein erstaunliches Foto hervor. Es zeigt eine Python, die versucht, eine Antilope im Gewicht von schätzungsweise siebzig Pfund zu verschlingen. Es ist ihr nicht gelungen, die Python ist daran erstickt. Allzu groß war die Beute und allzu klein das Reptil. Die halbe Antilope hing noch aus dem übermäßig aufgesperrten Maul. Die Kiefern der Python sind nur durch Muskeln verbunden, die sich weit ausdehnen lassen. Aber irgendwo hat alles seine Grenzen. Das Reptil lauert auf seine Beute tagelang, wenn es sein muß, wochenlang. Sie beißt nicht zu, sondern drückt die Beute zu Tode. Das Herunterwürgen großer Beute dauert fünf bis sechs Stunden. Danach kann die Schlange Wochen und Monate fasten. Eine in Gefangenschaft gehaltene Python, meint der Chiefwarden, hat über zwei Jahre ohne Futter gelebt.

Pythons schätzen die Nähe von Wasser und Bächen, scheinbar reglos warten sie dort auf ihre Opfer. Die Farbe ist schwarz, gelb und weiß, aber trotzdem eine gute Tarnung. Pythons können auch im Dunkeln ihre Beute erkennen und schnappen. Die Natur hat sie mit mancherlei Vorteilen ausgestattet. Bis zu hundert Eier vermag die Schlange zu legen, aber nur wenige der geschlüpften Schlangen überleben. Wenn sie die erste, gefahrvolle Zeit überstanden haben, können die Pythons sehr alt werden, vierzig bis fünfzig Jahre. Vielleicht nicht in freier Wildbahn, nur in Gefangenschaft standen sie unter Beobachtung, wo dieses Alter festzustellen war.

Der Chiefwarden schaukelt uns an Bord seines Jeep hinab in ein breites, schön geschwungenes Tal. Dort, von einem murmelnden Bach umspielt, liegt ein älteres Palais in orientalischem Stil. Vor etwa hundertfünfzig Jahren, als der heutige Chitwan-Park während der kühlen Jahreszeit das Jagdgebiet der herrschenden Klasse war, diente es den Rana-Radscha als Quartier. Offiziell gehörte es dem König, aber so weit aus seinem goldenen Käfig durfte er sich nicht entfernen. Doch seit Mitte unseres Jahrhunderts haben sich die Verhältnisse wesentlich verändert. Sowohl der verstorbene König Mahendra wie der gegenwärtige König Bir Bikram Shah kommen gelegentlich hierher, natürlich auch Prinz Gyanendra, der Protektor des Chitwan-Naturparkes.

Auf dem Rücken unserer Elefanten, ich selber an Bord der stets gutmütigen Frittikali, kehren wir zurück nach Tiger Tops. Derweilen wird es dunkel, wir brauchen jedoch keine Lampen. Unsere Dickhäuter wissen genau Bescheid.

Es würde zu weit führen, noch unsere Tage im Gaida-Camp und der Machan-Lodge zu erzählen. Das erste ist gut geführt, relativ bescheiden angelegt und erfreut die Gäste durch eine besonders gute Küche. Beide, auch die Machan-Lodge, werden privat geführt, stehen aber unter Kontrolle des Chiefwarden und müssen auf elektrisches Licht verzichten, leider aber nicht auf surrende Motoren. Was die Machan-Lodge betrifft, so war sie bei unserem Besuch noch nicht so ganz funktionstüchtig. Die Reitelefanten und ihre Treiber ließen Erfahrung vermissen. Im übrigen waren die Rhinos noch nicht an Fremde gewöhnt und hielten sich deshalb meist versteckt. Erst bei herabsinkender Nacht kamen sie zum Vorschein. Aber in fünf Jahren werde es sehr viel besser sein, wurde uns versichert. Vor allem war ein großer Swimmingpool im Bau. Die Machan-Lodge liegt auf einer Anhöhe mit weitem Blick in die Flußtäler bis hinüber zu den Vorbergen des Himalaya. Schon hat man tiefe Gruben ausgehoben, in denen duftende Lagerfeuer prasseln werden. Sollte ich wieder nach Nepal fliegen, im künftigen Machan-Lager werde ich gerne bleiben.

Abgesehen von diesen Camps, die sich innerhalb oder dicht außerhalb des Chitwan-Parks befinden, gibt es für sparsame Besucher noch zahlreiche andere Unterkünfte. Sie liegen entweder für sich allein irgendwo im Gelände oder innerhalb eines der Tharu-Dörfer. Auch Verpflegung ist zu bekommen, oder man verpflegt sich selbst, vielleicht an selbstentfachten Lagerfeuern. Die Preise sind so niedrig, daß man es kaum zu glauben vermag. Nach unserem Geld gerechnet kann der Naturfreund schon für fünfzig Pfennig übernachten, Ungeziefer eingeschlossen. Auch dort stehen Führer zur Verfügung, oder man findet sich an Hand von Karten zurecht. Gut begehbare Wege führen in den Park, wobei natürlich ein oder zwei Kontrollposten zu passieren sind. An verschiedenen Stellen hat man auf etwa drei Meter hohen Pfählen gedeckte Aussichtsplätze errichtet. Von dort aus ist es möglich, die wilden Nashörner zu sehen, zu fotografieren und zu filmen. Vor allem kommen Vogelfreunde auf ihre Kosten.

Man kann dem Royal Chitwan nur wünschen, daß er sich weiter entwikkelt wie bisher. Aber eine andere Entwicklung bereitet große Sorge, nämlich die rapide zunehmende Bevölkerung im gesamten Königreich. Der Chitwan-Nationalpark wird auf drei Seiten umlagert von intensiver Landwirtschaft und herandrängenden Neusiedlern. Wie lange es dem Park und den Tieren noch möglich ist, dem Bevölkerungsdruck zu widerstehen, darauf konnte selbst Prinz Gyanendra keine Antwort geben. Er weiß genau, und jeder halbwegs gebildete Nepali ist sich darüber im klaren, daß letzten Endes der Menschenschutz noch vor dem Tierschutz steht. Wie sich das Problem lösen läßt, wenn überhaupt, ich kann es nicht voraussehen.

# Die Rettung der Nashörner

»Wir können die bedrohte Natur auf lange Dauer nur beschützen und erhalten, wenn die Menschen der Umgebung mitmachen.«

Eine klare Erkenntnis, die man bei vielen Naturfreunden vermißt.

Prinz Gyanendra Bir Bikram Shah ist nicht nur der Bruder des regierenden Königs, sondern auch der Vorsitzende des King Mahendra Trust for Nature Conservation. Sein im Jahre 1975 verstorbener Vater hatte die Stiftung ins Leben gerufen. »Unsere Bemühungen«, erklärte mir Prinz Gyanendra, »unsere Ziele müssen übereinstimmen mit den ebenso wichtigen Rechten der Menschen. Wir können die Ethik des Umweltschutzes noch so laut, noch so weit und breit verkünden, aber wenn es eines Mannes größte Sorge ist, wie er die nächste Mahlzeit für seine Familie beschafft, hat er für unsere Sorgen um Fauna und Flora kein Gehör!«

Ich wußte, daß Gyanendra für kurze Zeit, er war damals erst drei Jahre alt, König von Nepal gewesen war, allerdings nur nominell. Der letzte Rana-Herrscher hatte ihn 1951 auf den Thron gerufen, als es dem rechtmäßigen König Tribhuvana gelungen war, über die indische Botschaft in die Freiheit des Nachbarlandes zu entkommen. Aber das war eine rasch vorübergehende, praktisch unwirksame Epoche gewesen. Als König Tribhuvana mit seiner Frau und den älteren Kindern aus seinem goldenen Käfig in die Freiheit fliehen konnte, hatte er seinen noch in den Kinderschuhen steckenden Enkel, den Prinzen Gyanendra, zurückgelassen, um nicht gar soviel Verdacht zu erwecken.

Des Königs Bruder ist nicht nur seines Ranges wegen Vorsitzender der Stiftung, sondern mit Leib und Seele dabei. Er pflegt sehr aktiv die Verbindung mit dem World Wildlife Fund, ebenso mit anderen für den Naturschutz tätigen Organisationen, zu denen auch die Frankfurter Zoologische Gesellschaft gehört. Mit den bisherigen Präsidenten des WWF, mit Prinz Philipp von Großbritannien und mit Prinz Bernhard der Niederlande, ist Gyanendra befreundet. Ich konnte mich zwei Stunden mit ihm unterhalten, in erster Linie über den Naturschutz. Der Mahendra Trust for Nature Conservation wird im allgemeinen Babar Mahal genannt. Die beiden Worte bedeuten weiter nichts als den ursprünglichen Namen eines ehemaligen Rana-Palastes mit Park, in dem sich heute das Verwaltungsgebäude des Trusts erhebt. Dabei handelt es sich nicht um eine Staatsbehörde. Der König hat schon bei seinem Regierungsantritt das Patronat übernommen. Die Gelder stammen teilweise aus Regierungsfonds, aber zum großen Teil aus Stiftungen, deren Quellen über alle fünf Kontinente verteilt sind. Zum Komitee gehören namhafte Persönlichkeiten aus aller Welt. Andererseits stammen nicht weniger als fünf Herren im Aufsichtsrat aus der unmittelbaren Umgebung des Königs von Nepal.

Hauptberuflicher Generalsekretär des King Mahendra Trust for Nature Conservation ist Dr. Hermantha Mishra, der in den USA Zoologie studierte und schließlich im schottischen Aberdeen promoviert wurde. Im übrigen dient er der nepalischen Regierung als stellvertretender Chef aller Nationalparks und des Naturschutzes. Dr. Mishra, ein ausgezeichneter, fleißiger und erfolgreicher Gelehrter, war so freundlich, mich zum Gespräch mit Prinz Gyanendra zu begleiten. Zu diesem Zweck trug er die offizielle, in Gegenwart von königlichen Hoheiten übliche Kleidung: auf dem Kopf die schräg sitzende Kappe in den Farben seiner Familie, eine weite, weiße Jacke, dazu lange, weiße, weite Beinkleider, wie sie der Bruder des Königs angelegt hatte. Sicher gibt es Nuancen, die mir unbekannt sind.

Wer einen altehrwürdigen Palast mit großem Park und wimmelnder Dienerschaft erwartet hatte, wurde enttäuscht. Weit außerhalb des Zentrums lag die Residenz Gyanendras, eine herrschaftliche Villa. Einige Wagen der Mittelklasse parkten unter einem Dach, aber keine Wache mit aufgepflanztem Gewehr war zu sehen. Ein zivil gekleideter Adjutant hatte Dr. Mishra und mich schon erwartet. Er führte uns auf frischgeharkten Wegen in den Empfangsraum, der nicht größer war als mein Arbeitszimmer daheim. Auf dem Fußboden lagen einige Tigerfelle, was mich im Hause des großen Beschützers der Natur einigermaßen erstaunte.

Kaum eine Minute müssen wir warten, bis der Bruder des Königs eintritt. Wie es sich gegenüber hochgestellten Persönlichkeiten gehört, grüße ich nicht mit »Namasti«, wie das sonst üblich ist, sondern mit »Namaska«.

Seine Königliche Hoheit, etwa vierzig Jahre alt, mittelgroß und mit leichtem Übergewicht, gibt sich formlos und liebenswürdig. Gleichzeitig legen wir die Hände zusammen und verneigen uns tief. Dabei berührt man sich.

»Die Tigerfelle auf dem Boden«, sagt Prinz Gyanendra gleich, »sind keine Jagdtrophäen, sondern Geschenke fremder Besucher. Deshalb konnte ich sie nicht ablehnen. Übrigens, ein Buch von Ihnen, in englischer

Sprache, liegt auf meinem Nachttisch. Ich habe gestern abend bis Mitternacht darin gelesen.« Dr. Mishra hatte sich eine Liste meiner Werke vom nepalischen Botschafter in Bonn kommen lassen.

»Was haben Sie gesehen in unserem Land, was möchten Sie noch sehen?« fragte der Bruder des Königs. »Erzählen Sie mir von Ihren Eindrücken beim ersten Besuch vor dreißig Jahren.«

Er hörte aufmerksam zu, stellte auch verschiedene Fragen, besonders interessierte ihn mein Kontakt mit dem berühmten Boris, dem Begründer des Fremdenverkehrs in Nepal, ebenso mein Zusammentreffen mit Sir Edmund Hillary. Gyanendra war zu jener Zeit nicht älter als zehn Jahre gewesen, aber einige Erinnerungen an die Erstbesteigung des Everest hatte er noch.

In der Hauptsache sprachen wir über die Rettung der asiatischen Nashörner, über die letzten wild lebenden Elefanten, über die Zunahme der Tiger und was sonst noch an Erfolgen während der vergangenen Jahrzehnte aufzuweisen war. Hin und wieder erwähnte Gyanendra seinen schon 1975 verstorbenen Vater Mahendra, der sich als erster, und zwar sehr energisch, für die Projekte des Schutzes von Natur und Wildtieren eingesetzt hatte.

»Letzten Endes«, betonte der Vorsitzende von Babar Mahal, »was soll der Naturschutz bedeuten? Meines Erachtens ist der Umweltschutz ein wichtiges Mittel, um die Qualität unseres Daseins zu verbessern. Viel haben wir erreicht in diesen zwanzig Jahren, aber noch lang nicht alles. Oft erscheinen die Probleme unlösbar. Dr. Mishra wird Ihnen davon erzählen. Als Begleiter Ihrer Rundreisen soll Samson Rana mitgehen. Sehen Sie sich alles an, vor allem den Royal Chitwan-Nationalpark, auch die anderen Reservate. Sie können sich dazu eines Hubschraubers bedienen, weil auch geländegängige Jeeps nicht überall hinkommen. Zu Fuß würden dabei mehrere Wochen vergehen, soviel Zeit werden Sie nicht haben.«

Dann wandte er sich dem aufmerksam lauschenden Dr. Mishra zu und sagte ihm ein paar Sätze in der Landessprache. Erst viel später habe ich begriffen, daß er mich dabei zum Staatsgast befördert hat, jedenfalls zu einem Gast des Babar Mahal. Kosten sollten mir nicht entstehen. Großzügiger kann man einen Besucher kaum empfangen. Am Ende meinte Gyanendra noch, daß er mich vor meiner Abreise seinem Bruder, dem König, vorstellen wolle.

Auch Dr. Mishra zeigte sich sehr befriedigt von dem Besuch. Wichtig schien ihm, daß wir auch Kaffee und kleine Kuchen erhalten hatten. Demgemäß galten wir als Gäste Seiner Königlichen Hoheit, nicht etwa nur als kurz und freundlich abgefertigte Besucher.

Auf der Landkarte sehen die Entfernungen nicht bedeutend aus. Doch die Fahrt zu meinem ersten Besuch im Royal Chitwan-Nationalpark nahm fast sechs Stunden in Anspruch. Samson Rana holte mich mit einem geländegängigen Wagen ab. Auf wildromantischen Wegen, die stark von Bussen, Lastwagen und Pkws frequentiert wurden, erreichten wir schließlich Pokhara, die zweitgrößte Stadt Nepals. Sie ist sehr weit ausgebreitet, ziemlich neu und nicht interessant. Nur ein Straßenzug ist bemerkenswert. Er folgt dem Ufer des Phew-Sees. Dort liegt hinter hohen Mauern auch die Sommerresidenz des Königs. Eingefaßt wird der See von bewaldeten Bergen, und ich höre von deutschen Besuchern, es sei am Phew-See fast so schön wie am Tegernsee in Oberbayern. Weshalb um die halbe Welt nach Nepal fliegen, wenn man etwa das gleiche in der Nähe von München haben kann?

Ein schönes, modernes Hotel in herrlichem Park gibt es dort, das Crystal-Hotel. In der Mitte des Sees eine sehr romantische Insel, auf der sich ein hübscher, von hohen Bäumen überschatteter Tempel befindet. In einem Mietboot kann man dorthingelangen und sich stundenlang über den See treiben oder rudern lassen.

Samson Rana zeigte mir einen unglaublich wilden Fluß, der sich in der Nähe von Pokhara tief ins Gestein gegraben hat. Dort stürzt das Gewässer einige hundert Meter tief hinab, mit furchtbarem Gepolter und enorm viel Spritzwasser. Drei Brücken führen an drei verschiedenen Stellen über das rauschende Ungeheuer. An einer der Brücken war man gerade dabei, ein weites und breites Drahtnetz anzubringen, um Menschen aufzufangen, die sich freiwillig oder unfreiwillig in den Abgrund stürzten. Die beiden anderen Brücken will man demnächst gleichermaßen unterfangen. Wie mir mein Begleiter erklärte, wären Meuchelmorde in Pokhara keineswegs selten. Diese Toten gehörten in vielen Fällen zum Kreis der in Pokhara noch reichlich vorhandenen Hippies. Sie handelten, auch wenn es jetzt verboten war, weiter mit allen möglichen Rauschgiften. Weil sie auch selber dieser Droge verfallen waren, brauchten sie Geld, um alle Tage wieder ein Prise zu schnupfen, zu rauchen oder zu spritzen. So kam es, daß in vielen Fällen die Hippies selber Opfer jener besonderen Kriminalität waren. Wenn sie verschwanden, fiel es nicht weiter auf. Nur unkenntliche

Reste wurden nach längerer Zeit in weit entfernten Orten angeschwemmt, wenn überhaupt.

Folgt man der Uferstraße weiter nach Norden, wird das Rassengemisch immer größer. Bald, so scheint es, sind fremde Gesichter in der Mehrheit. Hippies sind es oder schon Nachkommen von Hippies, die längst keine Aufenthaltsgenehmigung mehr haben. Die gutmütige Polizei läßt sie ihr Wesen treiben, solange sie nicht besonders auffallen. Erst dann werden sie ausgewiesen. Wollen sie aber Nepal nicht verlassen, so können sie bleiben.

Hier finden wir ein billiges Eßlokal nach dem anderen. Sie scheinen kein Ende zu nehmen, sie werden schäbiger und vermutlich preiswerter, je weiter wir nach Norden kommen. Hier ist seitens der Bleichgesichter die Bettelei mehr verbreitet als sonst irgendwo in Nepal. Selten habe ich so hoffnungslose, so dem Verlöschen verfallene Gestalten gesehen wie hier. Wenn diese Leute absolut keine Möglichkeit mehr haben, sich zu ernähren, werden sie von ihren Freunden an die deutsche Botschaft verwiesen. Dieser bleibt laut Grundgesetz nichts anderes übrig, als die hilflosen Gestalten in eine Lufthansa-Maschine zu packen und heimwärts zu senden. Sie sollten an sich ihren Flug selber bezahlen oder ihre Angehörigen dazu veranlassen. Doch wenn sich niemand bereit findet oder dazu in der Lage ist, geht der Flug auf Kosten der Steuerzahler in der Bundesrepublik.

In Pokhara wendet sich die schmale, zum Teil gut ausgebaute Straße nach Süden, und die Landschaft wird von Kilometer zu Kilometer schöner, noch wilder, der Verkehr wird immer geringer. Wir folgen dem Ufer verschiedener Flüsse, deren Namen auf -kosi enden, auf straßenbaulichen Wunderwerken. Unser Fahrer kennt sich aus in seinem Beruf. Unbewegt umrandet er alle Spitzkehren und passiert in beachtlichem Tempo die uns entgegenkommenden Fahrzeuge.

Prinz Gyanendra wußte, wovon er sprach, kommt Samson Rana auf meinen Besuch beim Königsbruder zu sprechen: »Seitdem Sie zum ersten Mal hier waren, hat sich die Bevölkerung unseres Landes mehr als verdoppelt, sie wird bald achtzehn Millionen erreichen. Kaum finden die Nachkommen ausreichend Platz, um neue Terrassen anzulegen. Wir können gerade noch die Bevölkerung notdürftig ernähren. Das Terai, dem wir zustreben, war noch vor hundert Jahren undurchdringliche Wildnis, eine feuchtheiße, tropische Landschaft, von Sal-Wäldern bedeckt, und während der Regenzeit herrschte Überschwemmung. Ein Paradies für Stechmücken und die Anopheles. Fast niemand konnte dort leben, die Malaria raffte Kinder und Erwachsene fort. Es gab nur wenige, aus der Urzeit stammende Menschengruppen, die unempfindlich geworden waren gegen die Malaria. Während der Trockenzeit aber war die Jagd auf wildes Getier weit lohnender als irgendwo sonst im Land.

»Da reisten, mit großem Gefolge, die Rana-Fürsten zur Jagd auf Tiger, auf Nashörner, ebenso auf Wildbüffel und wilde Elefanten. Sie bevorzugten das Gebiet von Chitwan. Dort gibt es verschiedene Flußläufe, unter anderem auch den Baghmat und den Rapti, deren beide Seiten von Grasflächen bedeckt sind. Dahinter beginnt der halbdunkle Urwald, und danach steigen die Berge auf. Staatsjagden wurden dort veranstaltet, an denen hundert und noch mehr gezähmte Elefanten teilnahmen. Fremde Würdenträger, sogar der Vizekönig von Britisch-Indien und königliche Besucher aus Europa, wurden eingeladen. Aber gleich zu Beginn des Monsun war alles vorbei, die Jäger mußten flüchten, weil mit den ersten Regenfällen die Herrschaft der Malaria-Mücken begann.«

Er berichtet ausführlich von den schier unglaublichen Staatsjagden, die abgehalten wurden. Als sich aber die Bevölkerung vermehrte, besonders rasch seit der Mitte unseres Jahrhunderts, als sich Menschen aus dem Hochgebirge, der Not gehorchend, ins tropenfeuchte Terai begaben, fielen ungezählte Hektar der Sal-Wälder den neuen Siedlern zum Opfer. Das gewonnene Land kostete nichts. Es wurde dichter und immer dichter besiedelt. Zur gleichen Zeit fand man Möglichkeiten, die Malaria zu bekämpfen. Mit Ausnahme der königlichen Jagdreviere wurde das Terai nach und nach erschlossen. Zahlreiche Kinder konnten nicht ausbleiben, und wie das in Nepal nun einmal ist, gab sich kaum eine Frau mit weniger als sechs bis acht Nachkommen zufrieden. Sie drangen weiter und immer weiter vor, bedrängten schließlich auch das Chitwan-Jagdparadies.

So gerieten die Nashörner in Gefahr, die asiatischen Nashörner, wissenschaftlich *Rhinozeros unicornis* genannt, bei uns auch als Panzernashörner bekannt. Sie wurden dezimiert, schon weil ihr Horn im Rufe stand, geschwächte Manneskräfte zu aktivieren. Ob das wahr ist oder nicht, jedenfalls wurden und werden Unsummen an Dollar, an Pfunden und Rupien für das Horn eines Rhinos bezahlt. Als es schon fast zu spät war, um diese seltenen Tiere zu retten, haben die indischen Behörden und König Mahendra eingegriffen. Der Royal Chitwan-Nationalpark wurde unter Naturschutz gestellt. Zwei, drei, schließlich vier Kompanien der

Gurkha-Truppen setzte man ein, um die Gegend vor Wilderern zu schützen. Als auch das nichts nützte, stellte man die widerrechtliche Erlegung von Nashörnern unter Todesstrafe.

Doch kaum zu bremsen war die Ausbreitung der Menschen. Nicht weniger als zweiundzwanzigtausend Personen wurden zwangsweise umgesiedelt. Kein Zweifel, daß dadurch Unruhen ausgelöst wurden. Hinzu kam, daß sich nunmehr die absolut geschützten Tiger, die Leoparden und andere Raubtiere vermehrten. Mit den Tigern ist es so weit gekommen, daß es zu viele gibt, um allein im Chitwan-Park genügend Nahrung zu finden. Sie überschreiten die Grenzen, greifen Haustiere der Siedler an und schließlich auch Menschen. In erster Linie wurden Kinder gerissen.

Als der Chitwan-Park vergrößert wurde, so daß er nun den berühmten Yellowstone-Park in den USA übertrifft, mußte man den Anrainern gestatten, sich Jahr für Jahr einen bestimmten Anteil des Binsengrases aus dem Park zu holen. Das wird zwar kontrolliert, reicht aber bei weitem nicht aus, um die Bedürfnisse der Menschen zu befriedigen. Zum Glück hat auf der anderen Seite der Grenze die indische Regierung gleichfalls ein Naturschutzgebiet eingerichtet, so daß sich die wilden Tiere des Terai nach Süden ausbreiten können.

»Kaum zu glauben«, betont Samson Rana, »aber die Nashörner haben ganz fabelhaft auf den totalen Schutz reagiert. Von ungefähr sechzig bis siebzig Tieren hat sich die Nashornbevölkerung auf knapp vierhundert vermehrt. Sie wird jedes Jahr weiter steigen. Ein großartiger Erfolg, finden Sie nicht auch?«

Wenn die Nepalesen etwas anfangen und dazu noch Stiftungen erhalten, dann mit großer Energie. Wie lange das noch möglich ist, ob sich das Naturschutzgebiet noch weiter vergrößern läßt, diese Frage ist vorerst nicht zu beantworten.

»Wir können nicht die Leute bestrafen, wir können nicht die Militärpolizei hinter Frauen herhetzen, die nichts weiter wollen, als ihren Kindern eine warme Mahlzeit zuzubereiten. Wie schon Prinz Gyanendra gesagt hat: Auch Menschen stehen unter Naturschutz.«

Wir haben auf der holprigen, tiefsandigen Straße das kleine Dorf Meghauli erreicht, wo sich ein Rollfeld für kleine Verkehrsmaschinen befindet. Einen Flugplatz kann man das nicht nennen: eine windschiefe Baracke – das Abfertigungsgebäude – und ein Schuppen, wo man den Fluggästen kostenlos kleine Schalen mit Reis, Hirse oder sonst etwas reicht. Unser Wagen rollt, besser gesagt hüpft, zu einem größeren Zelt, wo sich Wachtposten und Aufseher befinden.

Ein paar Mann schnappen sich unser leichtes Gepäck und eilen voraus, einen steilen Abhang bis zum Rapti hinunter. Er ist sehr flach und hat zahlreiche Sandbänke. Von einer Insel zur anderen befördern uns Einbäume der Anwohner. Man kann nicht darin sitzen, sondern muß im Stehen das Gewässer überwinden. Interessant, aber nicht bequem. Auf einer der Sandbänke erwartet uns ein verbeulter Jeep. Wie seine verwaschene Aufschrift besagt, gehört dieses überalterte Fahrzeug zu einer Stiftung von etwa zwanzig Geländewagen von Prinz Bernhard der Niederlande.

Der scheppernde Jeep wühlt sich durchs Gewässer, stöhnt und hält zeitweise die Luft an. Schließlich gelingt es ihm, zwei oder drei Wasserläufe zu überwinden. Damit haben wir einen schmalen Pfad erreicht, beiderseits von Schilfgestrüpp eingefaßt, das bis über unsere Köpfe reicht. Vor uns dichter, verfilzter Dschungel. Bevor wir hineinrollen, stockt plötzlich der Fahrer, zeigt scharf nach links und meint, da seien Nashörner. Durch die Lücke im Schilf erblicken wir in einem braunen Sumpf die Umrisse von zwei oder drei Rhinos, die gar nicht scheu sind. Sie wühlen im Schmutz, wobei ich ein oder zwei Junge entdecken kann, aber viel zu weit entfernt, als daß wir sie genau sehen könnten. Der alte Jeep rafft sich wieder auf und humpelt über den kaum noch sichtbaren Weg weiter ins Dickicht hinein.

Ganz überraschend eine Lichtung weit voraus, wir haben Tiger Tops erreicht. Darunter ist ein Hotel besonderer Art zu verstehen, ebenso die Unterkunft für etwa zwanzig schon lange gezähmte Elefanten. Sie bieten den fremden Besuchern die einzige Möglichkeit, sicher nach den Nashörnern Ausschau zu halten. Die Gäste sind untergebracht in zwei, demnächst drei aus Sal-Holz errichteten Gebäuden, die sich auf Pfählen von etwa acht Metern Höhe erheben. Alles ist sehr rustikal und im besten Sinne gemütlich. In zwei Etagen liegen die Unterkünfte übereinander, alle mit Bad und WC, mit molligen Betten und leicht schwankenden Treppen. Hellhörig sind die Räume, das muß man sagen. Die Gespräche, die Schnarcher und Spülgeräusche sind zu vernehmen. Jeder erfahrene Globetrotter hat natürlich Oropax dabei.

Es gibt kein elektrisches Licht. Im Chitwan-Nationalpark und in allen Unterkünften dient elektrischer Strom allein für den Betrieb von Fernsehern und Farbdiavorträgen. Mir gefällt das sehr. Es soll im Naturschutzgebiet die Natur so ungestört bleiben wie irgend möglich.

In einem großen runden Pavillon mit offenem Feuer werden bei Kerzenlicht die Mahlzeiten serviert, auch eine gut eingerichtete Bar ist vorhanden. Besser aber gefällt mir draußen im freien Gelände das große Halbrund aus bequemen Sesseln. In einer ausgehobenen Grube schimmert prasselndes Feuer. Dort werden zur Lunchzeit, sofern es nicht regnet, kalte Buffets serviert. Eine ungemein angenehme Stimmung. Tiger Tops ist ein privates Unternehmen, steht aber unter Aufsicht der Behörden. Zwei junge Frauen aus England umsorgen die Gäste, ein Manager hält sich im Hintergrund. Das Personal besteht aus Einheimischen, die allezeit und allesamt freundlich lächeln. Es gibt noch andere Camps im Chitwan-Park, die mehr oder minder nach den gleichen Richtlinien gebaut wurden und geführt werden. Tiger Tops ist das erste dieser Art gewesen. Deshalb sind hier die Elefanten besonders gut trainiert und die Nashörner an fremde Geräusche gewöhnt.

## Was man heute vom Rhino unicornis weiß

Aus Knochenfunden weiß man, daß es Nashörner schon vor rund hunderttausend Jahren gegeben hat. Am verbreitetsten, am zahlreichsten und größten waren die Rhinozerosse während des Pleistozäns. Es gab sie in verschiedenster Gestalt und Größe, und in den Sagen und Legenden urzeitlicher Völker ist viel von ihnen die Rede. Doch bei aller Hochachtung vor dem »Centaur«, der offiziellen Monatsschrift des King Mahendra Trust for Nature Conservation, stimmt es nicht, daß die Einhornsage allein auf die vorsintflutlichen Nashörner zurückgeht. Das Einhorn, wie es auch im Königswappen von Großbritannien erscheint, lebt noch heute. Dabei handelt es sich um den Narwal (*Monodon monoceros*), der sich nach wie vor in den eiskalten Gewässern des nördlichen Grönland, vor allem nahe der Küsten von Baffinland, herumtreibt. Ein Mitglied der Walfamilie ist er, bei dem (vorwiegend) der linke Backenzahn wächst und wächst und wächst, bis er zwei Meter, bisweilen fast drei Meter Länge erreicht.

Die Masse und Vielfalt der Ururnashörner ist schon vor gut einer Million Jahren von unserer Erde verschwunden. Die noch heute bestehenden Arten leben zumeist im Schwarzen Erdteil, also in Afrika. Zwei Arten gibt es dort, das sogenannte Breitmaul- und das Spitzmaulnashorn. Als wir auf der Hochzeitsreise auf vielen verschlungenen Wegen die große Insel Sumatra durchstreiften, wurden wir vom obersten Adji, dem unter anderem der Schutz seltener Tiere anvertraut worden war, sehr freundlich aufgenommen. Sein Amt hinderte ihn aber nicht daran, mir zwei präparierte Nashornköpfe zu zeigen, die er selbst erlegt hatte. Es können heute noch einige hundert Sumatra-Nashörner vorhanden sein, weil das Innere der großen Insel unzugänglich ist.

Keine Art des asiatischen Nashorns wird größer und schwerer als das *Rhinozeros unicornis*. Gab es noch bis zur Jahrhundertwende mehr als hunderttausend asiatische Nashörner, werden es heute kaum noch tausendfünfhundert sein. Sie wurden bis etwa 1950 erbarmungslos gejagt. Man hat die friedlichen Geschöpfe in Fallgruben gestürzt oder durch Giftbrocken ums Leben gebracht. Etwa tausend Stück existieren unter leidlich gutem Schutz im Kaziranga-Reservat der indischen Provinz Assam. Erfreulicherweise haben sie dort wieder zugenommen.

Große Verdienste konnte in dieser Hinsicht auch das Königreich Nepal erwerben, wo sich dank dichter Vegetation, auch dank der auf Menschen verheerend wirkenden Malaria eine gewisse Zahl Rhinos halten konnte. Nachdem die Wilderei und die Jagd zur Zeit der Ranarchie viel Unheil gestiftet hatte, war die geschätzte Zahl der Nashörner auf etwa fünfzig bis sechzig gefallen. Im Jahre 1964, lange nach dem Ende der Ranarchie, war es König Mahendra gewesen, der das einstige Jagdrevier der Rana, nominell auch Jagdrevier der königlichen Familie, als Reservat für das *Rhinozeros unicornis* unter Schutz stellte. Zehn Jahre später hat der zur Zeit regierende König Birendra Bir Bikram Shah diese Region zum Nationalpark erklärt. Es war das erste Schutzgebiet dieser Art in Nepal.

Ungeheuer verlockend war die Wilderei, weil seinerzeit tausenddreihundert Dollar für ein Pfund des Nasenhorns bezahlt wurden. Heute sollen, wie mir auch Dr. Mishra erklärte, auf dem schwarzen Markt für ein Pfund achtzehntausend Dollar bezahlt werden – ein gewaltiges Vermögen für Nepalesen wie Inder. Dafür lohnte sich jede Gefahr, sogar das Risiko der Todesstrafe ging man ein.

In vielen Ländern Ostasiens steht das Horn in pulverisierter Form im Rufe, schwache Manneskräfte zu steigern. Im übrigen soll das umstrittene Medikament quälenden Kopfschmerzen abhelfen, Herzschwäche heilen, Nierensteine vertreiben und Hautkrankheiten verschwinden lassen. Man verwendet pulverisierte Knochen, das Blut, ja sogar den Urin der Nashörner. Kaum ein Leiden gibt es, das sich nicht damit kurieren ließe, sogar Asthma, Schwerhörigkeit, Tuberkulose und Magenbeschwerden. Diese beständige Verfolgung, dazu der sogenannte Jagdsport der oberen Tausend haben das Nashorn nahezu ausgerottet.

Indessen hat sich dank des guten Schutzes, den nicht weniger als fünfhundert Gurkha-Soldaten im Park garantieren, binnen knapp zwanzig Jahren die Zahl der Rhinos im Chitwan-Gebiet auf etwa vierhundertfünfzig erhöht. Gerade aber diese große Zahl hat die Verwaltung des Schutzgebietes veranlaßt, ein zweites Schutzgebiet für das *Rhinozeros unicornis* einzurichten. Sonst bestünde die Gefahr, daß eine plötzlich ausbrechende Seuche den gesamten Bestand vernichtet.

Dreihundertsechzig Kilometer weit von der Chitwan-Region entfernt, hat man nach langen Untersuchungen und Prüfungen im Westen von Nepal den Bardia-Nationalpark eingerichtet. Früher hatte es dort Nashörner gegeben, so mußte sich wohl das Ökosystem für Rhinos eignen. Keine leichte Aufgabe war es, dreißig gesunde Nashörner über die relativ weite

*Nashörner im Royal Chitwan Nationalpark.*

Entfernung von Chitwan nach Bardia zu befördern. Jedes wurde mit Hilfe eines gefiederten Pfeiles leicht narkotisiert und dann von gezähmten Elefanten auf gepolsterte Lkws geschoben. Achtzehn Stunden lang waren die Tiere unterwegs, dann ließ man sie über eine schiefe Ebene hinaus in die Freiheit. Manche standen lange Zeit unschlüssig herum, andere schwankten im Kreis umher, wieder andere begaben sich ohne weiteres in die ihnen ungewohnte Umgebung. Schon nach drei Wochen konnte man mit Befriedigung feststellen, daß sich die in den Bardia-Park verpflanzten Panzernashörner wohl fühlten und daß die Bullen Anstalten machten, für die Vermehrung zu sorgen. Prinz Bernhard und auch Prinz Philipp haben die Gegend besucht und sich vom Erfolg der Transplantation überzeugt, weshalb man ihnen zu Ehren auch die beiden größten Bullen Bernhard und Philipp getauft hat.

Vier Kompanien von Gurkha-Soldaten sind zum Schutz der Tierwelt im Einsatz. Der Chitwan-Park hat zweiundzwanzig Kontrollstellen, die man auf dreißig vermehren will. Ein Oberstleutnant kommandiert die Wachmannschaft. Außerdem gibt es noch zivile Kontrollen, die zu Fuß oder auf Elefantenrücken den Park durchstreifen. Alle haben die Befugnis, ohne Warnung auf Wilderer zu schießen. Ob das wirklich geschieht, ich weiß es nicht. Jedenfalls wurde seit dem Jahr 1976 kein Rhino mehr gewildert.

Was außerhalb von Chitwan geschieht, wenn sich die ewig freßgierigen Nashörner auf die Felder, Äcker und in die Gemüsegärten der umwohnenden Tharus begeben, klingt nicht so gut. Da werden manche der »Schädlinge« heimlich umgebracht. Aber so schlimm kann es nicht sein, denn um sechs bis sieben Prozent pro Jahr vermehren sich die Nashörner im Park.

Halsband und Minisender haben es möglich gemacht, viel über das Leben der Rhinos herauszufinden. Zweiundzwanzig der nepalischen Nashörner sind damit versehen. Schon die ersten drei Jahre Forschung haben ein Bündel neuer Informationen ergeben. Die Rhinos halten in größeren Gruppen zusammen, sind relativ treu ihrer gewählten Umgebung und streifen nicht sehr weit von ihrem Einstand herum. Die Nashörner sind polygam. Die erwachsenen Bullen kämpfen um die Herrschaft in bestimmten Revieren. Es kann bei diesen Streitereien schwere Verletzungen geben bis hin zum Tod. Hierbei verwenden die Nashörner nicht, wie früher allgemein angenommen, ihre Hörner, sondern ihre scharfgeschliffenen Backenzähne.

Das Horn des *Rhino unicornis*, desgleichen die beiden Hörner beim afrikanischen Nashorn, haben vermutlich nur den Zweck zu imponieren. In den nicht besonders guten Augen der Nashornfrauen gilt wohl die Größe und die Biegung des Bullenhorns als Schönheitsideal. Jahr für Jahr wechselt die Herrschaftsrolle, der Big Boss kann sich nicht lange der Frauengunst erfreuen. Solange es ihm möglich ist, wählt er die jeweilige Gefährtin unter vier oder fünf verschiedenen Kühen. Die übrigen müssen sich mit schwächeren und kleineren Bullen begnügen. Die Paarung, so hat mir der Chiefwarden versichert, dauert sehr lange, bis zu anderthalb Stunden. Allerdings findet der Akt, ähnlich wie bei Elefanten, im dichten Dschungel statt. Die Nashörner sind diskret, was in der Natur recht selten ist.

Die Tragezeit dauert lange, nämlich fünfzehn Monate, und meist wird nur ein Junges geboren. Es wiegt hundertfünfzig Pfund und bleibt volle vier Jahre an der Mutterseite. Nur alle zwei bis drei Jahre bringt die Nashornkuh ein Junges zur Welt.

Der bevorzugte Aufenthalt der Tiere, die etwa hundert Pfund Nahrung täglich benötigen, sind das Grasland und die weiten Bambusflächen beiderseits der Flüsse und Ströme. Dank seiner beweglichen Oberlippe ist es dem Rhino möglich, recht wählerisch zu sein. Es findet und verschlingt besonders gern die wohlschmeckenden und nahrhaften Bambusspitzen. Leider aber schätzt es auch Reis, Mais, Senfbohnen und die Getreidefelder der Eingeborenen.

Eine so große Zahl von Nashörnern wie derzeit im Chitwan-Park, kann durchaus die Landschaft verändern. Sie fressen von Jungbäumen die grünen Zweige und die Knospen im Dschungel. Unter anderem verzehren Rhinos die Samenknospen der Bhelurbäume, die sich in ihrem Magen auflösen. Diesen Samen befreien die Nashörner durch ihre Säfte von der harten Schale. So gelangt der Samen mit dem Dung der Rhinos ins offene Land. Weil sie zwischen neunzig und hundert Pfund Dung täglich abgeben, wird das Verbreitungsgebiet der Rhinos auf beste Weise gedüngt.

Natürliche Feinde haben die Rhinos nicht. Nur die Neugeborenen können den Raubtieren, vor allem dem Tiger und dem Leoparden, zum Opfer fallen. Man rechnet, daß dadurch zehn Prozent der Nachkommen verlorengehen. Erwachsene Rhinos können mit zunehmendem Alter gefährlich tief im Morast einsinken, manche ertrinken beim Durchqueren stark strömender Wasserläufe. Letztlich spielen natürlich auch Herzinfarkte, Altersschwäche und ähnliches mehr eine Rolle. In zoologischen Gärten ist kein Nashorn älter geworden als siebenundvierzig Jahre, sie waren jedoch im Tiergarten keinen äußeren Gefahren ausgesetzt. Das ist anders in der freien Wildbahn, aber bisher konnte man nicht herausfinden, welches Durchschnittsalter die Nashörner erreichen.

Rein juristisch gehören alle Rhinos von Nepal der königlichen Regierung. Das Horn eines auf natürliche Weise verstorbenen Nashorns ist nominell Eigentum des Monarchen. Strenge Strafen erzwingen die Ablieferung eines gefundenen Hornes an die nächstgelegene Behörde.

## An Bord eines Elefanten

Am folgenden Morgen geht es los, Samson und ich, jeder getragen von einem Elefanten: Der Aufstieg wie auch der Abstieg ist insofern einfach, als man in Tiger Tops von der Veranda aus ein kleines Podest betritt, neben dem der Elefant völlig ruhig den nächsten Passagier erwartet. Der Mahoud hilft Leuten, die sich nicht auskennen. Auf dem Rücken befindet sich, fest angebracht, eine sogenannte Howda, eine kaum ein Quadratmeter große Plattform mit hüfthohem Geländerchen rundherum. Wer seine Beine beherrscht und auch das Gesäß, läßt sich darauf nieder, ergreift das Geländer und schiebt seine Beine unten durch, so daß sie an dem rauhen, leicht behaarten Dickhäuter herunterbaumeln. Vier Personen können auf der Howda sitzen, aber für zwei ist es bequemer, und noch viel besser hat es einer allein. Natürlich sitzt vor dieser Howda der Elefantentreiber, Mahoud genannt.

Wer beschreibt mein freudiges Erstaunen, als mir für den Ausritt ein Elefant allein zur Verfügung steht und ein zweiter für Samson Rana. Der Arm des Prinzen Gaynendra reicht weit. Für gewöhnlich sind es acht bis zehn Elefanten, die hintereinander die Gegend durchstreifen, mit je zwei, drei, oft auch vier Personen an Bord. Weil die Elefanten das Gelände gut kennen und sich in dem bis drei Meter hohen Bambusgestrüpp zurechtfinden, hat der Besucher große Chancen, dem *Rhino unicornis* zu begegnen. Die Elefanten wissen, was von ihnen verlangt wird. So folgen sie nicht ausgetretenen Pfaden, sondern ihrem feinen Gespür. Sei es der Geruch, sei es die Erfahrung, seien es bestimmte Bewegungen im Gestrüpp, die braven Dickhäuter wissen, wo sich ein paar Rhinos aufhalten.

Unsere Kolosse traben in gemächlichem Tempo durchs graugrüne Bambusgras. Mein Elefant ist eine etwa vierzigjährige Dame, die man Fritikalli getauft hat. Kurz bleibt sie stehen, hebt den Rüssel, um die Gerüche zu prüfen und wendet sich nach links. Der Mahoud flüstert mir zu, daß sich dort Nashörner befinden. Mit ganz gewöhnlichem Tritt, ohne besondere Eile und Vorsicht, strebt die Viertonnenkuh weiter durch die im Wind schwankende Vegetation.

Da sehe ich nun die grauroten Rücken der Rhinozerosse. Es handelt sich wahrscheinlich um eine Mutter mit Kind. Mein Dickhäuter hält nicht direkt drauf zu. Dann aber, in etwa zwanzig Meter Entfernung, bleibt die gute Friti stehen. Die Erfahrung sagt ihr, daß der Mann auf ihrem Rücken freie Sicht braucht. Tatsächlich befindet sich an dieser Stelle eine Lücke im Gras. Ich sehe die beiden, Mutter Nashorn und Kind, so deutlich wie in einem zoologischen Garten. Ohne weiteres kann ich meine Aufnahmen machen und beobachten, solange es mir beliebt. Die beiden Tiere lassen es sich gutgehen am Rand eines versumpften Tümpels. Sie äsen saftigen Bambus und suhlen sich im Morast. Weil die Nashörner einen Elefanten nicht fürchten und vielleicht die Menschen auf seinem Rücken nicht realisieren, haben sie nicht die geringste Scheu.

Nach einer Weile setzt sich Fritikalli wieder in Bewegung, mein Mahoud nickt zufrieden und meint, wir würden noch weitere Nashörner sehen. Wenn ich alles in allem nehme, haben wir an diesem Vormittag, zwischen Frühstück und Mittagessen, sechs Begegnungen gehabt und an die achtzehn Panzernashörner erblickt. Manche kommen gerade aus ihrem täglichen Bad in sumpfigen Teichen und wirken, als seien sie schwarz. Sie sind es natürlich nicht, sie sehen mit dem langsam trocknenden Morast auf ihren Häuten nur so aus. Weshalb sie Panzernashörner heißen? Wegen ihrer faltenreichen Haut, die sich übereinanderschiebt, als wären es bewegliche Panzerplatten. Einmal begegnen wir einem besonders kräftigen Koloß. Der Mahoud sagt, er sei der Boss von allen Rhinos in der Nähe. Dennoch sieht er gar nicht gefährlich aus, sondern obliegt stillvergnügt seiner Nahrungsaufnahme.

Bei zwei oder drei Rhinozerossen sehe ich, weil mich der Mahoud darauf aufmerksam macht, ein Halsband mit dem Sender. So weiß die Zentrale des Chitwan-Nationalparks, die sich in Kasara befindet, wo sich bestimmte Tiere aufhalten. Die Wildhüter, darunter Experten aus den USA, Japan und Europa, sind mit Gewehren ausgerüstet, deren Geschosse für kurze Zeit das Opfer betäuben. Allerdings müssen die Patronen genau zum geschätzten Gewicht des Nashorns passen. Zuviel der Narkose könnte ungesund sein, zuwenig würde das Tier nicht lange genug betäuben. Hat die Patrone richtig gesessen, wird das Nashorn eine Weile torkeln, dann zu Boden sinken und für etwa zwanzig Minuten unbeweglich bleiben. Es sind die entscheidenden Minuten. Die Experten eilen hinzu. Das Nashorn wird vermessen, gewogen und erhält das handbreite Halsband. Ist die künstlich herbeigeführte Ohnmacht zu Ende, erhebt sich das Tier, torkelt eine Weile herum, ist aber dann ebenso munter wie vorher. Bleibende Schäden sind bisher nicht eingetreten.

Die Landschaft ist abwechslungsreich. Wir durchstreifen mit unseren Elefanten das Bambusgras, traben durch Bäche und Sümpfe. Die gute Fritikalli erklimmt steile Hügel ohne merkbare Mühe und findet stets einen gangbaren Weg hinab. Allerdings sind das Augenblicke, wo sich die Menschen auf ihrem Rücken festhalten müssen. Geht es steil bergab, fürchet man, über den Kopf des Dickhäuters abzugleiten. Auch beim Aufstieg fühlen wir uns gar nicht wohl. Aber Ende gut, alles gut, und ich habe von keinem Beispiel gehört, daß Elefantenreiter auf knochenbrecherische Weise abgestürzt sind.

Was das Tier nach getaner Arbeit erwartet, ist eine Belohnung. Das kann eine Banane sein, eine Apfelsine, ein Brot mit Aufstrich oder etwas ähnliches.

Hat man den Elefanten verlassen und steht drunten ein Weilchen mit anderen Leuten herum, kommt der eine oder andere Gigant herbei und stellt sich dazu. Er nimmt gewissermaßen Teil an der Unterhaltung, er gehört ja zur Gruppe. Dabei berührt er mit seinem Rüssel die Schultern der Menschen, so, als möchte er ihnen etwas sagen. Meiner Meinung nach versteht er alles. Ein wunderbares Gefühl, diese Elefantennähe, glaubt man sich doch einbezogen in ihre Existenz. Es könnte sein, daß sich die gutmütigen Tiere für eine Abart der Menschen halten. Ihrerseits besitzen einige Menschen die Begabung, sich gegenüber diesen Riesen wie Verwandte zu verhalten.

Die Elefanten haben ihr Lager nur fünf Minuten entfernt vom Hotel der Zweibeiner. Sie stehen oder liegen unter freiem Himmel, ein jeder an seinem ihm zustehenden Platz. Nicht gut sieht es aus, daß dort eines ihrer Vorderbeine angekettet ist. Aber es scheint, als wären sie damit zufrieden. So hat es mir auch der Elefantenwärter im Berliner Zoo erklärt. Die großen Tiere wollen wissen, wohin sie gehören. Dort liegt das Futter für sie bereit, sie haben Anspruch auf diesen Platz wie bei uns die Bahnreisenden mit Platzkarte. Ihnen gegenüber, nicht weiter als zehn Meter entfernt, wohnen und schlafen ihre Betreuer. Es ist somit alles in Ordnung, ganz im Sinne der Elefanten.

Man muß das erlebt haben, muß Tag für Tag auf dem gleichen Elefanten die Gegend durchstreift haben, um zu empfinden, was vermutlich auch die Elefanten spüren. Schon nach wenigen Malen können sie die Menschen auseinanderhalten. Nur einem Freund unter ihren Passagieren strecken sie den Rüssel entgegen, um eine Leckerei zu erbitten.

# Warum haben Elefanten die Menschen so gern?

»Wenn das größte Landtier der Welt ebenso willig wie vertrauensvoll mit Menschen zusammenarbeitet, so ist das für mich ungeheuer faszinierend, aber nicht zu erklären«, schreibt der indische Zoologe K. K. Gurung in seinem Buch »Heart of the Jungle«. Wenn der Elefant nichts zu tun haben wollte mit den Menschen, könnte er mit einem Schlag seines Rüssels den Treiber weit von sich schleudern und jeden Menschen zertrampeln. Aber nein, er schleppt willig seine Passagiere, trägt schwere Lasten und dazu noch den Mahoud viele Meilen weit durchs Gelände. Der Elefant folgt den ihm zugeflüsterten Weisungen und hält seinem Treiber unerschütterlich die Treue. Er zieht und trägt schwerste Stämme aus den dichten Teakholzwäldern zur nächstgelegenen Straße oder hinunter zu einem Fluß.

Ohne weiteres könnte der graue Koloß der menschlichen Bevormundung entkommen, könnte sich nach Abwurf des Treibers in die wilde, freie Natur begeben, aus der seine Vorfahren ursprünglich stammen. Futter kann er auch allein finden, desgleichen kühlendes Wasser, das er über alles liebt und täglich braucht. Das Gefühlsleben der Elefanten ist ebenso geheimnisvoll, ebenso unergründlich wie das Gefühlsleben der Pflanzen. Manche Menschen haben eine Ausstrahlung, die von den Riesen so deutlich empfunden wird, daß sie ihrerseits mit Zuneigung wie Vertrauen reagieren. Diese Affinität zwischen Elefant und Mensch scheint in manchen Familien erblich zu sein durch viele Generationen hindurch. Aus diesen Familien gehen die meisten Mahouts hervor, wie man in Indien die Treiber nennt. Zwei Mann sind nötig, um einen gezähmten Elefanten zu versorgen und bei guter Laune zu halten. Während der Gehilfe den Koloß ins Bad begleitet, ihn bürstet und ihm die Ohren auswäscht, ist sein Vorgesetzter für die Beschaffung des Futters zuständig und für das Beladen mit Lasten und Menschen. Der erste Mann ist sozusagen der engste Freund des Elefanten. Leicht ist es nicht, das Vertrauen des Elefanten zu gewinnen. Aber wenn man es einmal besitzt, läßt sich der Elefant Erstaunliches gefallen. So z. B. früher, als es noch keine Betäubungsmittel gab. Der Mahout sagte seinem erkrankten Schützling Bescheid, und der ließ sich ohne Protest in die Wunde schneiden, eiternde Zähne behandeln, usw. Während die Gehilfen nur auf dem Hinterteil des Elefanten stehen dürfen, hat der Mahout seinen Ehrenplatz auf dem Hals. Er steuert mit seinen nackten Füßen die Bewegung des Tieres, und zwar hinter den Ohren des Dickhäuters.

Elefantenführer, die relativ rasch ein Vertrauensverhältnis herstellen können, sind berühmte und gesuchte Leute. Es gibt da gewissermaßen eine Hierarchie in diesem wunderbaren Beruf. Den höchsten Rang besaßen lange Zeit die Radschas von Cauripur. Die Fürsten hatten sich auf den Fang von wilden Elefanten spezialisiert. Nicht weniger als sechshundert Dickhäuter sollen es gewesen sein, die einer der Gauripuri gefangen und dann der Ausbildung zugeführt hat. Sein Jagdgebiet lag im Grenzgebiet von Assam zur damaligen Provinz Bengalen. Ihm ist es zu verdanken, daß vor rund dreißig Jahren der Fang von Wildelefanten im Film festgehalten wurde.

Während meines Aufenthalts in Tiger Tops habe ich den etwa einstündigen Film gesehen und war entsetzt! Ich kann nicht begreifen, wie Elefanten nach solchen Erfahrungen freundlich zu Menschen sein können! Der Fang von Wildelefanten, Keddhar genannt, erscheint mir als überaus grausam. Er wäre nicht möglich, hätten die Fänger nicht gezähmte Elefanten, die ihnen helfen.

Eine vorher ausgekundschaftete Herde freilebender Elefanten wird zusammengetrieben, sei es durch Feuerbrände, weithin hallenden Lärm oder durch Aufhängen von weißen Tüchern. Hat man eine stattliche Zahl in ein bestimmtes Areal getrieben, werden so rasch wie möglich starke Pfähle in den Boden gerammt und die Zwischenräume mit schenkeldicken Brettern ausgefüllt. Nun sind die Tiere unglaublich erregt, da sie gerade vor Feuerbränden furchtbare Angst empfinden. Der Oberfänger, in diesem Fall der Radscha von Cauripur, auf dem Rücken eines zahmen Elefanten stehend, trennt einzelne Tiere von der Herde, schleudert Lassos um ihre stämmigen Beine und Köpfe. Andere gezähmte Elefanten eilen hinzu, immer enger werden die erschreckten Wildelefanten eingekesselt. Erstaunliche Tatsache dabei ist, daß sich die schon früher von Menschenhand gezähmten Elefanten zu Mittätern der grausamen Unterdrückung machen. Je zwei von ihnen nehmen einen wilden Vetter in die Mitte, alle drei werden durch Stricke verbunden, so daß sich der Wildling mit seinen Begleitern nur noch nach deren Willen bewegen kann. Darüber vergehen einige Tage, dann ist es schon so weit, daß sich einer der Mahoud auf den Hals oder den Rücken des Wildlings schwingen kann. Er dirigiert die zahmen Elefanten und weist sie an, welche Wege sie zu gehen haben, immer mit dem Gefangenen zwischen sich.

Das arme Tier gewöhnt sich relativ rasch an seine ständigen Begleiter. Fast scheint es, als würden die Zahmen dem Wilden ständig zureden, er möge sich seinem Schicksal ergeben. Es vergehen nur zwei bis drei Wochen, bis der Wildelefant friedlich und freundlich wird. Aus irgendeinem Grund hat er begriffen, daß die Menschen nicht so schlecht sind, wie es zunächst ausgesehen hat. Er wird mit gutem Futter verwöhnt, mit frischem Wasser getränkt, dann von seinen Begleitern ins Flußbad geführt. Offenbar empfindet es der bisher freilebende Elefant als eine Wonne, im fließenden Wasser zu baden und sich von Menschenhänden schrubben zu lassen. Bald kann er von seinen zahmen Begleitern getrennt werden und bekommt einen erfahrenen Mahoud als ständigen Betreuer.

Der ehemalige Wildelefant wird ins Lager der zahmen geführt und erhält dort eine bestimmte Stelle. Alle Elefanten werden an dicke, tief im Boden steckende Pflöcke gekettet. Es scheint sie nicht zu stören. Der Elefant fühlt sich wohl an dieser Stelle, wo er die Nächte und seine Ruhestunden verbringt. Der zweite Mann trägt ihm sein tägliches Futter zu, bürstet ihn ab, führt ihn zum täglichen Bad usw. Nach und nach wird der Neuling in die von ihm verlangten Pflichten eingeführt und ausgebildet im Schleppen von Lasten auf unwegsamen Pfaden, in die Beförderung von Passagieren, vornehmlich von Touristen. Schließlich lernt er auch die schwere Arbeit des Transportes von Holz aus den Wäldern. Dabei muß er aus eigener Intelligenz erkennen, wie man die geschlagenen Baumriesen am besten durch den Urwald zieht. Der Elefant muß überlegen, wie er das Gebilde durchs Labyrinth der Pflanzen schleppt, muß die Stämme querlegen, vielleicht in andere Richtung ziehen, dann im Zickzack das Ziel ansteuern. Der Mahoud auf seinem Rücken gibt ihm dazu hilfreiche Anweisung, aber dem Tier selbst bleibt es überlassen, das voluminöse, oft zwanzig Meter lange Trumm ans Ziel zu befördern.

Der Radscha von Cauripur war es, der im vergangenen Jahrhundert die meisten anderen Fürsten mit Elefanten versorgt hat, im Schnitt zum Stückpreis von nur zweitausend bis dreitausend Dollar. Er selber hatte einen Liebling, der am gleichen Tage wie er selbst das Licht der Welt erblickt hatte. Das Verständnis, die Freundschaft waren sofort hergestellt. Das heranwachsende Ungetüm hat seinen fürstlichen Freund überall hinbegleitet. Er schlief unmittelbar vor der Behausung des Radscha und fühlte sich offenbar elefantenwohl.

Die Affinität zwischen Mensch und Tier kann verblüffend sein. So wird von einem Buben berichtet, der kaum dreizehn Jahre alt war, aber dennoch die anfangs noch wilden Elefanten vollkommen beherrschte. Sie waren ihm ebenso zugetan wie er ihnen. Noch in den dreißiger Jahren gab es eine beachtliche Zahl wilder Elefanten im Gebiet des heutigen Chitwan-Nationalparks. Als der britische Vizekönig von Indien 1938 in dieser Gegend Tiger jagte, wurden die zahmen Elefantenkühe von einem wilden Elefantenbullen mit seinen mächtigen Stoßzähnen belästigt. Aber auch dieser Koloß wurde gefangen und dem königlichen Elefantenpark zugeteilt. Nicht viel später gelang es, ihn zu zähmen, und noch heute erhält dieses mächtige Tier sein Gnadenbrot in der Nähe von Tiger Tops.

In unseren Tagen gibt es nur noch eine kleine Herde wilder Elefanten, sechzehn bis zwanzig Tiere in der Nähe von Amouwa im Chitwan-Park, nahe der indischen Grenze. Sie sind seit langem geschützt. Auf der indischen Seite, wo gleichfalls ein Naturschutzpark besteht, ist es genauso. In ganz Nepal gibt es noch fünfzig bis sechzig wilde Elefanten. Die meisten von ihnen leben in kleinen Gruppen an der südlichen Grenze des Königreichs.

Je mehr Urwälder verschwinden, desto kleiner wird der Lebensraum für Elefanten, in Afrika wie in Asien. Im Park von Chitwan kann man nicht mehr wildlebende Elefanten schützen als jetzt, denn sie wandern bei Nacht hinaus in kultivierte Felder, zerstören die Ernte und geraten in Konflikt mit dem Menschen.

In der Nähe von Khasara besteht ein (dem Publikum nicht zugängliches) Elefantenlager, wo man die Elefanten vermehren will. Aus unerklärlichen Gründen pflanzen sich Elefanten in der Gefangenschaft nur in geringem Umfang fort. Weil aber die Preise für gezähmte Elefanten auf fünfundzwanzigtausend Dollar und mehr gestiegen sind, wäre es vorteilhafter, sie aus eigener Zucht zu vermehren. In wenigen Fällen ist es gelungen. Weil der junge Elefant lange Zeit bei der Mutter bleibt und bleiben muß, ist die Aufzucht eine kostspielige Angelegenheit, denn die Mutter kann in dieser Zeit nicht für lohnende Aufgaben eingesetzt werden. Der junge Elefant vermag anfangs nichts mit seinem Rüssel anzufangen. Er lernt erst durch das Beispiel seiner Mutter.

Der erwachsene Elefant braucht ungefähr fünfhundert Pfund Grünfutter pro Tag und etwa zweihundert Liter Wasser. Der Futterbedarf der Dickhäuter ist deswegen so groß, weil der Proteinwert seiner Nahrung so niedrig ist. Sie besteht zum größten Teil aus grünem Gras, aus Bambushal-

*Auf dem Töpfermarkt in Kathmandu. Die Töpfer rechnen zur untersten Schicht im hinduistischen Kastensystem.*

*Viele, viele zauberhafte Kinder, ein Reichtum, der große Probleme bereitet.*
Links: *In Ladakh.*
Unten links: *In Bhutan.*
Unten: *In Nepal.*

Diese und Folgeseite: *Frauen leisten überall Schwerarbeit, sind aber trotzdem auffallend fröhlich. An ihrem Schmuck (Nase!) und an ihrer Kleidung kann man erkennen, welchem Stamm sie angehören.*

men und großen Zweigen. Davon kann der Elefant nur vierzig Prozent verdauen, alles übrige verläßt seinen Körper in Gestalt von Elefantenäpfeln. Deren Umfang ist so groß wie eine Kegelkugel und dürfte in frischem Zustand an deren Gewicht heranreichen. So viele Schmetterlinge, wie sich darauf niederlassen, können nicht irren: Elefantenäpfel müssen gut schmecken!

Um so viel Futter zu finden, müssen Elefanten in der Wildnis elf, sogar bis zu fünfzehn Stunden täglich unterwegs sein. Salz ist lebenswichtig, in Freiheit unternehmen sie weite Wanderungen zu bestimmten Stellen, wo Salz im Boden vorhanden ist. Sie lecken es auf oder graben mit Stoßzähnen und Rüssel anderthalb Meter tief im Boden, wo sie im feuchten Grund Salz vermuten. In Zentralafrika haben Marianne und ich am Potopot-de-la-Sanga selber gesehen, wie sich eine Herde von Elefanten nach der anderen auf ausgetretenen Trampelwegen zu solchen Salzquellen begab. Für Elfenbeinjäger waren das natürlich die besten Stellen, um reichlich Beute zu machen. Nützlich ist das Graben der Wildelefanten auch für andere Tiere, denn dadurch schaffen sie Wasser- und Salzquellen. Der Elefant wechselt seine Eckzähne sechsmal im Leben. Die neuen Zähne wachsen von unten nach. Jeder neue Zahn ist größer als sein Vorgänger und lebt länger. Der letzte Satz von Zähnen erscheint bereits im Alter von dreißig bis fünfunddreißig Jahren. Danach werden sie nicht mehr erneuert. Sind schließlich die Zähne abgewetzt, vielleicht bis zu den Zahnwurzeln hinunter, kann der bedauernswerte Koloß sein Futter nicht mehr zermalmen. Er ist dem Hungertode ausgeliefert.

Ein weitverbreiteter Irrtum ist es, zu glauben, daß Elefanten ein enorm hohes Alter erreichen, hundert Jahre und noch mehr! Der absolute Rekord beträgt in Wahrheit nur zweiundsiebzig Jahre. Dieses Greisenalter erreichen sie unter besonders glücklichen Umständen im zoologischen Garten. In der freien Wildbahn werden sie wohl nicht älter als sechzig bis höchstens fünfundsechzig Jahre. Die meisten aber sterben früher, sei es an Krankheiten oder schlimmen Verletzungen. Zu den natürlichen Elefantenkrankheiten gehören: Anthrax, Maul- und Klauenseuche, Elefantenpocken, Lähmung des Rüssels, Lungenentzündung und Mumps.

Der Elefant hat keine natürlichen Feinde, es sei denn, ein von der Mutter getrenntes Elefantenkalb wird von Tigern oder Leoparden gerissen. Das geschieht nur in seltenen Fällen, denn meist umgeben mehrere weibliche Elefanten, das Neugeborene. Aber die grauen Kolosse leiden an verschiedenen Krankheiten, auch können schlechte Zähne vereitern und furchtbare Schmerzen bereiten.

Oft ist von sogenannten Elefantenfriedhöfen die Rede, in Abenteuerromanen spielen sie eine große Rolle. Darin wird behauptet, daß sich die alten, von ihrer Herde abgedrängten Exemplare an bestimmten Plätzen versammeln, um dort in die bessere Elefantenwelt hinüberzuwechseln. Wer solche Plätze findet, entdeckt viele Dutzend, vielleicht sogar Hunderte von Elefantenstoßzähnen. Sie sind natürlich ein Vermögen wert, heute sehr viel mehr als früher.

Aber davon ist kein Wort wahr. Es gibt keine Elefantenfriedhöfe. Das zu Tode erschöpfte Tier wird sich in eine stille, schattige, vielleicht auch sumpfige Gegend zurückziehen, wenn es sein Ende nahen fühlt. Wenn dann der Koloß niederstürzt, ist schon in relativ kurzer Zeit eine große Zahl von hungrigen Tieren dabei, die sterblichen Überreste aufzufressen, Geier und Hyänen, Tiger und Leoparden und andere Raubtiere. Viele tausend Fliegen summen um den gestürzten Dickhäuter, auch von den Elfenbeinzähnen bleibt nichts übrig. Gewisse Nagetiere (*Ebivorus*) sind imstande, auch die härtesten Knochen zu zernagen. Ich habe selber eine Stelle in Zentralafrika aufgesucht, wo das Jahr zuvor ein Elefant der Treffsicherheit eines Schützen zum Opfer fiel. In diesem einen Jahr war alles verschwunden. Nur noch an der besonderen dunklen Farbe im Gras war seine Sterbestelle zu erkennen.

Der asiatische Elefant heißt wissenschaftlich *Elephas maximus*, in der nepalischen Sprache nennt man ihn Hati. Den afrikanischen Elefanten nennt man wissenschaftlich *Loxodonta africana*. Er wird größer und wiegt bis zu sechs Tonnen, der asiatische bringt es nur auf maximal fünf Tonnen. Auch die Schulterhöhe des Asiaten ist bedeutend kleiner als bei seinem afrikanischen Vetter. Große Unterschiede weisen die Ohren auf. Sie entsprechen beim Asiaten in etwa dem Umriß von Indien. Bei den Afrikanern sind die Ohren etwas kleiner, sie erinnern an die Landkarte von Afrika. So kann man es sich leicht merken. Die Afrikaner haben weit stärkere Stoßzähne als ihre asiatischen Vettern. Vor allem die Bullen können es dabei zu enormen Gewichten und erstaunlicher Länge bringen. Den längsten Stoßzahn eines Afrikaners konnte ich im Britischen Museum in London bestaunen. Er brachte es auf die Länge von hundertfünfundachtzig Zentimeter mit einem Gewicht von über hundert Kilo.

Der Elfenbeinjäger Jan Kespars, den ich in der Nähe von Bangui in der

Zentralafrikanischen Republik getroffen habe, als er schon über achtzig Jahre alt war, war besonders stolz auf die Einrahmung seiner Tür. Sie bestand aus mehreren Elefantenzähnen. Dieser weltberühmte Elefanten-Massenmörder hat es auf annähernd tausend Beutetiere gebracht, alle mit der schweren Elefantenbüchse, Holland-Holland, Kaliber 7.70, erlegt. Ein rechter Waidmann war Kespars natürlich nicht. Eben deshalb hat ihn der mörderische Beruf zum reichen Mann gemacht. Er konnte an jeder Elefantenfährte erkennen, ob es sich um einen Träger schwerer Stoßzähne handelte oder nicht, und sah an den runden Fußabdrücken, ob es sich um einen Bullen handelte. Die Fährten der Kühe haben eine mehr ovale Form. Je stärker die Stoßzähne waren, desto mehr war der Bulle gewöhnt, den gewaltigen Kopf mit den schweren Gewichten vorgebeugt zu halten. Deshalb drückten sich die Fußnägel bemerkenswert tief ins Erdreich, tiefer als bei anderen Dickhäutern, die nicht so schwer zu tragen hatten.

An diesen Eindrücken erkannte Kespar eine besonders lohnende Beute. Aber es konnte sein, daß gerade dieser Elefant infolge seines Alters die Zähne verloren hatte. Dennoch hielt er noch immer den Kopf so weit vorgebeugt, wie er das gewohnt war. Außerdem war es üblich, die runden Elefantenfährten auszumessen. Waren Sie über zweiunddreißig oder fünfunddreißig Zentimeter breit, handelte es sich um ein altes Tier, wahrscheinlich mit starken Stoßzähnen.

Asiatische Elefantenkühe tragen nur kurze und kleine, oft auch gar keine Stoßzähne. Die asiatischen Bullen haben im Durchschnitt weit weniger Elfenbein als die Afrikaner. Sollten Sie auf Fotos, in Filmen oder bei Prozessionen einheimische Elefanten mit gewaltigen Stoßzähnen erblicken, glauben Sie nicht daran! Sehr wahrscheinlich bestehen die scheinbaren Stoßzähne aus Plastik, die man auf die echten, an die vorhandenen kurzen Zähne geschraubt hat.

Altgewordene Elefanten wirken heller, unten am Rüssel, im Gesicht und hinter den Ohren. Sie sehen einem Menschen mit grauen Haaren ähnlich. Ihre Ohren stehen weiter nach vorn, ihre Haut ist rissig, und auch der Gang des Tieres erscheint schleppend.

Weiße Elefanten gibt es nicht, es sind hellgraue Exemplare ohne ausgesprochene Pigmente. Einen sogenannten »weißen« Elefanten habe ich vor vielen Jahren in Rangoon gesehen. Seiner Kostbarkeit wegen wurde er nur mit Blumen gefüttert. Ob sie ihm gut schmeckten? Rote Augen hatte er nicht, deswegen kann er kein Albino gewesen sein. Neben ihm stand seine

Mutter, eine vollkommen normale Elefantenfrau. In früheren Zeiten hat man um den Besitz der angeblich weißen Elefanten blutige Kriege geführt. Sie galten als besonderes Geschenk der Götter und brachten Glück, jedenfalls glaubte man das.

Weil wir gerade von früheren Zeiten sprechen: Man hat sogar Kanonen auf Elefantenrücken montiert. In einem historischen, gewiß sehr aufwendigen Film des Jahres 1952, den seinerzeit der thailändische Prinz Panuh hergestellt hat, waren Dutzende von Dickhäutern zu sehen, die Kanonen im Stil des 17. Jahrhunderts auf dem Rücken trugen, inklusive Kanonenkugeln, Pulver und dazu noch die notwendigen Kanoniere. Die Kriegselefanten des Altertums, die schon Alexander der Große benutzte, waren afrikanische Elefanten, keine indischen – so sagten die meisten Gelehrten. Noch vor sechzig Jahren haben Experten, darunter die besten Elefantenkenner ihrer Zeit, behauptet, es sei unmöglich, afrikanische Dickhäuter zu zähmen. So stimmt das nicht! Im damaligen Belgisch-Kongo ist es einigen aus Indien herbeigeholten Mahouds gelungen, afrikanische Elefanten zu zähmen. Sie waren dann ebenso diensteifrig und auf Menschen bezogen wie die indischen. Deshalb scheint es mir durchaus möglich, daß Alexander der Große und die Karthager afrikanische Elefanten in ihre Schlachten geschickt haben.

Elefanten gebrauchen Werkzeuge. Sie können sich mit einem Stock kratzen, brechen Zweige ab, um Insekten zu verscheuchen und werfen auch Dreck und Steine auf lästige Besucher.

Die männlichen Elefanten werden erst zwischen zehn und vierzehn Jahren zeugungsfähig, kommen aber so bald nicht an die Kühe heran, weil sie in freier Wildnis durch ältere Elefanten verdrängt werden. Also müssen sie warten, bis sie etwa fünfundzwanzig Jahre alt sind. Dann erst gelingt es ihnen, auf die Weiber zu steigen. Elefantenkühe können mehrmals im Jahr heiß werden und lassen sich auch mehrfach decken. Nur selten wurde die Paarung der Dickhäuter beobachtet. Diskret, wie die grauen Kolosse nun einmal sind, betreiben sie ihren Sex nur bei dunkler Nacht und im Dschungel, wo er am dichtesten ist.

Der Akt, so sagt man, dauert nicht lange und wird des öfteren wiederholt. Elefantenehen gibt es nicht, aber wenn dem Bullen eine bestimmte Kuh gefällt, bleibt er drei bis vier Wochen mit ihr zusammen, ohne die Partnerin zu wechseln. Die Schwangerschaft dauert ungefähr zweiundzwanzig Monate. Das unbehaarte Kalb wiegt bei seiner Geburt zweihundert Pfund und erreicht eine Schulterhöhe von einem Meter. Das Baby trinkt nicht mit dem Rüssel, wie oft geglaubt wird, sondern mit der Schmalseite des Maules. Drei Jahre lang benötigen junge Elefanten Muttermilch, auch wenn sie schon imstande sind, vegetarische Nahrung aufzunehmen und zu verdauen. Die Mutter kann mehrere Kälber aus verschiedenen Jahren mitführen.

Eine besondere Sache bei den Bullen ist der Ausbruch von »Musth«, ein Wort, für das es keine deutsche Übersetzung gibt. Nicht bei allen Bullen geschieht es, sondern nur bei wenigen, und es kann sieben bis zehn Tage anhalten. Es ist eine besondere Art von Brunft. Das Tier hat während jener Zeit ein Geschwür am Kopf, das bisweilen Flüssigkeit absondert. Während jener Tage kann selbst der gezähmte Elefant wild werden, angriffslustig, ganz und gar unberechenbar. Es ist vorgekommen, daß Elefanten während der Musth so gewalttätig wurden, daß man sie erschießen mußte.

Was als schwerer, aus starken Knochen bestehender Kopf erscheint, besteht aus Hohlräumen und feingliedrigen Knochen. Das Gehirn des Elefanten liegt viel weiter vorne als vermutet, weshalb zwei Schüsse in den Kopf keineswegs zur Erbeutung des Dickhäuters genügen. Der einzig sichere Schuß muß in das Ohr treffen, denn lebenswichtige Teile des Gehirns befinden sich direkt dahinter. Den angreifenden Elefanten versucht man blitzschnell zwischen seine Augen zu treffen, besser noch drei Fingerbreit darunter.

Der größte Teil des Elfenbeins afrikanischer Elefanten wurde und wird nach Indien, Thailand, China und Korea exportiert. Es dient zur Herstellung der bekannten Elfenbeinschnitzereien, ist aber in den letzten Jahren enorm teuer geworden. Die Behauptung, die asiatischen Elefanten seien von Wilderern und Elfenbeinjägern hart bedrängt worden, stimmt nicht. Hindu dürfen keine Tiere töten, auch für Anhänger des Gautama Buddha ist der Elefant ein heiliges Tier, eine der vielen Erscheinungsformen des Gottes Vishnu, den man Ganesha nennt.

Die Marschgeschwindigkeit des Elefanten beträgt etwa vier Kilometer pro Stunde. Er ist also nicht schneller als ein Wandersmann. Der graue, so schwer beweglich scheinende Koloß kann zwar auch schnell traben, aber nicht länger als fünf bis zehn Minuten. Dem Elefanten ist es nicht möglich zu galoppieren, er ist physisch dazu nicht in der Lage. Gräben, die tiefer als ein Meter sind, und steile Wände vermag er nicht zu erklimmen. Normalerweise kann er schräg hinaufsteigen und hinabrutschen, braucht aber dann ein paar Minuten, um sich von den Anstrengungen zu erholen.

Der Elefant schläft stehend auf allen vier Beinen, Säulen genannt, kann sich aber auch niederlegen. Doch stört ihn dabei der Druck auf die Innereien, so daß er bald wieder aufsteht. Oft sieht man einen Elefanten auf drei Beinen stehen, er kann sich auch an eine Wand anlehnen wie Menschen. Sie schlafen nicht länger als eine Stunde hintereinander, drei Stunden pro Tag genügen. Wird der Elefant in unwegsamem Gelände erschreckt, kann es vorkommen, daß er ausrutscht und zu Boden stürzt. Gut können sie schwimmen, die gewaltigen Dickhäuter, aber sie fürchten starke Strömungen und nachgiebigen Sand. Es soll vorgekommen sein, daß sie hinabgezogen wurden im sogenannten Quicksand. Bekanntlich haben die Elefanten ein gutes Gedächtnis, auch vom Menschen und seinem Verhalten. Wenn man jedoch behauptet, sie würden ihre Feinde oder ihre Quäler nach zehn und zwanzig Jahren ohne weiteres wiedererkennen, so stimmt das nicht.

Es mag aussehen, als würde der Elefant durch seinen Rüssel trinken, aber er saugt nur Wasser ein und spritzt es sich dann in den Rachen. Er greift mit dem Rüssel nach Futter, betastet Menschen und Tiere und gebraucht seinen Rüssel für Liebkosungen, wenn es um die Paarung geht. Ein besseres Greiforgan gibt es nicht. Er hebt mit dem Rüssel auch winzige Gegenstände auf und reicht seinem Mahoud Geschenke, wie zum Beispiel Zigarren, Geldscheine und Münzen. Er weiß genau, was für ihn selber bestimmt ist, und was man essen kann oder nicht. Es ist vorgekommen, daß Elefanten im Zoo einer Besucherin die Handtasche abgenommen haben, worin sich Geld befand. Dieses Geld ist später in den Elefantenäpfeln zum Vorschein gekommen, noch so gut erhalten, daß die Banken neue Scheine dafür herausgaben.

Im allgemeinen hält die Herde zusammen, die aus acht bis zwölf, vielleicht sogar aus zwanzig Tieren besteht. Die Neugeborenen und die jüngeren Kälber befinden sich im sogenannten Kindergarten. Dort werden die noch hilflosen Geschöpfe, denen Gefahr von Raubtieren droht, von den besorgten Kühen zusammengehalten. Die Mutter kümmert sich nicht nur um ihr eigenes Kind, sie läßt auch andere, hungrige oder mutterlose Kälber an ihren Milchdrüsen saugen. Ältere Bullen, die nicht mehr zeugungsfähig sind, werden von jüngeren aus der Gemeinschaft verstoßen. Sie schleppen sich als Einzelgänger durch die Wildnis, dem Ende entgegen.

Als Zugabe erfreut man die Dickhäuter täglich mit einer besonderen Leckerei, einem etwa fünfundzwanzig Pfund schweren Paket, das in große grüne Blätter gewickelt, zum größten Teil ungeschälten Reis enthält, dem man noch ein Gemisch aus Salz und Melasse beigefügt hat. Das schmeckt den Elefanten vorzüglich, man kann es ihnen ansehen.

Jedes Tier, ob es hart gearbeitet hat oder nicht, legt großen Wert darauf, stets die gleiche Menge und die gleiche Qualität wie seine Kameraden zu erhalten. Versuche habe ich auf einer Teakholzfarm in Thailand gesehen. Da wurde einem Elefanten etwa zehn Kilo weniger Futter gereicht als seinem Nachbarn. Daraufhin erhob der Betroffene lauten Protest. Seine Trompetenrufe waren weithin zu hören, hoch schwang er den Rüssel und stampfte mit den Vordersäulen auf den Boden. Die anderen Elefanten erklärten sich solidarisch. Sie fielen in den Lärm ein und ließen ihre Portionen fallen, obwohl diese der üblichen Menge entsprachen. Kaum hatte man dem benachteiligten Tier die fehlenden Kilo nachgereicht, trat wieder Ruhe ein.

Wenn zahme Elefanten zur Beförderung von Lasten oder Menschen über weite Strecken unterwegs sind, müssen sie von Menschenhand gefüttert werden. Mehr als etwa sechzig Kilometer pro Tag kann man den freundlichen Kolossen nicht zumuten. Sie selber wissen genau, wann wieder Futter fällig ist. Auf häufig begangenen Strecken kennen sie jede Stelle, wo ihnen Futter gereicht wird. Dort bleiben sie stehen und rühren sich keinen Meter weiter. Es muß alles seine Ordnung haben, erst recht bei Elefanten.

Ungefähr dreißig Kommandoworte versteht der wohlerzogene Dickhäuter. Weil sein Gehör weit besser ausgebildet ist als sein Sehvermögen, kann er auch leise geflüsterte Anweisungen gut begreifen. Sagt der Treiber »bait«, bedeutet das hinsetzen, das Wort »suet« heißt hinlegen. Mit dem Wörtchen »uta« ist heben gemeint, während man die ruhenden Elefanten mit der Anweisung »meil« dazu veranlaßt, sich zu erheben. Fällt aus der Howda etwas herunter, hebt es das Ungetüm ohne Anweisungen auf und reicht es dem Treiber. Ist der Elefant daran gewöhnt, Passagiere zu befördern, vielleicht gar einen Passagier, den er schon kennt, übergibt er diesem den heruntergefallenen Gegenstand.

Wenn der zahme, zur Arbeit ausgebildete Elefant die Mitte der Fünfzig erreicht hat, geht er in Pension. Doch er verlangt weiter nach seinem Futter und nach der Versorgung durch mindestens zwei Personen. In früheren Zeiten hat man die nicht mehr arbeitsfähigen Elefanten erschossen oder ihnen die Gurgel durchgeschnitten. Heute ist das nicht mehr möglich, schon gar nicht bei den Hindu, die solche Grausamkeiten eher den Moslem überlassen. Also kann der Pensionär heute so lange leben, wie er gesund ist. Allerdings kostet der Unterhalt eines im Ruhestand lebenden Elefanten in Tiger Tops im Jahr zweitausend Dollar.

Bei der Elephant Lodge, wo mein Freund Samson Rana und ich fast eine Woche geblieben sind, werden vierzig Elefanten unterhalten. Dort kann jeder Besucher, wie in der Nähe von Tiger Tops, sehen, wie die Menschen und ihre Freunde zusammen leben. Unmittelbar vor einer langen, aus Holz gefertigten und mit Stroh gedeckten Halle, in der bis an die hundert Elefantenbetreuer wohnen und schlafen, sind bei Nacht die Elefanten angepflockt. Dort erhalten sie ihr Futter, dort schlafen sie, dort fühlen sich die großen Tiere zu Hause. Sie wollen nirgendwo anders mehr sein. Sie hören ihre Freunde sprechen und reagieren mit Flatterohren auf Anrufe, die sie von ihrem Mahoud oder den anderen Betreuern erhalten. Sie scheinen genau zu wissen, daß ihnen notfalls geholfen wird. Demgemäß fühlen sich die Elefanten vollkommen sicher. Es ist eine Freude zu sehen, wie kameradschaftlich sich Menschen und Tiere am Morgen begrüßen. Man gehört zusammen, es kann nie mehr anders sein!

Während des Monsun, während der relativ kühlen, oft stürmischen Regenzeit kommen nur wenige Touristen in den Chitwan-Nationalpark. Während jener Wochen und Monate sind, praktisch gesehen, die Elefanten arbeitslos. Man kann sie ohne weiteres von den Ketten lösen und sich selber überlassen. Die friedlichen Kolosse können, wenn sie wollen, selber ihre Nahrung suchen und geruhsame Spaziergänge in die freie Wildnis unternehmen. Keiner denkt daran, gegen Abend nicht mehr zum gewohnten Platz heimzukehren. Bei den Baumhäusern von Tiger Tops fiel mir auf, daß der Boden, über dem sich die zwei Stockwerke mit den Gästeräumen befinden, so hartgetrampelt war, als bestünde er aus Zement. Dort waren Elefanten am Werk. Sie stellen sich gern, aus welchen Gründen auch immer, unter die Gasträume. Platz ist genug dafür vorhanden, weil der Fußboden der ersten Etage drei bis vier Meter über dem gewachsenen Boden ist.

Die Mengen des anfallenden Dunges sind gewaltig. Diesen wegzuschaffen, ist eine recht langwierige Arbeit. Daher sind kluge Leute darauf verfallen, aus Elefantenäpfeln Methan zu gewinnen. Dafür hat man in

Tiger Tops eine Anlage gebaut, aber aus mir unbekannten Gründen funktioniert sie nicht.

Wenn man dem großen Elefantenkenner Dr. R. Olivier glauben will, gab es 1975 in den asiatischen Ländern noch rund fünfzigtausend Elefanten. Leider hat Dr. Olivier die zahmen und die wilden Tiere in einen Topf geworfen. Heute kommt er für Indien auf fünfzehntausend Tiere. Er vermutet für Bangla Desh fünfzehntausend Elefanten und meint, daß in Kambodscha, Laos und Vietnam rund dreitausend Stück zu Hause sind. In China sollen es nur hundert wilde Elefanten sein, aber in Sri Lanka (früher Ceylon) sollen nach Olivier noch viertausend Dickhäuter existieren, großenteils in geschützter Freiheit. Auf der Insel Borneo rechnen die Kenner mit zweitausend Elefanten, auf den Andamanen-Inseln sollen es noch dreißig Tiere sein.

Nach dem Rückgang während der letzten Jahrzehnte befindet sich neuerdings die Zahl der grauen Kolosse wieder im Steigen. Die Regierungen in Asien bemühen sich um die Auffrischung des Blutes. In der Gegend von Amlekhganji, auch in der Region von Patanpur, das heißt in jenen Regionen Indiens, die an Nepal grenzen, möchte man den Dschungel aufs neue mit wilden Elefanten bevölkern.

In der Nähe des Verwaltungszentrums, wo sich auch die Elefantenzuchtstation befindet, sehe ich eine große, etwa mannshohe Kiste, worauf in englischer Sprache geschrieben steht: »Geschenk Seiner Majestät des Königs von Thailand an Seine Majestät den König von Nepal.« Kleine Geschenke erhalten die Freundschaft. Aber Könige können sich nicht mit kleinen Geschenken begnügen. So enthielt die aus Thailand stammende Kiste ein Elefantenbaby, das man in den Urwäldern am River Kwai gefangen hatte. Es stand nun, etwa acht Jahre alt, zwischen den zahmen Elefanten im Chitwan-Nationalpark. Natürlich hatte sich der Herrscher von Nepal nicht lumpen lassen, sondern seinerseits an den König Bumiphol von Thailand ein etwa fünf Jahre altes Panzernashorn geschickt. Auf diese Weise wird immerhin das Blut der kostbaren Wildtiere aufgefrischt.

Elefanten sind sehr nützlich für die Natur. Entweder holen sie das Bambusgras selber aus der weiten, wogenden Steppe, oder es wird für sie geschnitten. Auf diese Weise wird der Boden freigelegt. Die Sonne kann eindringen, und es genügt schon der morgendliche Tau, um den Boden zu bewässern.

Als ich zum zweiten Mal in Thailand war, auf der langen Reise zu meinem ersten Auslandsposten in Tokyo 1937, lebte in Bangkok noch der längst pensionierte Oberingenieur Emil Eisenhofer. Einen hohen Rang hatte ihm der damalige König von Thailand verliehen, dazu eine beachtliche Pension, aus gutem Grunde. In etwa zwölfjähriger Arbeit hatte der Eisenbahnfachmann, zu Beginn des Jahrhunderts im Reich Kaiser Wilhelms II. geboren, den Bau der Bahnlinie von Bangkok nach Chiang Mai als Chefingenieur geleitet – eine gewaltige Leistung, denn die Bahn führte über tausend Kilometer weit durch dunklen Urwald und über felsige Höhen hinweg. Sie war die einzige Verbindung mit den nördlichen Provinzen von Siam, wie damals Thailand genannt wurde. Eisenhofer zeigte mir Bilder von dieser totalen Wildnis und beschrieb die Schwierigkeiten. Ohne Hunderte von Lastenlefanten, die Schienen und alles andere Material heranschafften, wäre die technische Großtat nicht möglich gewesen. Zur Erinnerung an ihn haben Thailänder über dem längsten Tunnel der Linie ein Denkmal für Emil Eisenhofer errichtet. Im übrigen war er weitläufig mit dem amerikanischen General Dwight D. Eisenhower verwandt.

Bevor Eisenhofer die Bahnlinie baute, gab es keinen Fahrweg nach Chiang Mai. Diese entlegene Gegend war aber wichtig für das britische Weltreich, weil Ströme von Pilgern und Lastenträgern aus Britisch-Indien durch die Provinz Chiang Mai bis nach China zogen und zurück. Natürlich gab es vor der Jahrhundertwende noch kein Telefon über so weite Entfernungen, keine Funkstation oder ähnliches. Aber das britische Konsulat mußte mit der Außenwelt in Verbindung stehen. Diese Verbindung besorgte mit bewundernswerter Regelmäßigkeit ein ganz bestimmter Elefant, ein im britischen Dienst stehender Postelefant.

In Chiang Mai war er zu Hause. Alle Tage wieder legte das brave Tier dreißig bis fünfunddreißig Kilometer zurück. Dann gab es jeweils eine Tankstelle für seine Versorgung. Zwei, drei Einheimische schafften das notwendige Futter und das Wasser für den Postelefanten heran. Er kannte diese Haltestellen genau und ließ es sich dort gutgehen. Früh am folgenden Morgen, geleitet von seinem Mahoud, übernahm er wieder die für das britische Konsulat bestimmten Säcke und Kisten. Etwa drei Wochen hat das pflichtbewußte Tier jeweils für einen Weg gebraucht. Alsdann konnte sich der vierbeinige Postläufer eine Woche ausruhen, im weiten Garten des britischen Konsulats von Chiang Mai. Dann ging es zurück nach Bangkok zur dortigen Botschaft der Briten.

Als nun endlich die Eisenbahn von Bangkok nach Chiang Mai rollte, wozu sie zunächst sechsunddreißig Stunden brauchte, war der Postelefant arbeitslos geworden. Aber der amtierende Konsul wollte unter keinen Umständen den Verkauf oder gar die Einschläferung des Tieres zulassen. Also behielt er ihn am Konsulat, genügend Platz war in dem großen Garten vorhanden. Aber ein anderes Problem tauchte auf, der Pensionär kostete Unterhalt. Man benötigte für seine Versorgung zwei bis drei Personen, die Lohn forderten, wenn auch nicht sehr viel, bemessen in britischen Pfunden. Das Konsulat stellte einen entsprechenden Antrag an die Regierung. Wie bei Bürokraten üblich, brauchte man einen Paragraphen, den es jedoch bisher nicht gab!

Allen Ernstes wurde vom Staatssekretär des Foreign Office im Parlament ein besonderer Antrag eingebracht für das Ruhegehalt dieses ganz besonderen Postboten. Wie sich denken läßt, haben die Abgeordneten aller Parteien dem Dickhäuter die bescheidene Pension einstimmig bewilligt.

Bekanntlich wurden und werden alle Postsendungen der britischen Regierung, auch der kleineren Dienststellen, nicht mit einer Briefmarke versehen, sondern mit dem Stempel: »On His Majesty's Service« (Im Dienst Seiner Majestät). Für den Rest seines Lebens erhielt der pensionierte Postelefant eine Amtskette mit Anhänger, auf dem in großen Buchstaben zu lesen stand: »On His Majesty's Service«.

## Der Tiger. Seine Mörder und seine Hüter

Wollen Sie Tiger in freier Wildbahn sehen, dann in der Nähe von Tiger Tops. Zwar ist es nicht so einfach, wie es sich anhört, aber die Chancen sind größer als an irgendeiner anderen Stelle von Nepal. Anstrengend ist die Sache nicht, aber unerhöhrt aufregend. Immerhin muß es dunkel sein für diesen Zweck, vor 18 Uhr besteht keine Hoffnung.

Wer »scharf« ist auf den Anblick von Tigern – und wer ist das nicht? – begibt sich in den großen runden Pavillon, wo man später das Abendessen serviert. Dort wartet man. Es kann sein, daß überhaupt nichts geschieht, aber wenn plötzlich der Summer ertönt, nicht laut, aber doch deutlich vernehmbar, sind die gestreiften Raubtiere erschienen. Alle Gäste wissen, was sie zu tun haben. Sie springen still auf und eilen hinaus zu einigen Jeeps. Angestellte des Hauses helfen ihnen in die geländegängigen Fahrzeuge.

Es geht los, ohne Licht, auf tiefsandigen Wegen hinauf in dichtbewaldete Hügel, die in weitem Halbrund Tiger Tops umgeben. Die Jeeps stoppen, und die Gäste eilen hinaus zu einer Reihe von Bänken, wo sie sich der Schuhe entledigen. Nur auf Strümpfen darf der restliche Weg bewältigt werden. Wer schlecht zu Fuß ist, wer nicht ohne weiteres den richtigen Pfad einhalten kann, dem helfen freundliche Nepali auf die Sprünge. Nur um einen halben Kilometer handelt es sich, aber der Anstieg ist einigermaßen steil. Droben, auf dem Rücken der Hügelkette, erhebt sich eine erstaunliche, bei Nacht kaum sichtbare Anlage. Es ist ein langgestreckter Unterstand, bestehend aus natürlichen, der Umgebung entnommenen Bauteilen. Der sandige Boden dämpft die Schritte, und wer sich den Richtlinien anpaßt, die wir schriftlich erhielten, spricht nur leise flüsternd. Man tastet sich vor bis zur grauen Bretterwand, die weiteres Vorrücken verhindert und die Besucher vor der schlechten Laune der gestreiften Katzen schützt.

Ein Sehschlitz von etwa zwanzig Zentimeter Höhe und Breite befindet sich in dieser Wand. Wer sich hier aufhält und geduldig wartet, ist notfalls auch vor Tropenregen geschützt. Etwa fünfzig Schritt von der Bretterwand entfernt haben die Parkwächter eine Ziege angepflockt, auch ein Jungbulle könnte es sein oder ein halbjähriges Kalb. Mitunter vergehen nur wenige Minuten, es kann aber auch eine halbe oder ganze Stunde sein, dann geschieht etwas!

Ohne Vorbereitung wird es hell, aus irgendeiner Richtung flammt

Licht. Man glaubt zunächst, ein Blitz würde zucken, wie das in den Vorbergen des Himalaya auch bei relativ gutem Wetter möglich ist. Das Licht bleibt nur zwei bis drei Sekunden, verlöscht rasch und flammt bald wieder auf. Es kommt darauf an, bei der gestreiften Katze die Illusion von einem oder mehreren Blitzen zu erwecken.

Sie fällt auf den Schwindel herein, glaubt wirklich an Blitze und läßt sich nicht vom blutigen Mahl abhalten. Der Tiger hat das Opfer schon gerissen. Die Räuber sättigen sich an Ort und Stelle, etwa fünfzig Schritt vom Unterstand entfernt, im Schatten tropischer Bäume, in die man eine Lücke geschlagen hat. Im vorgetäuschten Blitzlicht können die Besucher alles gut sehen, nur muß man mit starken Ferngläsern bewaffnet sein. Rasch muß man den Freßplatz erkennen und den Tiger, vielleicht auch Mutter und Kind, ausmachen. Sie kauern über der geschlagenen Beute, sie zerren Eingeweide heraus und verschlingen, was ihnen am besten schmeckt.

Nur wenige Sekunden, wie schon gesagt, scheint das Licht und beleuchtet die wilde, unvergeßliche Szene. Wenn die Helligkeit nicht bald erlischt, verschwinden die Raubtiere im dichten Dschungel. Doch bald kehren sie wieder, und so haben die Besucher des öfteren Gelegenheit, Tiger in (fast) freier Wildbahn zu erblicken. Natürlich kann es sein, daß die Raubtiere schon in freier Wildbahn genügend Beute verschlungen haben oder sich während der Paarungszeit lieber miteinander vergnügen als mit Ziegen und Kälbern. Doch bei Samson Rana und mir hat es schon am ersten Abend geklappt, ebenso am dritten und am vierten Tag. Dennoch kann niemand die Chancen mit Sicherheit voraussagen.

Aber ein Mißgeschick meinerseits muß ich bei dieser Gelegenheit erwähnen. Wie schon gesagt, war uns dringend geraten worden, vor den Sehschlitzen absolute Ruhe zu bewahren. Die überaus wohlbeleibte Dame neben mir tat es nicht. Sie schnaufte von der Anstrengung des Aufstieges, sie plapperte, zischte und nuschelte herum, daß es jeder feinohrige Tiger bis ans Ufer des Rapti hören mußte. Meine nur geflüsterte Bitte um Stillschweigen hatte keinen Erfolg. So war ich denn recht erzürnt. Die Tiger waren es scheinbar nicht, weil sie an Ort und Stelle verblieben.

Als wir nachher wieder zu den Jeeps schlurften, bemerkte ich zu dem neben mir gehenden Mann: »Eine verdammte Ami-Schickse war da neben mir. Kann sich die Person nicht besser benehmen? Aber so ist das eben, manche Leute bleiben immer beim american way of life.« Als wir unten angekommen waren und gerade Schuhe und Strümpfe anzogen, sagte mein Nebenmann: »Übrigens muß ich Sie berichtigen, meine Mutter ist kein Ami-Weib, sondern Frau Kulicke aus Berlin-Zehlendorf!«

Weil mein Freund und amtlicher Begleiter, der stets freundliche Samson Rana, vom Chitwan-Nationalpark noch lange nicht genug hatte, und ich gar nicht genug bekommen konnte, fuhren wir weiter zum Elephant Camp, etwa fünfzehn Kilometer in östlicher Richtung. Aber so kurz, wie sich fünfzehn Kilometer anhören, war die Strecke nicht. Der Dschungelweg führte durch halbdunklen Wald, über feuchten und sumpfigen Boden. Antilopen huschten vorbei, die Langur genannten Affen kreischten im Gestrüpp, und schillernde Reptilien glitten blitzschnell über die Fahrspur.

Das Elephant Camp, gleichfalls ein privates, aber unter staatlicher Kontrolle stehendes Unternehmen, war bedeutend kleiner und bescheidener als das berühmte Tiger Tops. Aber im Elephant Camp hat jeder einen privaten Bungalow mit WC und Waschraum, wenn auch ohne Bad, außerdem eine gemütliche Terrasse unter schattigen Bäumen.

Meine mir bereits ans Herz gewachsene Elefantenkuh Frittikali, von all ihren drei Betreuern begleitet, hatte sich ebenfalls in dieses Camp begeben. Dabei war die Viertonnendame einem nicht gar so tiefen Bachbett gefolgt, desgleichen auch das Tier meines Freundes Rana. Etwas abseits von den Gästepavillons befanden sich die Schlafgelegenheiten der hier wohnenden Elefanten, es waren wohl zwölf an der Zahl. Unsere Tiere wurden gleich daneben angepflockt, sie fanden schon Futter vor und fühlten sich wohl.

Der Verwalter des Elephant Camp, der noch freundlicher war als im allgemeinen die Nepali sind, sprach ein gutes Englisch und sorgte für uns. Im Empfangsraum konnte ich das Konterfei meines Schulfreundes, des Prinzen Bernhard der Niederlande, bewundern, daneben das des Prinzen Philipp von England. Nicht weit entfernt war der Palast, nicht viel größer als ein Bungalow, worin sich bei ihren Besuchen der regierende König des Landes und sein Bruder Gyanendra aufhalten.

Im Elephant Camp ist alles urwüchsiger, weniger von der modernen Zivilisation berührt als in Tiger Tops. Ich hoffe, daß es so bleibt. Gäste, die etwas Besonderes sehen wollen, besteigen ihren Reitelefanten nach der guten alten Art. Hier gibt es keine Howda, auch keine bequeme Leiter, um den Koloß zu erklimmen, man hat nur eine abgewetzte Matratze an dem Tier befestigt, das aus eigener Kraft bestiegen werden muß. Der Gehilfe greift den Schwanz des Elefanten und hebt ihn hoch, so daß eine Schlinge entsteht. Dort hinein setze ich meinen rechten Fuß, werde sodann von kräftigen Händen südlich des Po angehoben und kann droben einen Strick ergreifen. Daran ziehe ich meinen Körper nach oben. So lande ich auf der Matratze, wo ich einen anderen Strick ergreife, um mich daran festzuhalten. Geistesgegenwärtig und flexibel muß man sein, wenn sich der Koloß erhebt. Erst gibt es einen kräftigen Ruck nach vorn, dann einen nach hinten. Aber das ist alles.

Frittikali steht fest auf ihren vier Säulen, und kaum hat der Mahoud das Zeichen gegeben, setzt sich meine Dame in Bewegung. Kein gefährliches Schwanken, keine abrupten Bewegungen. Bald fühle ich mich droben so sicher, daß ich den Strick loslasse. Der menschenfreundliche Elefant ist ein Beförderungsmittel, wie man sich kein besseres wünschen kann. Zweimal lasse ich etwas fallen, erst mein Fernglas, dann meinen Dschungelhut. Frittikali beugt sich hinab, hebt das eine wie andere mit dem Rüssel auf, um es mir zu reichen. Damit nicht genug, falls in der Höhe meines Kopfes ein Zweig oder Ast herabhängt, die Dame schiebt alles beiseite, obwohl sie selber davon nicht gestört wird. Der Mahoud spricht mit Frittikali in halblauter Stimme, singt hin und wieder ein Liedchen. Dem Tier scheint es zu gefallen, wie man an der Bewegung der Ohren erkennt oder auch am zufriedenen Grunzen vernimmt.

So wie in den vorigen Tagen, sehen wir aufs neue vom Rücken unserer Kolosse die friedlich äsenden Nashörner. Ich kann an dem einen oder anderen das Lederhalsband erkennen, woran sich der Sender befindet. Hier beim Elephant Camp sind die Nashörner schon lang an die Nähe der Menschen, erst recht an die Nähe der Elefanten gewöhnt. Aus einem der nahegelegenen Tharu-Dörfer schallen Kindergeschrei herüber und Motorgeräusche.

Weiter geht es und immer weiter. Die beiden Mahouds und auch Samson Rana blicken aufmerksam umher. Es scheint, als könne man noch mehr als nur die *Rhinos unicornis* erwarten. Da, mit einem Male bleibt meine Frittikali stehen, so abrupt, daß ich schon befürchte, über ihren dicken Kopf ins Gestrüpp zu rollen. Aber nein, als ich die Augen hebe und dem ausgestreckten Arm des Mahoud folge, sehe ich etwas, das kaum zu glauben ist. Auf dem Trampelpfad sind andere, gestreifte Tiere. Gerade noch, bevor sie im hohen Bambusgras verschwinden, habe ich einen Tiger mit zwei Kleinen erkannt. Kaum kann ich es fassen, da ist alles schon vorbei. Weder sind die Raubtiere erschrocken noch die Elefanten. Man kennt sich ja. Wie dem auch sei, eine tolle Sache! Ich habe hier drei Tiger, das heißt eine Tigerin mit ihren beiden Jungen, in freier Wildbahn gesehen. So etwas kommt nur selten vor, auch Samson Rana hat dergleichen noch nicht erlebt.

*Panthera tigris tigris* ist der wissenschaftliche Name des gestreiften Räubers, die Nepali nennen ihn Bagh. Seit Menschengedenken leben Tiger in Asien, aber nur in Asien. Die afrikanischen Völker müssen ganz auf die gestreiften Katzen verzichten. Schon in den Veden, den vor rund viertausend Jahren entstandenen heiligen Schriften der Hindu, werden Tiger erwähnt. Man hat im nördlichen Indien, bei Mohenjo Daro ein ungefähr fünftausend Jahre altes Siegel ans Licht befördert, worauf ein Mann zu sehen ist, der von einem sicheren Baum herab einen Tiger beschimpft. In den Veden wird der Tiger als Reittier der Göttin Durga betrachtet.

In uralten Zeiten waren die *Panthera tigris tigris* viel weiter verbreitet und überaus zahlreich, nicht nur in den warmen Ländern, sondern auch in den kalten Regionen. Es gab Tiger in der Türkei sowohl am Berge Ararat wie auch am Kaspischen Meer; an den Ufern der Ochotskischen See (gewissermaßen in der Nähe von Alaska) waren sie verbreitet und nördlich hinauf bis an den Rand des ewigen Eises. Überreste von Tigern fand man auf den Neusibirischen Inseln, also weit nördlich des sowjetischen Festlandes. Offenbar war das Klima seinerzeit sehr viel wärmer als heute, so daß Tiger dort existieren konnten. Tiger sind anpassungsfähig, was ihre Nahrung wie die Landschaft betrifft.

Im Gegensatz zur weitverbreiteten Meinung, daß die großen Raubkatzen, eben weil sie Katzen sind, das Wasser scheuen, ist das Gegenteil richtig. Tiger überqueren auch weite Wasserflächen, relativ rasch fließende Flüsse, und während der heißen Jahreszeit liegen sie stundenlang im kühlen Wasser. Dabei halten sie nur ihren Kopf über die glitzernde Fläche, um nach Feinden oder Beute auszuspähen.

Einige wenige Tiger leben noch heutigentags im Iran, im tiefen Südwesten von China und vor allem in Sibirien. Sie haben sich während der letzten Jahrzehnte dank guten Schutzes sogar vermehrt. Die Sibirer sind die größten, ihnen folgt der bengalische Tiger. Die furchterregenden Katzen sind noch immer zahlreich in den feuchten Urwäldern von Bangla Desh. Dort wird die Bevölkerung der Raubkatzen auf etwa tausend Tiere geschätzt. Die kaum bewohnten, sehr dichten, meist überschwemmten Wälder nahe dem östlichen Ufer des Ganges sind nach wie vor eine

Domäne der Tiger. Dennoch wagen sich alle Jahre wieder Honigsammler in diese Gegend, der Not gehorchend. Nicht weniger als sechzig von ihnen sind während des letzten Jahres, so entnahm ich einer Pressemeldung, den Raubkatzen zum Opfer gefallen.

Tiger steigen hinauf bis auf tausendfünfhundert Meter Höhe, sind vereinzelt sogar auf dreitausend bis viertausend Meter gesichtet worden. In Nepal, so heißt es, haben sie Bergpässe von viertausendfünfhundert Meter Höhe überquert, so den Gupta-Paß im Himalaya. Da sich Tiger meist im Unterholz verbergen, vorwiegend in hohem und dichtem Bambusgras, wo die alten Stengel fast völlig schwarz sind im Gegensatz zu den hellgelben jüngeren Sprossen, sind Tigerstreifen eine ideale Tarnung. Schon auf kurze Entfernung ist das Raubtier kaum oder gar nicht zu erkennen. Elefantengras ist des Tigers bevorzugter Aufenthalt. Im Gegensatz zu den Löwinnen und den Geparden wird der Tiger nur selten seine Beute im Wettlauf erfassen. Statt dessen pirschen sich die gestreiften Katzen mit großer Vorsicht heran und können im Versteck viele Stunden auf eine günstige Gelegenheit warten. Sie liegen dabei dicht an den Boden gedrückt, und erst beim letzten Sprung lassen sie ihre eingezogenen Klauen heraus. Sie töten mit einem Prankenschlag, kleine Tiere allein mit den Klauen. Beim Angriff hebt sich der Tiger auf die Hinterbeine und überfällt die Beute im Sprung, wobei er die Klauen seitwärts einschlägt. Mit einem Biß in den Nacken wird die Beute umgebracht. Nach dem Fraß brauchen Tiger Wasser. Sie vertilgen alles inklusive der Knochen. Für Geier bleibt nicht viel übrig. Ist die Beute groß und schwer, ein Büffel zum Beispiel, kann das Raubtier nicht alles auf einmal schaffen, zieht es seine Beute tiefer ins Dickicht und bedeckt sie mit Laub und kommt mit Sicherheit in der nächsten Nacht zurück.

Während des Krieges in Vietnam haben die intelligenten Tiger begriffen, daß explodierende Granaten, Gewehrfeuer, Flammenwerfer und dergleichen gefundene »Mahlzeit« bedeuten. Sie pirschten in Richtung des Lärms und fraßen die Opfer, was angeblich zu einer Vermehrung der Tiger in den Kampfgebieten geführt hat.

Tiger haben phantastisch gute Augen, auch bei Nacht können sie Umrisse erkennen, und ihr Gehör vernimmt Stimmen und Geräusche über sehr große Entfernung. Aber ihr Geruchssinn ist schlecht. Offenbar haben sie ein instinktives Gespür für die Nähe der Beute. Auch bei dunkler Nacht können sie ihre Opfer finden. Manche Tigerin bringt noch lebende Futtertiere zu ihren Jungen, damit die Kleinen von ihr die Jagdkunst allmählich lernen. Der Kampf ist grausam und dauert lange.

Männliche Tiger haben ihr Territorium, man hat es im Chitwan-Park ziemlich genau vermessen. Dort erstreckt sich das Herrschaftsgebiet der männlichen Raubkatze über fünfzig bis sechzig Quadratkilometer. Die Tigerin begnügt sich mit ungefähr der Hälfte. Die männlichen Tiger lassen weibliche Tiere durch ihr Jagdrevier ziehen. Nur ungefähr vierzehn Tage während der Paarungszeit bleiben Männchen und Weibchen zusammen. Die eigenen Nachkommen behandelt der Tiger tolerant und beschützt sie. Sollte aber ein Tiger sterben, erscheint sofort ein anderer und tötet die Jungen seines Vorgängers.

Tiger kennen verschiedene Arten der Verständigung. Wenn sie einander suchen, lassen sie ein schrilles, schneidendes Geräusch hören. Mit »waschbrettähnlichen« Rufen hält die Mutter ihre Jungtiere in der Nähe, sonst könnte es für die Kleinen gefährlich werden. Verliebte Tiger kraulen sich, sie können auch ganz vernehmlich schnarchen. Wenn sie einander bedrohen oder ein menschliches Wesen verjagen, pfeifen und spucken die Gestreiften. Die Tragezeit der Tigerin beläuft sich auf 95 bis 110 Tage. Alsdann bringt sie ein oder zwei, selten sogar drei Junge zur Welt. Neugeborene Tiger sind nur so groß und schwer wie eine Hauskatze. Sie werden gut von der Mutter versteckt, während der ersten Tage in hohlen Bäumen oder im dichten Gras. Die bei Geburt geschlossenen Augen öffnen sich nach etwa siebzehn Tagen. Junge Tiger müssen lange gesäugt werden, feste Nahrung können sie erst nach etwa neunzig Tagen vertragen. Eine Tigermutter säugt ihre Kleinen sechs Monate lang. Um eine Tigerpopulation dauerhaft zu erhalten und zu vermehren, müssen die Raubkatzen zahlreich sein. Früher sagte man, dreißig bis fünfzig Tiere sollten in der weiteren Umgebung vorhanden sein. Andere Kenner sprechen von mindestens dreihundert Stück. Aber fünfzig genügen, wie sich im Chitwan-Park gezeigt hat. Meist unterschätzt man die Zahl der Raubkatzen, weil sie bei Tage nur selten sichtbar sind. »Meine« Tigerin mit den beiden Jungen war gewiß eine Ausnahme. Bestimmt werden viel mehr Menschen von Tigern gesehen und beobachtet als umgekehrt.

Tiger werden nur zwölf bis sechzehn, manche bis zu zwanzig Jahre alt. In gut geführten zoologischen Gärten können sie noch älter werden. Sie haben keine natürlichen Feinde, es sei denn Leoparden, die ein Jungtier schnappen, wenn es möglich ist. Gefährlich kann jede Tigerin sein, wenn sie Junge hat. Drei Todesfälle aus diesem Grund wurden im Chitwan-Park und seiner Umgebung bekannt. Es ist vorgekommen, daß eine Tigerin, weil sei meinte, ihre Kleinen seien in Gefahr, einen Elefanten angriff. Auf dessen Rücken befanden sich drei Menschen, aber sie waren es vermutlich nicht, was die Raubtiermutter so mißtrauisch machte. Es war vielmehr der Rüssel des Dickhäuters, der sie beunruhigt hatte.

Um nichts Wichtiges auszulassen, muß ich auch auf die »Maneater«, auf die menschenfressenden Tiger, eingehen. Es sind nur wenige unter den Streifkatzen, aber allein durch den von ihnen ausgehenden Schrecken genügt schon ein Menschenfresser, um so gut wie alle Zweibeiner aus einer weiten Region zu vertreiben. Tiger, die menschliche Mitbewohner zerreißen, sind nicht etwa besonders starke, sondern im Gegenteil schwache, alte oder verletzte Tiere, die nicht mehr zielsicher den weiten Sprung auf ihre Beute ausführen können. Also ergreifen sie, der Not gehorchend, solch Opfer, an die sie leicht herankommen, in erster Linie Kinder.

Der Tiger überfällt allgemein kein Geschöpf, das höher ist als seine Schultern. Deshalb sind Buben und Mädchen auf dem Weg zur Schule gefährdet, Frauen, die irgendwo an einer Wasserstelle ihre Töpfe füllen, oder (vor allem in Sumatra) Gummisammler, die sich zum Fuß der Gummibäume bücken, um ihre Sammelbecher mit Latex zu füllen. Sie scheinen dem Tiger bedeutend kleiner, harmloser und leichter zu ergreifen als aufrecht stehende Menschen. Eben deshalb sollte man sich bei der Verrichtung natürlicher Bedürfnisse vorsehen. Auch die hierbei klein erscheinende Gestalt verführt den Maneater zum fatalen Sprung. Daher halten sich Maneater vorzugsweise in der Nähe von Dörfern, an Feldwegen, sogar unter den auf Pfählen stehenden Hütten auf. Ein solches Untier, das binnen einem Jahr zehn bis elf Menschen getötet hatte, konnte ich selber in den Tod schicken.

Von Jim Corbett muß die Rede sein, wenn es um Menschenfresser geht. Dieser berühmteste aller Tigerjäger war ein im tropischen Indien geborener Offizier der britisch-indischen Armee. Weil er sich besonders gut auskannte in den wilden Regionen seines Landes, weil er mehrere indische Sprachen verstand und ein absolut sicherer Schütze war, hatte ihn die damalige Kolonialregierung ausdrücklich zur Jagd auf menschenfressende Tiger abgestellt. Von jedem anderen Dienst war Jim Corbett befreit, und er konnte allein entscheiden, wo und wann er seine Pflichten erfüllte. Nicht weniger als zweiunddreißig Jahre lang hat er das getan, und während dieser ganzen Zeit, wie er ausdrücklich betont, niemals einen normalen Tiger erlegt. Corbett verfolgte die gestreiften Kannibalen nicht aus jagdlicher Passion, sondern zum Schutze der Menschen, deutlicher gesagt, aus Pflichtgefühl. Man muß die hinreißend spannenden Berichte Corbetts lesen, um zu begreifen, was er geleistet hat. Trotz aller Gefahren, trotz mancher Verletzungen hat Corbett als pensionierter Oberst das gesegnete Alter von fünfundachtzig Jahren erreicht.

Seine »menschenfreundlichen Tigerjagden« begannen schon vor dem Ersten Weltkrieg und sind erst nach dem Zweiten zu Ende gegangen. Wie notwendig seine Aktivität war und wie bedrohlich das Wüten einzelner Maneater, ist vermutlich nicht bekannt. Um einige Beispiele zu nennen: Das sogenannte »Untier von Chowgard Marech« hat während der Jahre von 1926 bis 1930 nicht weniger als vierundsechzig Menschen, darunter viele Kinder und Frauen, gerissen. Eine Tigerin, genannt die »Hexe von Kumaron«, hat in einer bestimmten Region des nördlichen Indien im Verlauf von nur zwei Jahren hundertfünfzig Menschen umgebracht. Sie wurde schließlich von Jim Corbett angeschossen, aber leider nicht tödlich getroffen. Die Menschenfresserin flüchtete in eine weitentlegene Gegend. Sie hat dort nochmals einhundertvierundzwanzig Menschen vom Leben in den Tod befördert, bis es Jim Corbett gelang, sie zu erschießen. Damit nicht genug, haben zwei Menschenfresser, die sogenannten »Mörder von Chambarorar«, gemeinsam oder getrennt achthundertsechsunddreißig Landbewohner als Nahrung »verbraucht«. In einigen Fällen konnte man nur noch die Zähne der Opfer finden, alles übrige einschließlich der zerfetzten Kleider hatten die hungrigen Raubtiere verschlungen. Besondere Mühe machte ihm die allgemein gefürchtete Tigerin von Thaladess. Sie hatte in nur einem Jahr einhundertdreiundfünfzig Menschen vertilgt, wobei man sie allen Ernstes bedauern muß. Bei dem Versuch nämlich, ein Stachelschwein zu verspeisen, hatte sich die Räuberin innere Verletzungen zugezogen. Einige Stacheln steckten noch in ihrem Köprer, als sie Corbett von ihren Leiden erlöste.

Im übrigen ist die Zahl der von Corbett erlegten Menschenfresser gar nicht so hoch. Insgesamt sind es »nur« achtunddreißig gewesen. Über seine Verfolgungen hat Corbett Tagebuch geführt, die erlegten Tiger vermessen, gewogen und obduziert. An den Zahlen, die er gemeldet und der Regierung geschickt hat, kann kein Zweifel bestehen. In seinem Buch »Der Tempeltiger« hat er andere Jäger dringend gewarnt, einem Tiger, ganz besonders einem verwundeten Tiger, in unübersichtliches Dickicht zu folgen. Auf jeden Fall werde das wutentbrannte Tier seinen Verfolger eher hören und sehen als umgekehrt. Wenn es dann springe, werde es dem Tigerjäger kaum noch möglich sein, rechtzeitig die Büchse zu heben und zu feuern.

Doch genau das habe ich getan. Es ist schon lange her, es war bald nachdem sich verschiedene, ehemals in Niederländisch-Indien, heute Indonesien, lebende Stammesgruppen von der Fremdherrschaft befreit hatten. Bis sich die neuen Machthaber durchsetzen konnten, verging noch viel Zeit. Dank guter Beziehungen zum ehemaligen Reichsbankpräsidenten Dr. Hjalmar Schacht und zum Vizepräsidenten von Indonesien Dr. Mohamed Hatta erhielt ich die Erlaubnis, im Hinterland der riesengroßen, meist von dichtem Dschungel bedeckten Insel Sumatra zu jagen. Wobei mir der Vizepräsident noch sagte, ich könnte mich auf bestimmte Weise nützlich machen. Die Tiger hatten während der letzten Zeit politischer Unruhe enorm zugenommen, es gab auch einige überaus schädliche Maneater. Alsdann hörte ich von Freunden, Gummipflanzern in der Gegend von Pengkattan, daß ein ganz bestimmter Menschenfresser seit zwei, drei Jahren dort sein Unwesen trieb. »Silberauge« wurde er genannt, weil sein linkes Auge infolge einer Verletzung erblindet war.

Elf Menschen waren während des letzten Jahres dem Maneater zum Opfer gefallen, darunter zwei Kinder. Zu den Resten des letzten Opfers hatten mich die Leute geführt mit der dringenden Bitte, etwas gegen den Unhold »Silberauge« zu unternehmen. Wobei mir gar nicht in den Sinn kam, wie gefährlich das sein konnte. Die Leute bauten für meine mir eben angetraute Marianne und mich an verschiedenen Stellen sogenannte Machan ins Geäst starker Bäume. Darunter ist eine Plattform von etwa einem Quadratmeter Ausmaß zu verstehen, auf der man sich bei Anbruch der Dunkelheit niederläßt. Drunten wird für gewöhnlich eine Ziege angebunden, die begreiflicherweise angstvoll meckert. Sollte ein Tiger in der Nähe sein, schleicht er sich an, um ganz plötzlich das Opfer mit einem Prankenhieb zu erschlagen.

Der droben in relativer Sicherheit lauernde Jäger kann sodann, wenn er über eine sichere Hand verfügt, den Tiger erlegen. Zu diesem Zweck hat man auf sein Gewehr eine Stablampe geschraubt, was bei uns nicht nur verboten ist, sondern als absolut unwaidmännisch gilt. Neben dem Abzugshebel befindet sich ein Knopf, um die Lampe einzuschalten. Wie schon erwähnt, hält der Tiger das plötzlich aufflammende Licht für einen

Blitz oder für Wetterleuchten. Bei aufkommendem Mißtrauen springt er sofort ins Gebüsch.

Weil wir, Marianne und ich, uns auf der Hochzeitsreise befanden, wollte ich meiner Frau ein großes Erlebnis schenken. Wir sind auf verschiedene Machans gestiegen, jeweils bei Anbruch der Dunkelheit. Meist jedoch kam der Tiger nicht, dann konnten wir erst bei Tageslicht absteigen, um im Eiltempo zu unseren Jeeps zu laufen.

Eine ganze Woche hindurch und noch länger ereignete sich gar nichts. Dann jedoch, als wir uns für die nächste Nacht auf die Betten im Zelt geworfen hatten, wurden wir plötzlich alarmiert. In dem benachbarten Dorf war ein Tiger, sehr wahrscheinlich »Silberauge«, etwa vier Meter hoch aufs Dach einer Hütte gesprungen und von dort aus in den Wohnschlafraum. Dort lebte für gewöhnlich eine Familie, darunter zwei bildhübsche Mädchen. Aber gerade in dieser Nacht waren die Bewohner zu einer Hochzeitsfeier ins nächste Dorf gegangen. Damit ihren Ziegen kein Übel geschah, hatten sie alle in den Wohnraum gesperrt.

Aus den Büchern Jim Corbetts geht hervor, daß der hungrige Maneater bei Nacht in Hütten eindringt, um sich seine Opfer zu suchen. Hier nun hatte der Tiger von den sechs Ziegen fünf gerissen, aber seltsamerweise nicht aufgefressen. Eine sechste konnten wir später befreien. Die Hütte stand auf Pfählen, darunter war der Arbeitsbulle des Farmers angepflockt. So schnell wie nur möglich eilten wir in das Dorf, leuchteten von draußen die Hütte ab und erkannten im Spalt zwischen zwei Brettern die gelbschwarzen Haare des Menschenfressers. Er lag dort auf dem Boden.

Ohne viel nachzudenken, hob ich die Doppelbüchse, Kaliber 9.3, und feuerte auf den schmalen Streifen des Tigerfells. Dabei wußte ich nicht einmal, wo bei dem Untier vorne und hinten war. Ich traf ihn, aber nicht tödlich. Blitzschnell brach »Silberauge« durch die Bretterwand, rollte über ein Lagerfeuer und verschwand im Dickicht, das höher als drei Meter war.

Während der Nacht war nichts mehr zu machen. Ich lud nun mein Gewehr mit Rehposten, damit die Chance eines Treffers bedeutend größer war als mit dem Kaliber 9.3, und bat die Dorfbewohner, auf hohe Bäume zu steigen, um von oben festzustellen, ob der Tiger erlegt oder völlig verschwunden war. Natürlich konnte er auch in mehr oder minder verletztem Zustand darauf warten, an seinem Verfolger Rache zu nehmen.

»Es gibt weit bessere Methoden des Selbstmordes«, schreibt Jim Corbett, »als einem verwundeten Tiger ins Dickicht zu folgen.« Gelesen hatte ich das wohl, aber im Augenblick vergessen. Der Tiger hatte viel Blut verloren, daran bestand kein Zweifel. Jedenfalls konnte ich dank der roten Tropfen seine Fährte verfolgen. Er lebte noch und war rasend vor Wut. Leichtes Rascheln verriet, daß er sich bewegte. Im gleichen Bruchteil der Sekunden sprang er aus kurzer Entfernung. Was mich gerettet hat, war vermutlich ein Ausrutscher. Während ich auf dem feuchten Boden in die nächste Pfütze glitt, konnte ich feuern. Der Tiger stürzte zu Boden, genau an der gleichen Stelle, wo ich eben noch gestanden hatte.

Der Gouverneur des Distrikts von Rantauprapat hat mir nicht nur ein Dankschreiben überreicht, sondern die Erlegung des Maneaters von Rantauprapat an die Regierung gemeldet. Den Maneater ließ ich präparieren und nach München schicken. Dort hängt »Silberauge« an meiner Wand, wobei ich das linke, das blinde Auge durch ein Glasauge in hellgrauer Farbe ersetzen ließ. Es dauerte einige Zeit, dann erhielt ich über die deutsche Botschaft in Djakarta einen Orden, den mir freundlicherweise der damalige Präsident Achmed Sukarno verliehen hat.

Der Schutz von Tigern und Leoparden bringt viele Probleme mit sich. Natürlich reißen Tiger, als Raubtiere auf fleischliche Nahrung angewiesen, auch Kühe, Schafe, Ziegen, Hunde, Geflügel usw. Aus diesem Grund werden Tiger und Leoparden außerhalb des Naturschutzparks oft vergiftet. Natürlich ist auch das streng verboten, aber wer will der bäuerlichen Bevölkerung übelnehmen, daß sie ihre Felder, ihre Äcker, ihre Hühnerställe und letzten Endes auch ihre Kinder schützt?

Im Umkreis des Chitwan-Nationalparks gab es, bevor der Naturschutz eingeführt wurde, schätzungsweise dreißig Tiger. Erst seit dem Jahre 1972 werden sie von besonderen Shikari beobachtet, geschützt und notfalls ernährt, so, wie man es beim Tiger Top sehen kann. Ein großer Fortschritt war es, freilebende Tiger vorübergehend zu betäuben, um ihnen ein Halsband mit Sender anzulegen. Während meines Aufenthalts im Chitwan-Park waren sechzehn Tiger, ebenso viele Nashörner und noch andere freilebende Geschöpfe mit einem Sender ausgestattet. Das Gerät stört die Tiere nicht im geringsten. Wenn die Batterie erschöpft ist, fällt der Sender mitsamt Halsband zu Boden. Zwei bis drei Jahre lang funktionieren die Batterien. Das Halsband samt Sender wiegt etwa zwei Pfund. Der Betäubungspfeil enthält eine Chemikalie, »CI-7-444«, eine Mischung, die aus Teletanin, Hydrochlorid und Colacapan besteht. Sie lähmt die Muskeln, weswegen der Pfeil in die Muskelpartie geschossen werden muß.

Hatte man noch im Jahre 1968 die baldige Ausrottung aller nepalischer Tiger befürchtet, so hat sich das Blatt gewendet. Es gibt heute mehr als noch vor einer Generation. So hat mir auch mein alter Freund Heinz Sielmann berichtet, daß sich die Zahl der Tiger im ganzen indischen Subkontinent seiner Meinung nach verdreifacht hat. Dafür hat auch die indische Regierung gewaltige Anstrengungen unternommen.

Die Radiosignale eines Tigers kann man am besten im Flugzeug empfangen, gut auch vom Rücken der Elefanten, eventuell sogar zu Fuß. In einem Falle kam wieder und wieder solch ein Signal von einer ganz bestimmten Stelle außerhalb des Parks. Man eilte dorthin und fand in der Wohnung des Häuptlings das Halsband an der Wand aufgehängt, dessen Gerät noch immer sendete. Wie sich herausstellte, war das Raubtier vergiftet worden.

Der Verwalter des Chitwan-Parks schätzte 1987 die Anzahl der Tiger im Schutzgebiet auf rund siebzig Stück. Sie vermehren sich um sechs bis zehn Prozent pro Jahr. Es sind für den Chitwan-Park schon zu viele geworden. Also müssen die Raubtiere bei ihrem Lebenserwerb die Grenzen verlassen, geraten also in Gefahr getötet zu werden. Man ist bemüht, möglichst viele Tiger einzufangen, um sie in anderen Regionen von Nepal auszusetzen. Zu diesem Zweck werden sie betäubt und mit dem Hubschrauber dorthin befördert. Abgesehen vom Chitwan-Park existieren zur Zeit noch zwei andere Tigerreservate, in Suklaphanta und Carnalie.

Der weitgehende, mit Erfolg eingeleitete und durchgeführte Tigerschutz hat zu ganz anderen, unerwarteten Problemen geführt. Weil die Raubtiere vermutlich ahnen, daß sie keine Gefahr mehr von Menschenhand zu befürchten haben, vermehren sie sich besser und rascher als in früheren Zeiten. So hatte eine Tigerin vier Niederkünfte innerhalb von vierundvierzig Monaten. Eine andere hat bereits im Alter von dreieinhalb Jahren lebende Junge zur Welt gebracht. Mehr Tiger als jetzt vorhanden, kann man weder im Chitwan-Park noch in anderen Schutzgebieten außerhalb von Nepal ernähren. Es läßt sich auch vor der Bevölkerung nicht verantworten. In unseren zoologischen Gärten sind die allzu zahlreichen Nachkommen der Tiger, übrigens auch der Bären und Löwen, ebenso zum Problem geworden. Dank der guten Behandlung, Ernährung und Sicherheit bringt die Tigerin jedes Jahr zumindest ein Junges zur Welt, des öfteren zwei oder drei. Es kann vorkommen, daß diese Jungtiere nach einer gewissen Zeit eingeschläfert werden müssen.

*Trekking-Touren, geführt oder auf eigene Faust, erschließen Nepal dem Touristen.*

## Bhutan. Im Land des friedlichen Drachens

Bhutan. Nur wenige haben Bhutan mit eigenen Augen gesehen. So möge es bleiben, möglichst abgeschlossen von der Außenwelt, wie es vor kurzem noch gewesen ist. Seit wenigen Jahren erst sind Touristen im Drachenland zugelassen, aber nicht so lange, wie sie gerne wollen. Ein Musterländle im Himalaya, dafür halte ich Bhutan, für einen der am besten regierten Staaten dieser Welt. Der Tourismus wird gedrosselt mit der klugen, vielleicht nur vorgeschobenen Begründung, es mangele an empfehlenswerten Unterkünften für Ausländer. Jedes Jahr wird von der Regierung die Zahl der Touristen neu bestimmt. Zu Anfang waren es nur fünfzig Personen, nun sind es schon fünfhundert, aber weiter soll die Zahl nicht steigen. Keine Einzelgänger, nur in der Gruppe darf man ein- und wieder ausreisen. Wer länger bleiben möchte als vierzehn Tage, muß den langwierigen Amtsweg beschreiten. Der Pauschalpreis für Gruppen ist gesalzen und gepfeffert. Immerhin ist darin alles eingeschlossen, was der Mensch braucht. »Bhotia« nennen sich die Bhutaner selbst. Aus dem Gottesreich des Dalai Lama sollen die Bhutaner vor langer Zeit gekommen sein.

Ein kleines Land ist Bhutan, wenn auch größer als Sikkim. Es hat etwa die gleiche Ausdehnung wie die Schweiz, aber nur knapp eine Million Einwohner, die sich zu ihrem Glück nicht rapide vermehren. Regiert werden die friedlichen Bewohner des Donnerdrachens von einem König, zur Zeit vom wohl jüngsten König der Welt, dem liebenswürdig heiteren Jigme Singhi Wangchuk. Um anderen Leuten Mühe und Verantwortung zu ersparen, ist der junge Mann auch Ministerpräsident, Innenminister, Minister für Auswärtige Angelegenheiten und Verteidigungsminister. Dabei hilft ihm eine Reihe von tüchtigen Verwandten.

Es herrschen trotzdem demokratische Verhältnisse in seinem Land. Alle drei Jahre nämlich werden die Bhutaner, einschließlich der Frauen, gefragt, ob der König weitermachen soll oder nicht. Wenn sich zwei Drittel der Wahlberechtigten dagegen aussprechen, muß er seinen Hut nehmen. Das kommt zum Glück nicht vor. Ähnlich wie bis vor kurzem in Nepal folgt man auch im Land des friedvollen Drachens dem sogenannten Panchayat-System. In jedem Dorf wählen die Bewohner ihren Bürgermeister, mehrere Bürgermeister wählen den Kreisvorsteher, diese bestimmen einen Provinzchef. Alle gemeinsam wählen die Mitglieder der Nationalversammlung, also das Parlament.

Ein Kastenwesen wie im riesigen Nachbarland, in der Republik Indien, gibt es nicht, aber Klassen sind schon seit alten Zeiten vorhanden. Erstens gibt es die landbesitzenden Bauern, Traba genannt, zweitens die Landwirte ohne eigenes Land, Treba genannt. Das von ihnen bearbeitete Land gehört den Klöstern, Feudalherren oder dem Staat. Die Pachtsumme wird in Naturalien oder Dienstleistungen bezahlt. Schnödes Geld spielt keine Rolle. Das hat es im übrigen bis zum Jahre 1926 nicht gegeben, abgesehen von gelegentlich umlaufenden Rupien. Nun existiert eine bhutanische Währung, auch wenn sie vorerst wenig gebraucht wird. Ngultrum ist der Name dieses Geldes.

Am weitesten hinauf steigt der Nordwesten des Landes, nämlich bis siebentausendfünfhundert Meter. In den anderen Regionen geben sich einige der schimmernden Gipfel mit sechstausend Meter zufrieden. Wie in Nepal und Sikkim weiden während der kurzen Sommerzeit bis an den Rand des ewigen Schnees die Yak, sogenannte Dzo (Mischlinge von Yak und Rind) sowie Schafe.

Drei topographische Abschnitte gibt es im Land des friedfertigen Drachens. Südlich vom Hochgebirge gibt es eine Gegend, die sich nur selten über zweitausendfünfhundert Meter erhebt, gut bewässert wird und vor scharfen Winden geschützt ist, eine relativ ertragreiche, aber nur dünn besiedelte Gegend. Weiter im Süden liegt das subtropische Tiefland bis hin zur indischen Grenze. Dort blüht die Landwirtschaft großartig. Alle Tropenpflanzen sind vertreten, auch viele, die es früher in dieser Gegend nicht gegeben hat. Sie wurden importiert und haben sich unter den günstigen Bedingungen weit verbreitet. Eine gottbegnadete Landschaft, wo Mandelbäume blühen, Äpfel, Birnen und Kirschen gedeihen und die Menschen ihr gutes Auskommen haben. Wenn die Winde während des Monsun aus dem Süden wehen und geballte Wolkenmassen gegen die Höhe des Himalaya ziehen, fallen Regenmassen sondergleichen auf die Ebene, auf die Berghänge und Terrassen. Fruchtbare Felder werden weggeschwemmt, Terrassen rutschen ab, und Straßen werden unpassierbar. Zwei Kubikmeter Regen auf einen Quadratmeter Fläche sind nicht selten, es sollen bisweilen sechs Kubikmeter niedergehen: der stärkste Niederschlag der Welt, wird behauptet.

Damit hängt die Vergangenheit Bhutans zusammen. Jene unglaublichen Wassermengen, die während des Monsun alle Zugänge ins Land versperren, haben Bhutan vor bösen Invasionen geschützt. Und während des langen Winters konnte man die nach Tibet führenden Pässe nicht übersteigen.

Was die frühe Geschichte des friedfertigen Donnerdrachens betrifft, fehlen sowohl schriftliche Zeugnisse wie glaubwürdige Überlieferungen. Erst seit der Ausbreitung des Buddhismus, und zwar des Buddhismus lamaistischer Prägung, wissen wir so ungefähr, wie das heutige Bhutan entstanden ist. Es war zunächst Padmasambhava, der Begründer des lamaistischen Buddhismus in Tibet, der sich mehrmals in Bhutan aufgehalten hat. Ihm gelang es, über die alte Bön-Religion den lamaistischen Buddhismus zu stülpen und schon bald den damals regierenden König Naguchi zu seinem Glauben zu bekehren.

Als sehr viel später die ersten christlichen Missionare ins Land kamen, haben sie von dem Religionsgründer derart viel Wunderbares gehört, daß sie kaum widersprechen konnten, als ihnen die Eingeborenen sagten, der Padmasambhava sei nicht nur eine Inkarnation des Gautama Buddha, sondern auch des Jesus Christus. Tatsächlich gab es fromme Lama und soll es heute noch Sektenmitglieder geben, die glauben, daß Jesus Christus nicht auf dem Hügel Golghata gekreuzigt und vorübergehend bestattet wurde, sondern daß es ihm gelungen sei, zu fliehen. Über viele Länder und Meere hinweg gelangte er in der Gestalt des Padmasambhava nach Ostasien. Der Sage nach ist der Heilige auf dem Rücken eines Tigers durch die Lüfte geritten, um sich letzten Endes in den Bergen hoch über Pao, in der Mitte von Bhutan, niederzulassen.

Im letzten Jahrhundert des 1. Jahrtausends wurde das friedliche Drachenland von tibetischen Streitkräften besetzt, aber bald wieder geräumt. Der kulturelle Austausch mit Tibet war sehr intensiv. Lama aus dem Bergland kamen allezeit nach Zentralbhutan und sind dort geblieben. In jener Epoche, die wir Mittelalter nennen, wurde Bhutan durch innere Unruhen erschüttert. Zahlreiche Radscha und Maharadscha kämpften um die Macht, bis es dem aus Tibet gekommenen Lama Shabdung gelang, die zentrale Regierungsgewalt in seine Hand zu bekommen. Er trennte die staatliche Macht von der religiösen. Zum obersten Priester bestimmte er Dharma Radscha, dessen Nachfolger noch immer amtiert. Er ist ein und für allemal immer derselbe wie in den alten Zeiten, nämlich die Wiedergeburt seiner selbst. Im Gegensatz zu ihm war Debrad Shah der weltliche

Herr des Landes, aus den Reihen der Lama gewählt. Diese beiden Regenten, der weltliche und der geistliche, haben ihre Vertreter in den befestigten Verwaltungszentren eines jeden Distrikts, in Klosterburgen, die heute noch bestehen.

Mit Tibet gab es ständige Reibereien. Ein Vertreter des Drachenlandes wurde alle Jahre nach Lhasa entsandt, um Geschenke zu überbringen und Respekt zu erweisen. Wurde daraus im Verlauf der Zeit auch nur eine Formsache, so blieb dieses System doch bis 1951, bis zum Einmarsch der Chinesen, erhalten.

Eine neue Gefahr dämmerte gegen Ende des 18. Jahrhunderts von Süden herauf. Es war die Ostindische Handelskompanie, die über immer weitere Teile von Indien, mit dem seinerzeit dazugehörigen Pakistan und Bangla Desh, herrschte. Um dieses riesige Kolonialreich vor etwaigen Übergriffen der Chinesen und Russen zu sichern, drangen die von britischen Offizieren geführten Truppen im Jahre 1865 in Bhutan ein. Aber diese Streitkräfte, an das Gelände und die klimatischen Verhältnisse nicht gewöhnt, blieben in den Schluchten liegen. Während die Bhutaner behaupten, sie hätten ein englisches Bataillon total vernichtet, meinen die Briten, sie hätten gesiegt, sich aber aus Friedensliebe zurückgezogen. Wie dem auch sei, England leistete Tribut ans Drachenland, heute würde man sagen, eine Entwicklungshilfe von hunderttausend Rupien pro Jahr – für damalige Zeiten eine riesengroße Summe.

Indessen wurde im Lande selbst der Ruf nach einer starken Hand immer lauter, weil die inneren Kämpfe einfach nicht aufhörten. So machte sich 1884 der Maharadscha Ugyen Wangchuck die günstigen Verhältnisse zunutze. Er beanspruchte nach langen heftigen Kleinkriegen die Autorität eines Königs und ließ den Dharma Radscha nur als religiöses Oberhaupt gelten. Dieser Ugyen Wangchuck ist der Großvater des jetzigen Königs und damit auch der Begründer der Dynastie. Er war ein kluger Mann und er pflegte Verbindungen zu den Engländern. Diese anerkannten im Jahre 1917 den Fürsten Wangchuck als alleinigen Maharadscha von Bhutan, gleichbedeutend mit einem rechtmäßigen König. Britisch-Indien garantierte die Unabhängigkeit von Bhutan, und bis auf weiteres herrschte Ruhe in dem früher so geplagten Land.

Ugyen Wangchuck, der im Ausland kaum bekannte König, starb 1926. Sein Sohn, gleichfalls Wangchuck genannt, folgte ihm nach. Einen wahrhaft genialen Mann darf man ihn nennen. Er war besonders darin genial, weil er sich so gut beraten ließ. Wangchuck führte eine Reihe praktischer Reformen ein, wie sie damals im östlichen Asien nicht üblich waren. Er regierte nach dem schon erwähnten Panchayat-System, rief die Nationalversammlung ins Leben und garantierte die Redefreiheit. Das Schulwesen wurde reformiert, heute sollen etwa zehn bis zwanzig Prozent des Lesens und Schreibens kundig sein, gewiß nicht genug, aber es reicht vorläufig. Im übrigen sind Begriffe wie »König« und »Fürst« im Musterländle des Himalaya nicht bekannt, dort heißt der Drachenkönig Drug Gyalpo.

Das friedliche Drachenvolk bewohnt ein Gebiet von strategischer Bedeutung. Die damit verbundenen Gefahren wurden rechtzeitig erkannt. Ein vermutlich von den Chinesen arrangierter Putsch und Mordversuch am König wurde beizeiten niedergeschlagen. Gewarnt und alarmiert durch den Sturz der Namgyal-Familie in Sikkim, haben sich die Bhutaner so rasch wie möglich um Aufnahme in die UNO und alle möglichen internationalen Gremien bemüht. Damit war es für die indische Regierung nicht mehr so einfach, auch Bhutan einzustecken. Als der indische Präsident Pandit Nehru dem kleinen Land einen Staatsbesuch abstatten wollte, wurde er höflich aufgenommen. Es kamen Vereinbarungen zustande, die sich bis heute als segensreich erwiesen. Indien übernahm nach außen hin die Vertretung von Bhutan, weshalb man bis zum heutigen Tag das bhutanische Visum allein über die indische Botschaft beantragen kann. Die Bundesrepublik ist nicht vertreten in Bhutan, dort sitzt allein der indische Botschafter und hat viel zu sagen.

Die Inder haben sich verpflichtet, bei etwaigen Angriffen dritter Mächte das kleine Königreich respektvoll zu schützen. Den indischen Pionieren wurde gestattet, auf Kosten der indischen Steuerzahler mit dem Ausbau der Verkehrswege zu beginnen. Viel haben sie seit 1966 geleistet, alle Straßen sind von indischen Kolonnen gebaut worden. Sonst aber blieb die Souveränität des Königreichs Bhutan erhalten.

König Dorje Wangchuck verstarb schon in relativ jungen Jahren durch Herzversagen im Jahr 1972, und zwar bei der Jagd in Tansania (früher Deutsch-Ostafrika). Sein damals siebzehnjähriger Sohn Jigme Singhi Wangchuck folgte ihm auf den Thron als der jüngste Monarch auf Erden. Hochintelligent soll er sein, er gibt sich bescheiden und freundlich, vor allem wurde er gut ausgebildet. Seine Mutter, die heute noch lebt und einen wohltätigen Einfluß ausübt, ist in einem Schweizer Pensionat bei Lausanne erzogen worden.

Schon der verstorbene Ugyen Wangchuck hatte, wie gesagt, den Dharma Radscha, das religiöse Oberhaupt, in seinen Rechten stark beschränkt, als dieser Lama wieder die ganze Macht an sich hatte reißen wollen. Da warf man ihm vor, er führe ein gar zu vergnügtes Leben und habe den Zölibat gebrochen. Das reichte für einen tiefen Fall. Im Kloster von Talon hielt man ihn gefangen, bis er 1931 einen gewaltsamen Tod starb. Der Dalai Lama mochte sich noch so heftig darüber beschweren, aber Bhutan wurde von den Briten beschützt, und es war nun Sache des Königs Wangchuck, den folgenden Dharma Radscha zu bestimmen.

Ein neuer Konflikt zwischen Kirche und Staat erschütterte das Land im Jahr 1950. Eine angebliche »Inkarnation« des ermordeten Dharma Radscha stand auf, erhielt Zulauf aus dem Volk und erklärte sich zum geistlichen Führer des Landes. Der junge Mann mußte mit seinen Anhängern nach Indien fliehen, wo er spurlos verschwunden ist. So ließ nun König Wangchuck ein neues Oberhaupt der Geistlichkeit vom Volk selbst wählen. Als dies geschehen war, bestätigte er den frommen Mann. Soviel bekannt, hat es seitdem keine Spannungen mehr gegeben.

Etwas Besonderes sind die sogenannten Dzong im Land des Donnerdrachens, sie sind auf der ganzen Welt einmalig. Es handelt sich um die stark befestigten, teilweise uralten Zentren der Verwaltung. Die Dzong, der älteste heute noch vorhandene stammt aus dem 16. Jahrhundert, sind von hohen Mauern umgeben und meist quadratisch angelegt. In der Mitte ihres weiten Hofes erhebt sich ein bis zu fünf Etagen aufsteigendes Klostergebäude, das einerseits die Wohnung, andererseits die Amtsräume sehr vieler Staatsdiener enthält. In einem Dzong lebt in etwa die gleiche Anzahl von Lama wie Beamten des Staates. Die Dzong enthalten außerdem die Werkstätten und Wohnräume für Handwerker und das Personal. Ein paar Rinder und Pferde, Gänse, Hühner usw. gehören auch dazu. Bemerkenswert und erstaunlich ist an diesen Dzong, daß sie nach wie vor im gleichen Stil und nach den gleichen Methoden erbaut werden wie seit Jahrhunderten. Es wird kein Nagel dafür verwendet und kein Bauplan erstellt. Alles richtet sich nach bhutanischer Tradition. Doch heute gibt es elektrisches Licht, Telefon, eine Post, in den großen Dzong auch eine Funkstation und Schreibmaschinen. Wohin bis jetzt noch keine asphaltierte Straße führt, besorgen noch immer geschwinde Postläufer die Verbindung.

Im übrigen gehören zu diesen Dzong auch Sklaven, besser als Staatssklaven zu bezeichnen. Sie werden Zapp oder Kus genannt. Es sind die

Nachkommen von Kriegsgefangenen oder überhaupt von Leuten, die man vor langer Zeit aus der angrenzenden Provinz Assam geraubt hat. Sie gehören den Dzong, mit anderen Worten, dem Staat. Sie haben Häuser, können heiraten und werden bei Krankheit und Alter vom Dzong erhalten. Im allgemeinen können auch Fremde die Dzong betreten. Zur Besichtigung sollte man allerdings vorher eine Erlaubnis einholen.

»Intrepid Club« könnte man mit »Club der Unentwegten« übersetzen. Dazu gehören nicht viele Mitglieder. Sie müssen zunächst drei Reisen an Bord der »Lindblad Explorer« mitgemacht haben. Als eine Art privates Entdeckungsschiff wäre es in etwa zu erklären. Die »Lindblad Explorer«, heute »Society Explorer«, gehörte dem schwedischen Amerikaner Lars Lindblad und befuhr alle Weltmeere. Der ehrgeizige und von seinen Reisen begeisterte Lars Lindblad suchte auf der ganzen Welt nach neuen Zielen und wurde dank seiner Verbindungen und Geschenke von sehr vielen wichtigen Leuten empfangen. So kam er unter anderem auch nach Tibet, Sikkim und Bhutan. Als er sich dort mit Hilfe von großzügig verschenkten Filmkameras und anderen Dingen hinreichend beliebt gemacht hatte, wurde ihm schließlich die Erlaubnis zu kleinen Gruppenreisen erteilt.

Eine bestimmte Zahl und Reiserouten wurden vorgeschrieben. Drei Kleinbusse wurden angeschafft und sprachkundige Begleiter ausgewählt. Eine Reise hatte Lindblad schon durchgeführt, aber mit Fachleuten und Journalisten, um die Sache auszuprobieren. Dann erhielt der exklusive Intrepid-Club das Angebot für die erste normale Reise. Mir war klar, daß man sich darum reißen würde. Also telegrafierte ich sofort, überwies den Scheck und wurde zugelassen. Wir waren sechzehn Personen, darunter zwei Deutsche.

Schließlich war es soweit. Wir erreichten die von den Indern scharf bewachte Grenze zum »Reich des friedlichen Drachens«. Auf der indischen Seite warteten wir geduldig, es ging jedoch am Ende alles gut. Alsdann standen uns die Bhutaner bevor. Als ob sie uns den krassen Unterschied beweisen wollten, der zwischen ihnen und den indischen Kollegen besteht, wurden wir von gutgekleideten, perfekt Englisch sprechenden Beamten mit freundlichem Lächeln empfangen. Sie trugen keine Uniform, sondern den landesüblichen Khos. Wie Hochlandschotten sahen sie darin aus, denn unter dem quergemusterten wollenen Rock trugen sie Kniestrümpfe und Bergstiefel, dazu einen Umhang mit Schärpe, was nicht nur sehr gut

Oben: *Kloster Tashilhunpo in Shigatse, Tibet, mit dem Mausoleum für den III. Panchen Lama im Zentrum. Die Figuren auf dem Dach wachen über dem Heiligtum.*
Unten: *Der Potala-Palast in Lhasa von Südosten, erbaut 1643–1694, 420 Meter breit, 170 Meter hoch, mehr als 1000 Räume, der dem Dalai Lama als Wintersitz diente.*

Links: *Eine Hindu-Stupa in Nepal.*
Unten links: *Pagode der 100 000 Buddhas des Klosters Palkhoi Choide in Gyangtse, Tibet.*
Unten: *Der Bhairava-Tempel am Taumadhi-Platz in Bhaktapur, Nepal.*

*Die Nepali nennen Patan »Lalitpur« = die schöne Stadt. Sie ist vielleicht die älteste buddhistische Stadt der Welt. Hier der Durbar Square mit* (Ausschnitt rechts) *der Statue des Königs Siddhi Narsingh.*

Folgeseite: *Der Nyatapola-Tempel in Bhaktapur gehört zu den schönsten nepalischen Holzbauten.*

aussah, sondern auch ihren Rang erkennen ließ. Das nämlich ist der Sinn der Schärpe, die in allen möglichen Farben schillert und bisweilen aus feiner Seide bestehen kann.

Unsere drei Busse standen bereit, mit drei einigermaßen Englisch sprechenden Fahrern und dem einheimischen Führer. Er hieß Dörje und gehörte wohl zu der weiteren Verwandtschaft Seiner Majestät. Ein vorzügliches Englisch sprach er, er hatte Jahre in Indien und einige Zeit in den USA verbracht. Einen besseren Mann konnten wir uns gar nicht wünschen.

Die drei Busse rollten in das Kharbanti-Hotel, damals die einzige Unterkunft für Ausländer im Grenzort Phunchholing. Weil es bis vor wenigen Jahren noch kein richtiges Hotel im Lande gab, war dieses Haus zur Unterbringung von Staatsgästen auf Weisung des verstorbenen Königs Wangchuck gebaut worden. Sehr schön gelegen, auf einem Höhenrücken über der kleinen Stadt, mit prächtigem Garten und geschmackvoll ausgestatteten Räumen, weißen Tischdecken, gutem Porzellan, silbernem Tafelbesteck. Ein sehr guter, stilsicherer Berater muß bei der Einrichtung mitgewirkt haben. Keine Gäste außer uns, aber sehr viel Personal. Das Essen war vorzüglich, die Betten angenehm, und die Getränke stammten großenteils aus Frankreich. Wir verbrachten einen gemütlichen Abend am offenen Kamin.

Der Geschäftsführer unterhielt sich auf sinnige Weise. Er brachte eine Sammlung der modernen Briefmarken Bhutans herbei. Auch da muß ein vorzüglicher Berater am Werk gewesen sein. Die Briefmarken waren nicht nur künstlerisch wertvoll, sondern auch instruktiv. Es gab Briefmarken, die rund sind, drei oder fünf Ecken haben, fast die Hälfte des Briefumschlages bedecken und anderes mehr. Wer noch nicht wußte, daß auch Grammophonplatten in Miniaturformat als Briefmarken dienen können, der erlebte es hier. Auf dieser Briefmarkenplatte ist die bhutanische Nationalhymne eingeprägt, die sich von jedem grammophonähnlichen Instrument abspielen läßt. Im übrigen gab es Briefmarken aus Seide und anderen Köstlichkeiten. Die Preise allerdings waren bedeutend, aber wer konnte, erwarb von diesen Einmaligkeiten so viel wie möglich. Wir erwarben auch bhutanisches Geld, also die Ngultrum, aber nicht zum Verschwenden, sondern für die Vitrine daheim.

Wir machten eine Rundfahrt durch den Ort Phunchholing, den wir übereinstimmend sehr hübsch, recht sauber und einigermaßen wohlhabend fanden. Ein kleines Schlößchen in einem großen Park, das sich am Rande der Stadt befindet, gehört der Königinmutter. Sie war nicht anwesend, aber man riet uns, unsere Namen in ein ausgelegtes Buch zu schreiben.

Als Pandit Nehru seine bereits erwähnte Staatsvisite in Bhutan durchführte, brauchte man von Phunchholing bis zur Hauptstadt Thimphu eine gute Woche. Heute, wenn die Straße in Ordnung ist, genügen sieben Stunden. Einst konnte man nur in den Flußtälern reisen oder auf schmalen Bergpfaden und mußte dafür Tragtiere oder die eigenen Füße benutzen. Wir hingegen rollen zunächst über Asphalt, dann über geteerte Fahrwege und Baustellen. Allenthalben wird repariert, restauriert, befestigt, verlängert und verbreitert. Abgesehen von indischen Soldaten sind auch nepalische Wanderarbeiter und einheimische Frauen und junge Mädchen am Straßenbau beschäftigt. Sie sitzen am Straßenrand und klopfen Steine, mehr oder weniger auf die gleiche Weise wie zur Zeit des Pharao Cheops. Wir rollen über schwankende Brücken, die gleichzeitig nur ein Wagen befahren darf. Reißende Flüsse rauschen darunter hindurch. Auch hier folgt eine Kurve der anderen, und kaum ein paar hundert Meter bleibt der Fahrweg auf gleicher Höhe. Der Verkehr ist unerwartet bescheiden, im Verlauf von etwa einer Stunde kommen uns nur etwa ein Dutzend Fahrzeuge entgegen, überholt werden wir von niemandem.

Wir sind zur Zeit, erzählt Dörje, die einzige Gruppe von Ausländern im Lande. Wir sehen neben terrassierten Feldern und sehr steilen Weiden für das Vieh weite Nadelwälder mit vielen Lärchen und Föhren, Bergwälder, wie man sich schönere nicht wünschen kann, bewässert durch sehr viele rieselnde Bäche. Es mag zehn Uhr vormittags geworden sein, als wir von fahnenschwingenden Straßenwärtern angehalten werden. Ein gewaltiger Erdrutsch ist über Nacht niedergegangen, schon seit dem ersten Morgengrauen sind indische Pioniere damit beschäftigt, die Straße wieder befahrbar zu machen. Sprengungen dröhnen, Steinblöcke donnern die Hänge hinab bis in einen Bach, der hoch aufgewühlt wird. Wie lange es dauern kann, möchte niemand voraussagen, aber keiner versucht zu wenden. Alles ist Karma, alles ist vorbestimmt. So werden wir denn warten und warten und warten. Den mitgebrachten Lunch verzehren wir im Wagen, lernen uns noch besser kennen als bisher und sehen auch den Regenwolken mit Fassung entgegen.

Nach etwa vier Stunden ist alles vorbei. Während man den kleinen Bussen gestattet, im ersten Gang vorsichtig über die halbwegs reparierte Stelle zu rollen, gehen wir sicherheitshalber zu Fuß. Über Mittag halten wir vor einem Rasthaus der königlichen Familie, wo es drei Schlafzimmer gibt und wir mit Tee bewirtet werden. Da habe ich den Wunsch auszutreten und erblicke ein halbgeöffnetes WC modernster Bauart. Ich eile hinein, handle mir aber ernsthafte Vorwürfe unseres Führers ein. Ich habe unerlaubterweise das Klo des Königs benutzt.

Unser Durchschnittstempo dürfte zwischen zwölf und zwanzig Kilometer betragen. Als schon die Sonne sinkt, erreichen wir die winzige Hauptstadt Thimphu. Man gibt die Zahl der Einwohner mit sechstausend oder zwanzigtausend an. Oberhalb der Stadt sehen wir in einem schönen Waldgelände das königliche Gasthaus. Anläßlich der Krönung des jetzt regierenden Monarchen wurde es im Jahre 1974 erbaut. Ich kann nur zusammenfassen: das Essen schlecht, der Service gut, die Lage wunderschön. Die Heizung geht nicht, warmes Wasser wird gebracht, ebenso der »early morning tea« nach englischer Sitte. Wir werden von einem Mr. Taru begrüßt, einem Onkel des regierenden Königs. Er vertritt die Chefin des Fremdenverkehrs, Ihre Königliche Hoheit Prinzessin Ashi. Wie uns bestätigt wird, sind alle irgendwie mit Prestige verbundenen Posten für die Verwandten Seiner Majestät bestimmt.

Der königliche Onkel führt uns am folgenden Tage zu einem Maskentanz mit meist sehr jungen Tänzern. Auf einer Höhe hat sich viel Volk eingefunden, und das Wetter ist vortrefflich. Wir werden mit bhutanischen Köstlichkeiten, unter anderem mit Buttertee und Shabsha-Bier bewirtet, worin sich seltsamerweise Eierstich und Minizwiebeln finden. Drei Meter lange Bronzetrommeln, ähnlich unseren Alphörnern, werden geblasen, viel Getrommel findet statt, und exotische Masken drehen sich im Kreise, laufen nach allen vier Richtungen oder trampeln mit festen Schritten auf den Grasboden.

Weiter geht es zum weiten mit rötlichem Sand bestreuten Sportfeld von Thimphu. Aus den dörflichen Bogenschützen soll der Landesmeister bestimmt werden. Eine tolle Angelegenheit, die uns in größtes Erstaunen versetzt. Die Leistungen sind kaum schlagbar. Das Ziel ist ein Farbfleck, nicht größer als die Handfläche eines Mannes. Es befindet sich auf einer etwa 1,20 Meter hohen und etwa einen halben Meter breiten Holzplatte. Die Bogenschützen stehen davon rund hundertfünfzig Meter entfernt, ihr

Bogen ist gut 1,80 Meter hoch und ungefähr so groß wie der Bogenschütze. Die Treffsicherheit ist verblüffend. Wenn das Zentrum getroffen wird, dann springen die Schützen ebenso wie ihre Kameraden in die Höhe, haken sich unter und stimmen ein Lied an. Unser Führer, Mr. Taru, zeigt auf einen relativ jungen Mann, der gerade einen besonders guten Schuß abgab. Er sieht nicht anders aus als die übrigen Sportsfreunde, ist aber dennoch Seine Majestät Jigme Singhi Wangchuck, der regierende König des Landes.

Thimphu wurde von dem verstorbenen König Dorje Wangchuck neu angelegt, alles im bhutanischen Stil, Post, Polizei, Staatsbank, Tankstelle, Kinos und der Offiziersclub. Die relativ lange Geschäftsstraße wurde einheitlich gebaut, erst recht die Kunstgewerbeschule. Die Wellblechdächer, rot bemalt, sollen in absehbarer Zukunft verschwinden.

Angeblich gibt es in Bhutan so gut wie keine Kriminalität. Das letzte Todesurteil wurde 1950 verhängt, aber nicht vollstreckt. Keine Bettler. Trinkgelder sind aufs strengste verboten, wir haben darüber schriftliche Hinweise in englischer Sprache erhalten. Die Kinder werden angehalten, brav zu sein, wie es kaum ihrem Alter entspricht.

Man soll keine Antiquitäten kaufen, vor allem keine ausführen. Die Kontrolle sei sehr streng, wird uns versichert. Alles, was älter erscheine als etwa hundert Jahre, werde aus den Koffern geholt und dazu noch eine Strafe verhängt. Wie sich später herausstellte, war die Warnung gewiß gut gemeint, entsprach jedoch in keiner Weise den Tatsachen.

Wir begaben uns nach dem Bogenschießen in den Dzong, den zentralen Regierungssitz. Ein riesiges Gebäude, das eine Fläche von gut zehntausend Quadratmetern bedeckt. Nur der Mittelteil, ein Lama-Kloster, ist einigermaßen alt, alles übrige wurde vor zehn bis fünfzehn Jahren gebaut. Die linke Hälfte war Regierungssitz, die rechte Lama-Kloster. Alle Ministerien, hier nur Ämter genannt, sind im gleichen Gebäude untergebracht. Im Dzong befinden sich auch die Arbeitsräume des damals erst zweiundzwanzigjährigen Königs.

Dicht neben dem Riesenbau am Flußufer ist ein kleiner Park, wo man zwischen den Bäumen das Kings Cottage erkennen kann. Der eigentliche Königspalast befindet sich tiefer im Tal und ist für Fremde gesperrt.

Im Tempel, im Lama-Kloster des Dzong, ist ein geräumiger Speisesaal, den wir betreten dürfen. Dann schauen wir auch in die zahlreichen, relativ engen Schlafräume der Lama. Was mir dort auffällt, sind die aus Magazinen ausgeschnittenen Pin-up-Girls, ein scheinbar nicht seltener Wandschmuck für fromme Männer.

Wir rollen in weitem Bogen durch die Umgebung der Hauptstadt: Wälder mit Magnolien, blühenden Mandelbäumen. Die Dächer fast aller Bauernhäuser sind mit Schindeln und Steinen bedeckt wie früher in unseren Alpenländern. Nur wenig Verkehr auf den Straßen. Freundliche Gesichter, sobald man die Langnasen als Fremde erkennt. Übrigens ist »Langnase« nicht unfreundlich gemeint, sondern etwa in dem Sinne, wie wir die Mongolen als Schlitzaugen bezeichnen. Eine gut zwei Meter lange Schlange kriecht über die Straße, die von unseren Fahrern keineswegs überrollt wird. Das wäre eine Sünde für fromme Buddhisten. Am Weg eine Ziege, die gerade Junge bekommt. Hin und wieder Straßenschäden, an denen gearbeitet wird.

Auffallend eine Fichtenart, die so ähnlich aussieht wie die berühmte *Pinus ponderosa* in Kalifornien. Hier heißt sie Chier. Die Bhutanesen wirken wohlhabend, im Vergleich zur Masse der Inder sogar steinreich. Die meisten Bauern sind Eigentümer ihrer Felder, sind Selbstversorger und leiden keine spürbaren Entbehrungen. Als Haustreppen dienen Baumstämme, die man eingekerbt hat. Wie rasch die Leute, auch alte Frauen und kleine Kinder, da hinaufhuschen, ist kaum zu glauben. Im Gegensatz zu Sikkim und Nepal wird hier, so hat es den Anschein, viel aufgeforstet. Später höre ich, es würde den guten Sitten widersprechen, Bäume zu fällen, ohne gleich neue zu pflanzen.

Allenthalben wird Obstbau betrieben, werden Maiskolben an Dachrändern aufgehängt und Kühe gemolken. Aus Europa wurde Fleckvieh eingeführt und mit den (relativ kleinen) einheimischen Arten gekreuzt. Schweizer Berater haben sich mit gutem Erfolg darum bemüht. Bhutan bekommt viel Entwicklungshilfe, aber es war nicht zu erfahren, von wem. Die Beträge dürften größtenteils aus Indien kommen, obwohl dort sicher mehr arme Schlucker leben als im Donnerdrachenland.

Weit und breit keine Touristen als wir selbst. Wenn man davon absieht, daß stunden- oder tagelang die Bergstraßen unpassierbar sind, hat das erst in neuer Zeit entstandene Amt für Fremdenverkehr alles gut organisiert. In dieser Hinsicht halte ich die Bhutaner für vorbildlich. Irgendwo sitzen hochintelligente Leute, die vom Fremdenverkehr Ahnung haben. Wir erleben eine Vorsorge, Führungen und vorbereitete Veranstaltungen, die man in den meisten anderen Ländern nicht findet.

Der Straßenzustand ist heute gut. Zwar begegnen uns zwei- oder dreimal die grüngekleideten Kolonnen indischer Pioniere, doch haben sie im Augenblick nichts zu tun. Hinauf und hinunter, wie das hier üblich ist. Scharfe Kurven nehmen sobald kein Ende mehr. Wir genießen den Blick auf die Landschaft, hin und wieder gibt es Lücken in der Wolkendecke, die für einige Minuten den höchsten Kamm des Himalaya freigeben. Guter Kaffee aus Thermosflaschen, kleine Häppchen aus mitgebrachtem Proviant. Hin und wieder halten auf Anweisung des bhutanischen Führers unsere Fahrer, damit die Reisenden austreten können. Nach altbewährter Sitte: »Ladies left, Gents right.«

Wir sind nun im Städtchen Punakha, eine wirklich sehenswerte, in die Landschaft geschmiegte Kleinstadt. Als erstes fällt uns, wie könnte es anders sein, der sehr große Dzong in die Augen, im gleichen Stil gebaut wie jener im Thimphu. Auch hier wurde kein Nagel verwendet, und es gab dem Vernehmen nach keinen Bauplan. Vor drei- bis vierhundert Jahren ist er entstanden. Abgesehen von den Beamten und Angestellten leben hier tausendfünfhundert Mönche, eine erschreckend hohe Zahl, denn sie leben von der Arbeit anderer Leute. Ihre Ernährer sind die Bauern ohne eigenen Grund, die schon erwähnten Staatssklaven. Dieser Begriff klingt übel in unseren Ohren, aber schlecht geht es auch diesen Bauern nicht. Bis zu ihrem letzten Tag werden sie von Vater Staat unterhalten.

Die in verschiedenen Schattierungen der Farbe Rot gekleideten Lama widmen sich dem Studium des Kandschur, des Tandschur und sonstiger heiliger Schriften. In ihrem Dzong befindet sich an der Wand ein sehr großes, guterhaltenes Gemälde. Darauf sieht man einen Elefanten, auf seinem Rücken thront ein großer Affe, auf ihm wiederum sitzt ein Hase, der seinerseits überragt wird von einem Vogel. Wahrlich, die Bremer Stadtmusikanten im Hochland von Drugyul. Wie kam der Gedanke hierher? Meinen Gefährten und mir fällt auf, wie gut hier die Hunde behandelt werden. Eine erfreuliche Seltenheit in Asien, wo wir fast immer die Hunde bemitleiden müssen. Hier werden sie von ihren zweibeinigen Freunden auf den Arm genommen und behutsam über schwankende Hängebrücken getragen. Die Hunde wissen das, beim Anblick einer Brücke springen sie selbst in die Arme ihres Herrchens oder Frauchens.

Ein Feiertag, einer der vielen buddhistischen Feiertage, beherrscht den heutigen Tag. Wir sehen an einem der Tempel, wie die Gläubigen kiloweise frische Butter, in Blätter gehüllt, den Lama übergeben. Damit werden die Butterlampen gespeist, die sich zu Hunderten vor den heiligen Bildern befinden. Die frommen Spender erhalten dafür geweihtes Wasser, das in mitgebrachte Flaschen oder Töpfe geschüttet wird. Ein gutes Geschäft für die Mönche, könnten blasphemisch veranlagte Beobachter dazu sagen. Aber die frommen Butterboten sind damit zufrieden, lachen und schwatzen mit ihren Nachbarn, bevor sie den Heimweg antreten. Nicht wenige setzen mit Ausdauer die Gebetstrommeln in Bewegung, von denen einige Mannshöhe erreichen. Damit nicht genug, flattern noch Dutzende von Gebetsfahnen im Wind, um die Bitten, Gesuche und Danksagungen der Gläubigen hinauf in den bhutanischen Himmel zu tragen. Eine Harmonie ohnegleichen, geht es mir durch den Sinn, die Landschaft, die Bauten, die Menschen und überhaupt die ganze Atmosphäre. Schindelgedeckte Häuser mit Steinen darauf, wie man sie bei uns in den Alpen findet. Die Fenster von Schnitzereien umgeben, die Bewohner, auch ihre Hunde, eilen blitzschnell die steilen, aus Baumstämmen geschnitzten Treppen hinauf. Weidendes Vieh, schnatternde Gänse und Enten, dazu auch flatternde Tauben beleben die Gehöfte. Wir fahren weiter, es fehlen uns noch zwölf Kilometer zum Wangchü-Dzong, und von dort soll es weitergehen ins Paro-Tal. Alle Hänge von Mischwald bedeckt, die Fichte, habe ich inzwischen herausgefunden, heißt *Pinus roxburghia*.

Unsere drei Kleinbusse keuchen hinauf zum dreitausendzweihundertfünfzig Meter hohen Duchula-Paß. Oben auf der Paßhöhe mit einer sagenhaft weiten Aussicht, befindet sich ein Teepavillon im bhutanischen Stil. Man muß auf steilem Weg hinaufgehen. Droben leben zwei Verwalter mit ihren Frauen und kleinen Kindern. Der Pavillon ist nur für Touristen und die königliche Familie bestimmt. Wie die Leute sagen, erscheinen nur ungefähr alle vierzehn Tage ein paar Gäste. Wir werden umsonst mit Buttertee, mit richtigem Tee, auch mit Kaffee bewirtet. Weil wir keine Trinkgelder geben dürfen, revanchieren sich einige mit Zigaretten.

Wir sehen von hier aus nicht nur die höchsten Berge Bhutans, sondern, falls der Himmel wirklich klar ist, auch die Spitze des Sagarmatha. Besonders höflich verhält sich ein Malayenbär am Straßenrand. Noch nichts Böses hat er von den Menschen erfahren, er wird sogar von den Verwaltern gefüttert. Der schwarze Brummer mit dem hellen Dreieck auf der Brust erhebt sich bei unserem Anblick und verbeugt sich dreimal hintereinander.

Wir passieren das kleine Kloster Dam-chu und erreichen das Paro-Tal. Unterwegs erklärt unser bhutanischer Führer, Herr Dörje, den Wildreichtum des Landes. Aus religiösen Gründen haben freilebende Tiere hier von Jägern nur wenig zu befürchten. Der König und seine Anverwandten stehen da wohl, so nehme ich an, über den Gesetzen von Staat und Religion. Sie pflegen das Waidwerk, aber auch nur in relativ geringem Umfang. Aus mancherlei Gründen, zu denen unter anderem auch die ausreichende Ernährung des Volkes gehört, hat sich die Fauna des Landes vermehrt, teilweise sogar zu rasch vermehrt. Im Tiefland und bis weit hinauf treiben sich Tiger herum, noch viel höher auch Schneeleoparden. Abgesehen von der einheimischen Art des Rotwildes gibt es auch Wildziegen, die Marco-Polo-Schafe und drei Sorten von Bären. Dazu gehören auch graubraune Bären, die angeblich während des Winters nicht schlafen und weite Wanderungen durch den ewigen Schnee unternehmen. Schon möglich, daß diese Bärensorte an den Gerüchten vom Yeti beteiligt ist.

Glaubhaft wird uns versichert, daß in manchen Teilen von Bhutan über eine »Tigerplage« geklagt wird. Die Raubtiere reißen nicht nur Haustiere, sondern sind für Menschen, vor allem für Kinder, gefährlich geworden. Deswegen überlege man, betont unser einheimischer Führer, den Gebrauch von Schrotflinten zu erlauben. Die Leute müssen imstande sein, sich zu wehren! Wer sich entsprechend bemühte und über gute Beziehungen verfügte, konnte früher ohne große Schwierigkeiten die Erlaubnis zur Tigerjagd erhalten. Aber das dürfte nun vorbei sein. Zu viele Antragsteller haben geglaubt, es wäre alles mit Geld zu machen. In Bhutan nicht!

Das Paro-Tal ist eine von allen Göttern begnadete Region im friedfertigen Drachenland. Eine fruchtbare, von keinen Schäden der Zivilisation erreichte Landschaft. Liebenswürdige Leute, wie auch sonst stets in Bhutan, bewohnen die stille Stadt Paro nebst Umgebung. Eine sehr hübsche, relativ bescheidene Villa Seiner Majestät steht am Rand von Paro. Im Hintergrund der schon früh erbaute Drugyul-Dzong. Im Jahre 1956 wurde er vom Feuer vernichtet und ist nur noch eine Ruine. Aber sie ist ganz besonders schön, romantisch und eindrucksvoll. Man glaubt sich für einige Minuten in den Schwarzwald versetzt, wo ähnliche Burgruinen von der Höhe ins Tal schauen.

Unsere Busse rollen zum Olathang-Hotel, das man stilvoll der ringsherum gelegenen Parklandschaft angepaßt hat. Meines Erachtens gibt es sonst auf der Welt selten eine so bildschöne Herberge. Der Verwalter macht einen weltläufigen und gebildeten Eindruck. Er und seine Frau sprechen gutes Englisch, aber was uns allen besonders ins Auge fällt: Die junge Frau ist bildhübsch, gut gewachsen und aufs beste gekleidet. Das kann sich die junge Dame leisten, denn sie ist eine Kusine des Königs.

Jenseits des Flusses, relativ hoch gelegen, die riesige Festung Tatsung. Der mittlere Teil, sechs Etagen hoch, ist rund. Dieses alte Bauwerk enthält das bhutanische Nationalmuseum. Noch ist nicht alles fertig eingerichtet, aber so viel ist schon zu sehen, daß wir uns von den sechs runden Treppen nicht daran hindern lassen, alles zu besichtigen. Da gibt es Thanka, mehrere hundert Jahre alt, auch Schmiedearbeiten aus Kupfer und Bronze, Stickereien und Waffen. Doppelmauern umgeben das kreisrunde Museum. Es war ursprünglich ein Bollwerk gegen die immer wieder anbrandenden Räuberhorden aus Tibet. Niemals wurde Tatsung eingenommen. Unten am Fluß der nicht ganz so große Rimpong-Dzong. Von hier aus wird das Tal von Punakha verwaltet, auch hier sind einige hundert Mönche untergebracht.

Ganz nebenbei werfe ich einen Blick auf das Profil unserer sechs Reifen am japanischen Bus. Diese sind so glatt wie Kinderpopos und damit auf diesen Straßen sehr gefährlich. Unser bhutanischer Führer sieht es wohl, kann aber die möglichen Folgen nicht ermessen. Immerhin verspricht er, daß man zugunsten der nächsten Touristen neue Reifen aufziehen werde. Hoffentlich!

Die Stadt Paro, ganz und gar in bhutanischem Stil erbaut, soll ungefähr zehntausend Bewohner zählen. Am sehenswertesten ist die relativ breite Hauptstraße, in der sich ein Geschäft neben dem anderen findet, außerdem Teebuden, Imbißstuben und anderes mehr. Von weither kommen Landsleute, um sich hier zu versorgen. Es herrscht reger Verkehr, fast nur zu Fuß. Außerhalb von Paro befinden sich noch zwei Tempel nebeneinander, ein sehr alter und romantischer, daneben ein neuer von der Königinmutter gestifteter Ghompa. Nicht weit davon entfernt, entdecke ich eine vom Wasser gedrehte Gebetstrommel. Einfacher können es die Gläubigen nicht haben. Die zahlreichen, auf bhutanisches Papier geschriebenen Gebete in der Kupfertrommel werden vom Wasser bewegt.

Wir essen gut im hübschen Olathang-Hotel und plaudern noch bis tief in die Nacht hinein mit dem Verwalter und seiner gebildeten Frau am prasselnden Kamin.

Am folgenden Tage fahren wir zu einer Brücke am Fluß, weiter kommen die Busse nicht. Wir gehen zu Fuß über polternde Bohlen und finden auf der anderen Seite etwa zwanzig Maultiere mit Sattel. Sie sollen uns hinauf befördern zum Tigernest, so weit wie nur irgend möglich. Das von allen Bewohnern Bhutans verehrte Heiligtum liegt auf schätzungsweise dreitausend Meter Höhe. Der frommen Legende zufolge ist der Heilsbote des lamaistischen Buddhismus, Padmasambhava, im Land des friedlichen Drachens dort oben eingetroffen, auf dem Rücken eines Tigers, der ihn durch die Wolken, über die Gipfel und vereisten Täler von Tibet gebracht hat.

Jedes Maultier hat einen Betreuer, auf den man sich verlassen kann. Das Grautier besteige ich mit Leichtigkeit, alle sind für unsere Begriffe recht klein. Mein Tier ist sehr temperamentvoll, immer will es die anderen überholen. Immerhin, die Reste meiner Reitkünste genügen, um den Gaul zu bändigen. Er kennt den Aufstieg seit eh und je und läßt sich nicht von dem fremden Kerl auf seinem Rücken aus der Ruhe bringen.

So geht es maßvoll hinauf in die wunderbare, sagenhaft schöne Landschaft, hinein in dichte, duftende Wälder, wo meterlange Flechten von den Ästen hängen. Schon glauben wir, außerhalb bewohnter Zonen zu sein, als vereinzelte Bauerngehöfte auftauchen. Jedes besitzt von Wasserkräften gedrehte Gebetsmühlen.

Im Zickzack streben wir weiter und immer weiter hinauf, die Maultiertreiber laufen nebenher, obwohl meines Erachtens die Tiere keine Begleitung brauchen. Wir werden vom Glockenklang der ewig herumwirbelnden Gebetsmühlen begleitet. Auf beiden Seiten des engen Tales erfreut uns der Anblick von Märchenwiesen. Haarnadelkurven sind üblich, auch hier ist der Boden teilweise von Geröll bedeckt, von Wasser berieselt. Zu Fuß möchte ich hier nicht laufen, es scheint glitschig zu sein. Unter Felswänden entlang geht es weiter hinauf, insgesamt runde drei Stunden. Dann plötzlich, wir haben gerade eine Lichtung erreicht, sollen wir absteigen. Die Tiere haben genug geleistet, sie können nicht mehr weiter.

So scheint es wirklich zu sein, die Tiere rollen sich ins Gras und ruhen sich aus. Wir steigen eine gute halbe Stunde mit pfeifendem Atem auf scheußlich glatten und nassen Steinstufen zum eigentlichen Tempel auf. Mir ist dabei nicht wohl zumute, Mitreisende, die weit älter sind, steigen indessen munter voran. Also kann ich nicht zurückbleiben oder meine Schritte verlangsamen. Endlich haben wir das Tigernest erreicht. Ein freundlicher Lama führt uns herum, sagt aber gleich zur Begrüßung, daß Fotografieren verboten ist. Auf keinen Fall dürfen wir Blitzlicht benutzen.

Das bekommt man in solchen Ländern häufig zu hören oder zu lesen. Man will nicht von technischen Neuerungen gestört werden.

Innen ist viel zu sehen, falls man seine Ansprüche nicht zu hoch schraubt. Das Heiligste ist natürlich der Tiger, von Künstlerhand gut dargestellt. Es handelt sich um eine Tigerin, die, ihrem Umfang nach zu schließen, demnächst Junge erwartet. Das sei symbolisch gemeint, erklärt unser Bhutanese, der Umfang lasse auf Weisheit und Voraussicht schließen.

Oberhalb des Tigernestes können wir noch die Umrisse von einigen Eremitenklausen erkennen. Dort verbringen besonders fromme Lama die Jahre ihres Lebens bis zum Ende. Dahinter befindet sich ein kleines Nonnenkloster. Gern wäre ich hinaufgestiegen, aber erstens sind mir die Pfade zu schlüpfrig, und zweitens haben die frommen Frauen nicht gerne Besuch von Fremden.

Der Abstieg vom Tigernest bis zum Ruheplatz der Maultiere ist womöglich noch riskanter als der Aufstieg. Als Bergjäger vermisse ich sehr meinen langen Stock, das sogenannte »dritte Bein« des Waidmanns.

Endlich treffen alle wieder im Olathang-Hotel ein. Der freundliche Verwalter und seine charmante Frau erzählen uns begeistert vom großen, landesweit berühmten Jahresfest im Punakha-Tal. Viele tausend Menschen strömen herbei, um es zu erleben. Der Höhepunkt ist der vierte und letzte Tag. Ein großer Thanka von ungefähr zwanzig mal dreißig Meter mit dem Bild von Padmasambhava wird am Tanzplatz hochgezogen, nur für ungefähr vier Stunden, bis die ersten Sonnenstrahlen leuchten. Die Gläubigen werfen sich vor dem Bild mit der Stirn zu Boden.

Seit 1977, seit dem Jahr unserer Rundreise, werden Fremde zugelassen. Die Tänze sind eigenartig und schwerfällig im sogenannten »Donnerkeilschritt«. Dabei wird immer wieder aufs neue das Böse zertreten. So einfach es aussieht, die Mönche üben wochenlang und werden dabei vom Oberlama, dem Je-Khenpo, angeführt. Die Masken einiger Schutzgötter tragen die Totenkopfkrone und das Maul mit den fletschenden Zähnen. Der Lärm von Kesselpauken und Zimbeln soll ohrenbetäubend sein. Hier beim Paro-Fest bestehen die Alphörner aus Silber. Die Wurzel aller bösen Triebe wird dargestellt. Die allerschlimmsten Gifte sind Unwissenheit, Gier, Neid und Haß. Das Paro-Fest ist ein gewaltiges Urtheater, ruft zum Sieg des Guten über das Böse. Die führenden Lama springen im Donnerkeilschritt aus dem Tempeltor. Lange Röcke kreisen um Männer wie

Frauen. Sie rufen zur Verdoppelung von guten Taten auf, um gleich beim Tod ins Nirwana einzugehen.

Die Wiedergeburt erscheint nicht erstrebenswert, viel besser noch ist der baldige Übergang ins Universum. Wichtig bei den Tänzen ist ein mächtiger, rotbemalter, aus Holz gefertigter Phallus, Symbol der Fruchtbarkeit. Darüber werden viele Späße, die ich natürlich nicht verstehe, gemacht. Die höchsten Beamten schließen sich davon nicht aus.

Padmasambhava, der auf dem großen Thanka dargestellt ist, wird symbolisch gebadet. Um aber den Thanka nicht zu beschädigen, wird das Bild in einem Spiegel eingefangen und nur sein Spiegelbild gewaschen.

Der östlichste Punkt, den Fremde vorläufig betreten durften, ist der Dzong von Wangdü Phodrang. Er liegt an dem breiten, tiefen Songkosh-Fluß, den man mit Booten befahren kann. Dahinter steigt ein Himalaya-Riese bis siebentausend Meter hoch, ein wunderbarer, kaum zu beschreibender Anblick. Es soll im Sommer sehr heiß sein hier, aber jetzt im Mai brauchen wir einen Schal. Dagegen soll es im Winter angenehm kühl sein. Die Festung liegt am Zusammenfluß von zwei Strömen, die sich Vater- und Mutterfluß nennen. Sehr wichtig waren sie in der Geschichte Bhutans, gedacht zur Abwehr von Invasionen aus Indien gegen Punakha, das ja die Hauptstadt des Landes war und erst in neuerer Zeit von Thimphu abgelöst wurde.

Es gibt Urwälder im Süden und im mittleren Teil von Bhutan wie sonst wohl nirgends mehr auf der Welt. Die Wacholder wachsen dank des reichen Monsunregens bis fünfundzwanzig Meter hoch. Rhododendron gedeiht in alpiner Lage bis auf viertausend Meter. Er blüht in den schönsten Farben. Man wird rot, rosarot, weiß und gelb gleichermaßen angestrahlt. Unser bhutanischer Führer sagt, hat man in Bhutan tausend Orchideenarten gezählt. Neben tropischen Pflanzen reifen importierte Obstsorten wie Zitronen, Ananas und Bananen. Es gibt im mittleren Bhutan Äpfel, Pflaumen, Pfirsiche, Birnen und Walnüsse. In den Tälern von Paro und Thimphu sind Aprikosen und Mandelbäume eine Augenweide. Edelweiß, Primeln und das nicht gerade schmeichelhaft benannte Läusekraut gehören zur üblichen Vegetation. Der feinriechende Seidelbast, hier bis zu hundertfünfzig Zentimeter hoch, dient zur Herstellung des berühmten, durchsichtigen, feingemusterten Bhutan-Papiers.

Eine Affenart, ähnlich der im Chitwan-Park von Nepal, sind die goldenen Lemuren. Es gibt auch »blaue Bären«, von den Bhutanern Dremo genannt. Die Bewohner des Drachenlandes haben große Furcht vor diesem Tier. Angeblich soll es Unglück bedeuten, womöglich einen Todesfall in der Familie. Zwei Tierreservate gibt es, das eine heißt Maanas, das andere im Norden des Landes Laya.

Bald werden weitere Besucher einreisen können, aber bestimmt nicht mehr als die Bhutaner wollen. Sie haben neue Unterkünfte geschaffen, die Straßen durchgehend asphaltiert und den Osten von Bhutan bis zur indischen Grenze geöffnet. Schon jetzt sind gewisse Trekkingtouren möglich, in diesem hochgewölbten, großenteils völlig menschenleeren Land.

Auf weiten Umwegen fahren wir zurück nach Phunchholing. Wieder wohnen wir im Kharbanti-Hotel. Dort erleben wir einen Wolkenbruch, wie man ihn sich bei uns kaum vorstellen kann. Die Fensterläden knirschen und klirren, als wollten sie in der nächsten Minute zersplittern. Es rauscht, rauscht und rauscht. Wir müssen befürchten, daß der Höhenrükken, auf dem sich unser Kharbanti-Hotel befindet, demnächst in die schwarzgraue Tiefe rutschen wird. Die Lichter verlöschen, die Feuer in den Kaminen werden vorsorglich mit Wasser übergossen. Aber ohne schwere Schäden geht die Nacht vorüber. Jedenfalls steht unser Hotel, und dem Ort ist nichts Böses geschehen. Nach wie vor grüßt die Winterresidenz der Königinmutter zu uns hinauf. Als wir unsere Busse besteigen, berichten die Fahrer: Zwar habe Phunchholing nicht viel gelitten, aber die Straße nach Thimphu ist meilenweit abgerutscht. Es könne Wochen dauern, bis sie wieder befahrbar sei. Da haben wir mal wieder Glück gehabt.

# Die Wege nach Sikkim

Gerade habe ich in einem Reisebuch von einem Fahrer gelesen, der seine Gäste und sich selber alle paar Minuten an den Rand des Todes brachte. Auf des Messers Schneide glitt und torkelte der Wagen dahin. Da konnten die Mitreisenden noch so laut protestieren oder kläglich um ihr Leben flehen, der Kerl reagierte nicht. Nach Herzenslust ließ er den Karren hüpfen und springen, den Abgrund entlangschlittern und durch Engpässe fauchen. Überfüllte Busse, überladene Ochsenkarren und zweibeinige Lastenschlepper konnten ihm den Weg nicht versperren.

Der Mann mußte wahnsinnig sein! Er kannte keine Bremse, blieb stets im gleichen Gang und wußte nicht, welcher es war. Unablässig trat sein Fuß das Gaspedal so tief wie möglich durch. Er trug seinen Scheitel so tief im Kraushaar wie andere Leute die Falte am Po. Sein Nacken war dicht behaart, bis unter den schmuddeligen Hemdkragen verlief die Läuseallee. Ein Wahnsinn, diese Fahrt, totaler Wahnsinn! Nur einem Wunder hatten es die Verfasser der Moritat zu verdanken, daß sie letzten Endes doch lebend vor dem Hotel eintrafen. Aber nur von fremden Händen gestützt, konnten sie in die Halle schwanken.

»Dieser Mann, daran besteht kein Zweifel«, berichten die Autoren, »dieser Wüstling hat bestimmt die nächsten Tage nicht überlebt.« Hat er doch! Sogar ein ganzes Jahr hat der von allen guten Geistern verlassene Fahrer überlebt und seine Passagiere zur Verzweiflung gebracht. Auch ich selber habe eine derartige Höllenfahrt mitgemacht, und zwar während einer ebenso kurzweiligen wie anstrengenden Reise von Kalkutta über Darjeeling und Kalimpong nach Gangtok, der kleinen, aber feinen Metropole von Sikkim. Auch ich bangte ums liebe Leben. Während ich wie gebannt auf den Scheitel des tollen Fahrers schaute, schien mein letztes Stündlein gekommen.

Wieder eine Reise in den hohen Himalaya, ich kann es nicht lassen! Ich bin bis Kalkutta geflogen, um dort die schikanösen Kontrollen nicht nur einmal, sondern dreimal durchzumachen. Weil die Propellermaschine nach Siliguri nicht eintraf, mußten wir in dieser furchteinflößenden, mitleiderregenden Stadt Kalkutta zwei Tage bleiben. Die Bevölkerung verdient Mitgefühl. Gegen solches Massenelend kann der einzelne kaum etwas ausrichten, es sei denn, er hat die Seelenstärke der Mutter Teresa.

Als wir in den Abendstunden vom Flugplatz ins Hotel gebracht wurden, strömten unvorstellbare Wassermassen vom Himmel. Wo die statistisch erfaßten hundertfünfzigtausend Obdachlosen das stundenlange Bad überstanden haben – ich weiß es nicht. Schon in den sechziger Jahren glaubte man, es könnte nicht schlimmer werden. Viel schlimmer wurde es. Wenn man gegen Ende der britischen Herrschaft für Kalkutta rund achthunderttausend Einwohner geschätzt hat, waren es bereits 1978 zehnmal mehr. Dagegen kann keine noch so gute Stadtverwaltung etwas ausrichten.

Als unser Bus die nervenzerfetzende Fahrt geschafft hatte und vor dem Grand Hotel eintraf, hielt ein Doppelkordon der Polizei eine Gasse vom Bus ins Hotel frei, sonst wären wir von Bettlern, Krüppeln und Taschendieben festgehalten und ausgeraubt, vielleicht mißhandelt worden. Der Zustand im Hotel spottete jeder Beschreibung, enthüllte aber trotzdem einen fühlbaren Kontrast zwischen vergangenem Luxus im Hause und dem erschütternden Elend draußen. Eben noch brodelnde Menschenmassen und schauerlicher Verkehr in total verdreckter Luft, statt dessen im Grand Hotel gähnende Leere, klimagekühlte Räume und erfrischendes Bier.

Endlich war es soweit. Nach zwei Tagen Zwangspause in Kalkutta stand unser Flugzeug nach Siliguri bereit. Bei dieser Gelegenheit ein neuer Einfall der Bürokraten im Flughafen! Weil ich mir außer dem Übernachtungskoffer noch meine Fototasche umgehängt hatte, wollte mich der Kontrolleur nicht durch die Sperre lassen. Nur ein Gepäckstück sei erlaubt, keines mehr. In dieser Hinsicht seien die neuen Bestimmungen noch strenger als streng. Ihm war es ganz egal, ob mich die bereitstehende Maschine mitnahm oder nicht. Ich hatte keine Zeit, die Fototasche im Handkoffer zu verstauen. Der Mann schaute so zufrieden, als habe er soeben einen Verbrecher dingfest gemacht. Da half nur eines, ein alter Trick aus meinen jungen Jahren. Ich zeigte aufs Dach der Gepäckhalle und sagte etwas zu dem Mitreisenden hinter mir. Sofort blickte der Kontrolleur in die gleiche Richtung, wobei er ziemlich lange brauchte, um festzustellen, daß es dort nichts zu sehen gab. In diesem Moment konnte ich durch die Sperre schlüpfen und mich seinem weiteren Zugriff entziehen.

Ich reiste nicht in einer geschlossenen Gruppe wie vor rund einem Jahr in Ladakh. So konnte ich die Möglichkeit ergreifen, mit der Bahn von Siliguri durch die Vorberge des Himalaya hinauf in den ehemals britisch-indischen Kurort Darjeeling zu fahren. Kurz bevor wir in Siliguri eintrafen, begegneten uns vier oder fünf gutgelaunt dahintrottende Elefanten. Sie trugen im

Augenblick keine Last. Gerne hätte ich einen von ihnen bestiegen. Aber die Zeit hätte dafür nicht gereicht. So blieb es bei der Eisenbahn, ein Vorhaben, für das keiner meiner Gefährten Verständnis aufbrachte.

Aber ich bin nun einmal ein Eisenbahnfan, und hier in Siliguri beginnt eine der längsten Schienenreisen der Welt, aber auch eine der seltsamsten. Allein schon die Strecke ist bemerkenswert. Sie führt durch ein wildes Gelände, aufgelockert durch Teeplantagen, von dem relativ niedrig liegenden Siliguri zum zweitausendvierhundert Meter hohen Darjeeling hinauf. Die Art und Weise, wie die Bahn an den steilen Hängen an Höhe gewinnt, ist verblüffend. Sie fährt nicht in Serpentinen, sondern im Zickzack zuerst nach links, kommt dann kurz zum Stillstand und fährt gleich darauf nach rechts weiter hinauf. Zu diesem Zweck wird der Zug von zwei stark dampfenden Lokomotiven gezogen. Die eine zieht, die andere schiebt, abwechselnd bewegt sich der Zug »vorwärts« und »rückwärts«, in jedem Fall aber höher, höher und noch höher!

Diese in ihrer Art einmalige Bahn wurde von englischen und schottischen Ingenieuren angelegt, und zwar zwischen 1860 und 1866. Noch erstaunlicher als das ungewöhnliche Alter ist wohl die Tatsache, daß die betagte Bummelbahn noch immer fährt. Wie sich denken läßt, wurde jeder Bestandteil der Bahn, die Gleise, die Wagen und die Lokomotiven, ja sogar die kleinen Bahnhöfe, aus England ins nördliche Indien geschafft. Wer in einem Zug fahren möchte, der hundert Jahre und noch mehr auf dem Buckel hat, dem bietet sich hier die beste Gelegenheit. Damit noch nicht genug der Absonderlichkeiten: Hier hat alles und jedes Kleinformat. Die Lokomotiven, die Wagen für Menschen, Tiere und Lasten, die Bahnhöfe und was sonst noch dazu gehört, haben nur etwa zwei Drittel der normalen Größe. Aber so geht es auch, man muß nur zusammenrücken und die Köpfe einziehen.

Besonders gemütlich war der fast einstündige Aufenthalt im Bahnhof auf halber Höhe. Dort wurde ein Lunch serviert, ganz nach englischer Art mit Tee, wie er besonders gut in der Höhe von Darjeeling gedeiht. Wenn für die Fahrt von Siliguri nach Darjeeling nur vier Stunden veranschlagt sind, wie es im Fahrplan steht, so ist das nicht ernst zu nehmen. Sechs Stunden sind der Durchschnitt, es kann aber auch tagelang dauern, oder der Verkehr wird überhaupt eingestellt. Macht nichts, das eben gehört zur Romantik der Siliguri-Bahn.

Warum die Bahn schon vor so langer Zeit gebaut wurde, hängt mit dem schauerlichen Klima in den indischen Großstädten zusammen. Wo es am wenigsten erträglich ist, in Delhi, Kalkutta, Bombay usw., hatte sich die Verwaltung von Britisch-Indien etabliert. Während der Sommerzeit war es nicht auszuhalten in der schwülen Feuchte. So sehnten sich die britischen Beamten, Offiziere und Kaufleute nach Kühle, in die Höhe von Darjeeling. Eine ideale Landschaft für die Sahibs und Memsahibs des damals weltbeherrschenden Albion.

Darjeeling hatten die landhungrigen Briten schon im Jahre 1850 den Nepalesen abgenommen, wenig später jedoch aus politischen Gründen dem Maharadscha-König von Sikkim geschenkt. Nicht lange danach bedauerten die Herrschaften von Britisch-Indien ihre Großzügigkeit und wollten Darjeeling wiederhaben. Der sikkimische Herrscher konnte nicht anders, zumal er ein paar tausend Rupien für seine Privatkasse bekam, alle Jahre wieder. So wurde aus Darjeeling die Sommerresidenz der anglo-indischen Oberschicht, komplett mit Verwaltung, Schulen, Internaten, Krankenhäusern, Sanatorien, herrschaftlichen Villen. Um von Delhi oder Kalkutta bis dort hinaufzugelangen, benötigten die Familien rund vier Wochen. Es war eine rumplige Reise in knarrenden Ochsenkarren oder an Bord von lackierten Equipagen. So konnte es nicht weitergehen, zuviel der Mühe für die relativ kurze Zeit in Darjeeling. Daher kam man auf die Idee, eine bequeme Eisenbahn zu bauen. Tatsächlich hat dann Darjeeling während eines guten halben Jahrhunderts den führenden Familien als Sommerkurort gedient.

So kam ich wieder nach Darjeeling und bald auch in das schöne, vergammelte und nur von wenigen Gästen besuchte Darjeeling-Hotel. Verblaßte Pracht innen und außen, aber trotzdem fast so, wie es einst gewesen war. Höfliches Personal, große weite und hohe Räume mit herrlicher Aussicht. Das Wasser tröpfelte, das Licht versagte, und von den Aufzügen wollen wir lieber nicht reden. Aber dennoch war die Atmosphäre von ehedem noch spürbar, allerdings nur hier im Hotel, nicht mehr in der Stadt. Keine Engländer mehr. Statt dessen gaben wohlhabende Inder den Ton an.

Kaum einen ebenen Fleck gibt es, kaum eine gerade Straße in Darjeeling, immerzu geht es hinauf und hinunter. Eine Unmenge von Souvenirgeschäften hat sich herausgeputzt, in der Hauptsache besteht das Angebot aus Krimskrams in Plastik, made in India. Darjeeling versorgt einen sehr weiten Umkreis und ist Hauptstadt des Distrikts von Westbengalen. Über die Einwohnerzahl hörte ich nur Schätzungen, um die fünfzigtausend herum. Bei klarem Wetter sieht man von einem bestimmten Punkt aus die höchsten Berge der Welt, nämlich den Kangchenjunga und den Mount Everest. Leider habe ich nie etwas davon gesehen, auch bei meinem ersten Besuch hingen luftige Mauern von Nebel und Wolken davor.

Sehr unterschiedlich scheint die Bevölkerung zu sein, es sind verschiedene Menschen aus gegensätzlichen Richtungen hier eingewandert. Tibeter und Lepcha, Indochinesen, Nepali und Bengali. Die meisten leben von ihrer Arbeit in den Teeplantagen, auch die Gewinnung von Chinin spielt hier eine große Rolle. Nicht weniger als fünfzig Tonnen von diesem kostbaren, für die Medizin so wichtigen Stoff kommen jährlich aus der Region von Darjeeling.

Mein erster Besuch gilt dem Alpen-Institut, das von Tenzing Norgay geleitet wurde, jenem Bergsteiger, mit dem Sir Edmund Hillary zusammen die Erstbesteigung des Mount Everest gelungen ist. Er war ein sehr liebenswürdiger Mann, dessen Bildung man nur bewundern kann. Der Sohn eines armen Bergbauern sprach fehlerfreies Englisch und bemühte sich sehr um die Fortbildung der Sherpa. Tenzing führte mich durchs Alpen-Institut, das er allerdings recht häufig für lange Zeit verläßt. Er war in London gewesen, zusammen mit Sir Edmund Hillary. Beide wurden von der Königin empfangen und wieder mit Auszeichnungen bedacht, denn es waren fünfundzwanzig Jahre vergangen seit der Erstbesteigung des höchsten Gipfels der Welt. Tenzing beschäftigte sich nebenbei noch mit der Zucht von Zwerghunden, niedliche kleine Tierchen, die entfernt an Pekinesen erinnern.

Meine Gruppe ist nachgekommen, alle fühlen sich wohl in dem verschlafenen, leicht schadhaften Hotel. Die Organisation klappt programmgemäß. Drei Jeeps stehen bereit für unsere Fahrt nach Kalimpong. Einer davon, aber wer sollte es ahnen, wird von jenem Unmenschen gesteuert, dessen Fahrkünste ich anfangs beschrieben habe. Zufälle gibt's im Leben, die darf es eigentlich gar nicht geben. Ganz früh am Morgen, gleich nach dem Genuß des »early morning tea«, setzt sich die Karawane in Bewegung. Eine herrliche Fahrt: Dichte Wälder zu beiden Seiten, tiefe Täler mit rauschendem Gewässer begleiten uns. Hin und wieder spannen sich enge Brücken darüber, die nur für wagemutige Menschen begehbar sind. Man hat sich begnügt mit schwankenden Brettern, aber die Einwohner zögern nicht, mit schweren Lasten auf dem Rücken die Brücke ohne Zögern zu überschreiten.

Nicht allzu lange geht es hinauf und hinunter, nach einer Weile vorwiegend bergab. Unser berüchtigter Fahrer kann hier so richtig loslegen und tut es auch. Ich bin vorgewarnt und vertraue der großen Schar meiner Schutzengel. Die Hitze nimmt zu, die Luft wird noch feuchter als bisher. Wir bewegen uns dem Tiefland des westlichen Bengalen entgegen. Wieder eine Kontrolle der indischen Straßenpolizei. Alle möglichen Fragen und bürokratisches Mißtrauen. Wir sind noch nicht in Sikkim, aber in einem Distrikt, für dessen Betreten und Befahren besondere Erlaubnisse erforderlich sind. Wir haben glücklicherweise alle Papiere und werden nach gründlichem Verhör durchgelassen.

Am Straßenrand liegt eine Siedlung von Waldarbeitern, eben zugereister Nepali, die es aus existentiellen Gründen nicht dulden können, daß der herrliche Urwald noch lange weiterlebt wie bisher. Er muß gerodet werden, die Leute brauchen Platz für ihre neuen Siedlungen. Seltsam anzusehen sind ein paar vorne offene Hütten, die als Praxen für Zahnärzte, als Pflegeheime für alte Leute, als Kinderhorte usw. dienen. Schon bald sind wir in dem herrlich gelegenen, noch vielfach an britische Kolonialzeiten erinnernden Kalimpong.

Allerhand gibt es hier zu sehen, unter anderem das sogenannte Orchidarium. Auf weitem, geneigtem, gut gepflegtem Gelände gibt es hier viele hundert verschiedene Arten von Orchideen. Wer sich dafür interessiert und einigermaßen informiert ist, kann einige Tage mit dem Anblick dieser herrlichen Blüten verbringen. Schade, daß wir dieses Mal keine Botanikerin in der Gruppe haben wie seinerzeit in Ladkah, die uns die seltensten Arten erklären kann. Immerhin, unser einheimischer Führer glaubt zu wissen, daß hier Sorten gedeihen, die sonst nirgendwo auf der Welt existieren.

Wir verbringen den Nachmittag, den Abend und die lange, tiefdunkle, aber duftende Nacht in einem Gästehaus von besonderem Reiz. Es gehört einer Mrs. McDonald. Sie ist geborene Tibeterin und die Witwe des vor einigen Jahren verstorbenen Mr. McDonald. Jahrzehnte hindurch hat ihr Mann als britischer Resident im seinerzeit noch total abgeschlossenen Lhasa amtiert. Als die Zeit seines wohlverdienten Ruhestandes gekommen war, sollte er einen hohen Orden, vielleicht sogar den erblichen Adel erhalten, überdies wollte man ihm lebenslang ein schönes Landhaus im südlichen England zur Verfügung stellen. Aber wie es damals so war, ein hoher britischer Beamter durfte nicht mit einer farbigen Frau in Old

England auftreten. Deswegen zog es Mr. McDonald vor, seinen Ruhestand in Kalimpong zu verbringen. Im besten tibetischen Stil ließ er ein sehr schönes Wohnhaus bauen und mit allen Kostbarkeiten ausstatten, die er während langer Zeiten in Tibet sammeln konnte.

Wenn man das Haus betritt, könnte man es für ein selten kostbares Museum halten, aber wohnlich und gemütlich ist es dennoch. Die verwitwete Frau McDonald erwies sich als überaus kultivierte Frau. Sie konnte jedes Stück, jeden Thanka, jedes Mandala erklären. Sie berichtete auch von meinem Freund Heinrich Harrer, den sie in Tibet kennengelernt hat. Drei Wochen verbrachte Harrer bei ihr in Kalimpong und wartete Tag für Tag auf die Erlaubnis, ins Königreich Bhutan einzureisen. Er wollte einen Kulturfilm drehen über jenes schöne Land, zumal gerade in diesen Tagen der junge König Jigme Wangchuck den Thron besteigen sollte. Sehenswerte Feierlichkeiten waren damit verbunden. Die Einreise bekam er nicht, und das aus gutem Grund. Eine indische Filmgesellschaft wurde erwartet, das große Ereignis in allen Einzelheiten festzuhalten. Da wünschte man keine Konkurrenz. Diesen indischen Film habe ich später gesehen und kann nur bedauern, daß man nicht Heinrich Harrer die Gelegenheit gegönnt hat, ihn herzustellen. Das indische Machwerk war miserabel, es wurde meines Wissens auch nie in Europa gezeigt.

Wir nähern uns nun dem einstigen Königreich Sikkim. Man kann es auch Fürstentum nennen und bedauern, daß es nicht mehr existiert. Sikkim war seit Urzeiten selbständig, obwohl nur von geringer Ausdehnung. Nur zweihunderttausend Menschen bewohnen angeblich das Land, wie der Führer erklärt, aber wer will das so genau wissen. Sikkim ist nicht größer als siebentausendreihundert Quadratkilometer, in der Nordsüdrichtung hat es nur eine Länge von hundertdreizehn Kilometern. Zwischen Nepal im Westen und Bhutan im Osten, China im Norden und Indien im Süden versuchte Sikkim sich zu verstecken. Aber leider besaß das Grenzland strategische Bedeutung und hat sie auch noch heute.

Aus diesem Grund entwickelten schon die Briten, als sie noch die Herrschaft in diesem Teil der Welt ausübten, steigendes Interesse für Sikkim. Auf mehr oder weniger freundliche, aber großenteils friedliche Weise brachten sie Sikkim in ihre, in diesem Fall relativ sanfte Hand. Sie versuchten, die immer wieder aufflammenden Kämpfe zwischen Nepal und Bhutan, besonders aber die Einfälle der Gurkha und die chinesische Begehrlichkeit zu dämpfen. Eine Art von Bündnis kam zustande. Der damalige König »schenkte« der Ostindischen Handelskompanie schon im Jahre 1825 die Gegend von Darjeeling. Wenn er dafür eine jährliche Apanage von dreitausend Goldrupien bekam, war das nicht mehr als recht und zudem noch billig. Weshalb nicht ausbleiben konnte, daß die Briten im Jahre 1887 die Schutzherrschaft über Sikkim beanspruchten. Das war nur gut gemeint, nur zum Schutz gegen chinesische Überheblichkeit gedacht. Schließlich bekam im Jahre 1880 der sikkimische Herrscher aus dem Geschlecht der Namgyal die volle Souveränität. Er und seine Nachfolger haben bemerkenswerte, sogar bewundernswerte wirtschaftliche wie soziale Reformen durchgeführt. Man kann, besser gesagt, man konnte Sikkim für ein musterhaftes Staatswesen halten.

Bekannt wurde es weltweit, als der regierende König im Jahre 1963 die Amerikanerin Hope Cook heiratete und zur Maharani machte. Viel wurde über sie gelästert, aber nicht im Lande selbst. Heute noch genießt sie dort hohes Ansehen, und gerne erinnert man sich ihres Interesses für die kleinen Leute, für die Verschönerung der winzigen Hauptstadt und für ihre Mühe, das Schulwesen aufzubauen.

Doch die Selbständigkeit von Sikkim dauerte nur dreizehn Jahre. Da ließ Indira Gandhi das Land besetzen. Selbst das war ihr noch nicht genug, der entmachtete König Palden Thondup Namgyal mußte abdanken und wurde in seinem Landhaus interniert. Dort lebte er noch, als ich das letzte Mal Sikkim besuchte, inzwischen soll er verstorben sein. Die amerikanische Maharani Hope Cook konnte mit ihren Kindern das Land verlassen. Ob sie ihren unglücklichen Ehemann schnöde verließ oder in Absprache mit ihm, ist nicht klar. Der Kronprinz aus des Königs erster, nach dortigem Recht geschlossener Ehe ist tödlich verunglückt. Damit sind nun die Kinder aus seiner zweiten Ehe, wenn es jemals wieder zur Freiheit Sikkims kommen würde, die rechtmäßigen Erben.

Palden Thondup Namgyal war ein weitgereister, sprachgewandter und hochgebildeter Mann. Er hat im Jahre 1958 das weltberühmte »Institut für Tibetologie« gegründet, mit rund dreißigtausend Bänden klassischer Literatur und religiösen Schriften, die meisten davon in uralten Handschriften, mit handgeschnitzten Holzbuchstaben gedruckt. Diese einmalige Sammlung gilt unter Tibetologen als das Zentrum ihrer Studien und Interessen.

Wir alle hatten großes Interesse, einen Blick in das Institut zu werfen, was uns tatsächlich gestattet wurde. Schon der erste Eindruck war überwältigend: die schönsten und kostbarsten Thanka, tausendjährige Schnitzereien, vergoldete Handgebetstrommeln und noch vieles mehr. Der freundliche Direktor führte uns herum. Als ich glaubte, daß niemand uns hören konnte, fragte ich den würdigen Greis, wie es eigentlich um den Begründer des Instituts, Thondup Namgyal stünde. Er schaute mich eine Weile schweigend an, um dann zu erklären, er kenne niemanden dieses Namens!

Dann ging es weiter hinauf, wir rollten durch dicht bewaldetes, gutbewässertes Bergland zur Hauptstadt Gangtok. In Kleinformat bietet Sikkim alles, was das höchste Gebirge der Welt auszeichnet. Unten tropische und subtropische Wälder, darüber wild zerfurchtes Hügelland und hoch ansteigende Terrassenfelder, dann gewaltige Eisriesen, bis über achttausend Meter hoch. Krasse Gegensätze sind hier auf kleinem Raum vereinigt. Ein vertikales Land kann man Sikkim nennen. Regionen gibt es hier, die kaum einen halben Kilometer gerade Straße gestatten. Im Jeep muß man sehr weit und sehr lange fahren, um eine Entfernung zu bewältigen, die auf der Landkarte kaum zu erkennen ist. Hinauf in die Wolken, hinab in Täler mit schäumendem Wasser. Wichtige Paßübergänge nach Tibet verlaufen in schwindelnder Höhe. Der Thangkar-La liegt viertausendachthundertdreißig Meter hoch, der Jellep-La begnügt sich mit viertausendvierhundert Meter, und der Natu-La bringt es gerade auf viertausenddreihundertvierzig Meter. La heißt Paß.

Auch hier gelten die höchsten Berge als Thron der Götter, vor allem der Kangchenjunga, »Kanch« abgekürzt. Erst 1955 wurde er zum ersten Mal bestiegen, von dem Engländer Charles Evans. Zuvor mußte er dem sikkimischen König versprechen, daß er nicht den Gipfel selbst betreten würde, wegen des Gottes, der dort oben thront! Daher hat Evans zwei Meter unter dem Gipfel haltgemacht.

Zahlreiche Klöster bezeugen die Macht des Glaubens. Wie mittelalterliche Festungen wurden sie gebaut, denn oft sind feindliche Scharen durchs Land gezogen. Die Menschen Sikkims fühlen sich vom Willen ihrer Götter abhängig und tun daher alles, um sie zu versöhnen. Ein Hagelsturm oder ein Bergrutsch kann die Existenz vieler Dörfer bedrohen. Mit rotem Feuerkranz um den Hals war ein Dämon dargestellt. Eine Maske mit grimmigen Gesichtszügen und fünf Totenschädel schmückte seine Krone. Er ritt, wie es sich für Götter des Himalaya gehört, auf einem Schneeleoparden. Sehr oft werden überall im Lande Feste abgehalten, wobei maskierte Tänzer in großer Zahl das tiefgläubige Publikum erschrecken.

Weil der Monsun vom bengalischen Golf gegen die Gipfelketten prallt, entstehen im Frühjahr, während der Schneeschmelze, verheerende Überschwemmungen. Sie können Wochen, sogar Monate hindurch alle Verbindungen unterbrechen. Die beste Reisezeit dürfte September bis März sein, weil dann die Berge von allen Seiten aus sichtbar sind. Die Orangen reifen, wenn droben noch ewiger Schnee liegt. Wenn behauptet wird, eine bekannte deutsche Fürstin füttere ihre Kühe mit Orchideen, so halte ich das kaum für möglich. Aber selber gesehen habe ich das in Sikkim. Dort sind Orchideen so zahlreich und gewöhnlich, daß man sie ans Vieh verfüttert.

Kastanien, Magnolien, Eichen und Lorbeerbäume wachsen in Höhen von zweitausend bis dreitausend Meter. In tieferen Lagen breiten sich Ahorn, Akazien, Buchen, Erlen und Baumfarne aus, sogar wilden Wein können wir erkennen. Mächtige Urwälder von Sal-Bäumen bedecken die Hänge, auch Bambus, Kampfer und wilde Feigen bringt das herrliche Land hervor. Siebenundzwanzig Arten von Rhododendron gibt es, und über viertausend Meter hoch steigt der wilde Rhabarber. Weiße Lilienblüten werden so hoch wie Häuser. Nicht so beliebt sind giftige Datura, eine Art von Stechapfel. In geschlossenen Räumen kann sogar der Blütenduft dieser Pflanzen gefährlich werden.

Verfressene Affen bedrohen die Ernte der Bauern. Weil fromme Buddhisten keine Tiere töten dürfen, müssen kläffende Hunde die Mundräuber vertreiben. Nicht weniger als hundert Säugetierarten leben in dem vertikalen Land. Vom indischen Bison berichten zwei Reisende in einem Buch, das auch Sikkim behandelt. Wahrscheinlich sind damit asiatische Nashörner gemeint. Abgesehen von »nepalischen Wildhunden«, leben noch Tiger, Leoparden, Bären, Stachelschweine, Bell-Hirsche und hübsch gefleckte Geparden in Sikkim. Wiederholt habe ich auch vom »Schwarzen Bären« gehört, der durch Legenden zum Yeti entstellt worden sein könnte. Seine angebliche Fährte hat man häufig gefunden. Der letzte König des Landes hat fest an die Existenz des Yeti, des geheimnisvollen Schneemenschen, geglaubt.

Es wimmelt von schnellfließenden Flüssen, worin sich viele Forellen tummeln. Ungefähr fünfundzwanzig Arten sollen es sein, aber wer will sie nachzählen? Desgleichen ist die Rede von fünfundfünfzig Vogelarten.

Dann haben auch die Schmetterlingsforscher einiges zu tun, von sechshundert Arten ihrer Lieblinge wird geredet.

Die Ureinwohner von Sikkim, so meinen die Gelehrten, sind aus Tibet eingewandert, insbesondere aus dem benachbarten Chumbi-Tal. Ihre Nachkommen, die sogenannten Lepcha, stellen heute nur noch zwanzig Prozent der Bevölkerung. Die übrigen Bewohner des himmelhohen Landes im Kleinformat stammen aus Nepal, friedliche Leute, die nichts weiter wünschen, als in Ruhe gelassen zu werden.

Heute regiert ein indischer Gouverneur mit vier Distriktchefs das ehemalige Königreich. Industrie gibt es nicht, sie wäre in dem topographisch schwierigen Land kaum zu betreiben. Die Leute leben wie eh und je von der Landwirtschaft, von der Viehzucht und von der guten Luft. Fünf Ernten gibt es im Jahr (schwer zu glauben), wenn es besonders gut verläuft, darunter Reis, Mais, Weizen, Gerste, Hirse und Kartoffeln. Berühmt ist und war schon früher in ganz Indien der Sikkim-Whisky. In Rangpo wird er destilliert und ist tatsächlich von auffallend guter Qualität.

Der Name Gangtok für die Hauptstadt des Landes bedeutet »Spitze des Berges«. In einem kleinen, relativ modernen Hotel finden wir gute Aufnahme. Alles ist sauber und adrett, höfliches Personal, geschmackvolles, wenn auch tibetisch gewürztes Essen. Das Klima auf tausendachthundert Meter Höhe empfinden wir als angenehm, aber sehr oft ist Nebel, meistens vom Morgen bis in die Mittagszeit.

Der ehemalige Königspalast ist ein schlichtes, zweistöckiges Gebäude im englischen Kolonialstil und liegt oberhalb der Stadt. Während unseres Besuches wurde der unglückliche Exmonarch noch immer darin festgehalten. Er durfte sich nur innerhalb seines Gartens bewegen. Dafür sorgten ungefähr acht auf und ab patroullierende Wächter.

Nicht weit von dieser tragischen Stelle entfernt betreten wir die ehemals königliche Klosteranlage Tsuklakhang. Dieser Ghompa war damals erst vierzig Jahre alt und ist ganz im Sikkim-Stil errichtet. Geschnitzte Löwenköpfe, prächtige Malereien und eine endlose Anzahl schönster Thankas schmücken das Gebäude. Zahlreiche Zeremonien haben dort stattgefunden, auch Tanzmaskenspiele und familiäre Ereignisse der königlichen Familie wurden dort gefeiert. Aber die schönste Sammlung alter Tanzmasken findet man nicht dort, sondern im Kloster Enchey.

Nahe Gangtok liegt der Aussichtspunkt Tachi. Einen fabelhaften Anblick genießt man von dort auf die glitzernden Gipfel des Himalaya, besonders auf den Kanch. Sehenswert ist das Kloster Rumtek im alten Tibet-Sikkim-Stil. Hier begeht man alle Jahre wieder die sehenswerte Zeremonie der »Schwarzen Hüte«. Der Oberlama des Klosters war öfter in Europa und den USA, wo er zahlreiche Anhänger für den lamaistischen Buddhismus gewinnen konnte. Er ist einer der höchsten Lama nach dem Dalai Lama, was ihn nicht daran hindert, um milde Gaben zu bitten. Auch in den buddhistischen Klöstern, in den Ghompa, betreibt man die Aufzucht und den Verkauf von zierlichen kleinen Hunden.

Die Nepali, die zugewanderte Mehrheit der Sikkimer, sind sehr sauber. Ihre Häuser werden rot bemalt, der Fußboden wird täglich geschrubbt und das Haus alle Jahre wieder frisch getüncht. Man trägt Kleider ähnlich wie in Bhutan. Die Toten aber werden nach indischem Ritus bestattet, in dieser Hinsicht hat sich der Hinduismus durchgesetzt. Die Verschiedenen werden verbrannt, ihre Asche wird von den Flüssen davongetragen. Es gibt nicht weniger als sechsundsiebzig buddhistische Klöster. Padmasambhava ist der Schutzheilige des Landes. Er hat, wie man uns erklärt, den lamaistischen Buddhismus nach Sikkim gebracht. Aber viele Lepcha und Bothia hängen am uralten vorgeschichtlichen Bön-Glauben. Da Padmasambhava klug und weitschauend gewesen ist, hat er die legendären Götter nicht mit Stumpf und Stil ausgerottet, sondern als Geistgestalten, zumeist als Dämonen, in den von ihm verbreiteten Glauben eingeflochten.

Der Oberlama thront vor Besuchern auf einem Hochsitz. In seiner Linken hält er die heilige Glocke und in der Rechten den Dörje, den Donnerkeil. Die Lama helfen bei Unglücken in der Familie, sind auch Ärzte mit tiefgründigem Wissen. Sie können mühelos Regen machen und Regen anhalten. Besonders die Lama von Pemayangtse genießen hohes Ansehen, sie haben die Könige Sikkims gekrönt. Einige Ghompa sind für Touristen gesperrt, aber die meisten können wir betreten und besichtigen. Die ältesten Klöster sind Sanga-choling und Dubdi. Dort, wo sich heute der heilige Ort Tashiding befindet, soll Padmasambhava eingetroffen sein, dort hat er sich länger aufgehalten und seinen Glauben gelehrt.

Vorbildlich im Vergleich zu Indien, Nepal und auch Bhutan wurde das Schulwesen in Sikkim entwickelt. Siebzig Prozent der Kinder besuchen die Schule, und annähernd tausend Lehrpersonen gibt es in Sikkim. Der Unterricht erfolgt großenteils in der Hindi-Sprache, um den Verkehr mit

Indien zu erleichtern. Es wird auch Englisch gelehrt. Der Besuch der Schulen ist kostenlos. Wie das verarmte Land dies schafft, ist mir ein Rätsel.

Wie fürsorglich die Mütter ihre Kinder behandeln, sehen wir mit Bewunderung. Sie lesen stundenlang die Läuse aus dem Kopfhaar und werden auch selber von ihren Kindern gelaust. Eine Frau zeigt mir auf dem Kopf ihres etwa vierjährigen Mädchens eine ziemlich große Zahl von Läusen, die alle in dieselbe Richtung laufen. Warum sie das tun, was sie dort zu finden hoffen, fragt mich die besorgte Mutter.

Wir machen Ausflüge so weit wie möglich. Nach Pemayangtse zum Beispiel, dem Ausgangspunkt für Trekkingtouren. Es gibt dort Rasthäuser, die, im tibetischen Stil gebaut, recht komfortabel für Touristen eingerichtet wurden. Saubere Zimmer mit Duschen, mit elektrischem Licht sogar, mit gutem Essen und geschultem Personal. Herrliche Blicke auf den Himalaya nach allen Seiten. Weiße Magnolien, schwarze Schmetterlinge, ein Blumenmeer sondergleichen. Die Einheimischen gehen fast alle zu Fuß, hier oben sind es schwarze und kräftige Typen, die Haut dunkel gefärbt, Lepcha offenbar, Durchschnittsgröße 1,60 Meter.

Wer hitzeempfindlich ist und die Abendkühle fürchtet, sollte hier nicht auf Berge steigen. Die Mittagswärme kann glühend werden, aber gegen Abend, wenn Schatten fallen, sinken die Temperaturen tief herab.

Bis Yuksam, wo sich eine Rasthütte der Forstverwaltung befindet, steigen wir hoch. Es gibt mehr als dreißig von der Forstverwaltung gebaute Rasthäuser für Bergwanderer. Besonders schön ist das Bakim-Forsthaus auf zweitausendsiebenhundert Meter Höhe. Riesige Philodendren gibt es dort, kein Vergleich mit unseren Zimmerpflanzen daheim. Rotblühende Rhododendren, Apfelbäume und natürlich Kartoffeln wachsen bis dreitausend Meter hinauf.

Riesengroße tibetische Hirtenhunde, die aber den Fremden freundlich begegnen, gehören zu jeder Hütte und Herde. Die Pfade sind mit Steinen gesichert. Hängebrücken spannen sich über tosende Wildflüsse.

Auf gerodeten Terrassen, wo früher der Wald wild wucherte, gedeiht Getreide in ausreichender Menge, um viele tibetische Flüchtlinge zu erhalten. Wieder fällt mir die Ähnlichkeit der Bauten, die Haltung der Gebirgsmenschen mit den Alpenbewohnern bei uns auf. Die Mädchen tragen Bubikopf, offenbar schon seit Jahrhunderten, weil es am praktischsten ist.

Die letzte Rasthütte liegt auf viertausend Meter Höhe. Noch weiter droben existieren Zeltplätze und eine Sommerweide für die Yak. Flinke Bächlein, grasige Mulden, Berberitzen bis zum Gocha-Paß in fünftausendzweihundert Meter Höhe. Die Pfade sind oft vereist, die Gletscherströme reichen tief ins Tal.

Auf viertausendfünfhundert Meter Höhe liegt das Himalaya-Base-Camp: schmucke Steinhäuser, innen mit Holztischen und Sesseln, Ruhebänke draußen. Hier gibt's sogar einen Hubschrauberlandeplatz. Zwei Tibeter sorgen das ganze Jahr über für Ordnung. Eine der üblichen Mahlzeiten, die hier oben in der Form von Brei auf den Tisch kommen, besteht aus Rindfleisch und Huhn, vermischt mit Getreide und Wasser.

Ein Tranceläufer begegnet uns, einer jener Burschen, die lange Anstiege im Neuschnee barfuß zurücklegen. Über dem Kopf trägt der Mann eine große Decke. Starke Hornhaut isoliert seine Füße. Der einheimische Führer spricht ihn an, aber der Tranceläufer gibt keine Antwort.

# Tibet, Leben und Tod

Gerade ist der eiserne Vorhang, der das einstige Gottkönigreich von der übrigen Welt so lange getrennt hat, um einige Spaltbreit geöffnet worden. Mao Tse-tung ist vor gut einem Jahr gestorben. Es bleibt noch Zeit, die Gruppe kennenzulernen. Es sind nur elf, wie sich bald herausstellt, mehr wurden von den chinesischen Behörden nicht genehmigt, mit der Begründung, es gäbe vorerst nur behelfsmäßige Unterkünfte, kein Hotel, das heutigen Ansprüchen genüge. Wir glauben es nicht, werden aber in dieser Hinsicht noch einiges erleben.

Ich komme ins Gespräch mit einer alten Dame, die zusammen mit mir das Abenteuer Tibet durchstehen will. Ihre Leidenschaft, versicherte sie, sei das Reisen, je weiter, desto besser, wenn es auch noch so abenteuerlich sei. Ihre weit über siebzig Jahre spielten dabei keine Rolle.

»Aber wenn Ihnen mal was passiert, weit weg von der Heimat?«

»Ich hoffe, auf einer Reise zu sterben, das wäre mir das liebste!«

Es sollte ihr vergönnt sein.

Der große Vogel war bereit, uns aufzunehmen. Erst beim Umsteigen auf dem Frankfurter Flughafen erscheint auch unser Führer, ein Akademiker, perfekter Sinologe. Er schreibt und spricht Chinesisch und ist über die Geschichte und Kultur des Reiches der Mitte aufs beste informiert. Davon abgesehen aber ist er nur schwer zu ertragen, weil er fortlaufend kommunistische Parolen von sich gibt und den Eindruck macht, wohl auch machen will, daß er den verstorbenen Mao an stalinistisch-leninistischer Überzeugung übertrifft.

Wir erreichten Peking und fanden zu meiner Befriedigung Unterkunft im alten Hôtel de Pékin. Allerdings trägt es nun einen anderen Namen. Der älteste Teil des Hauses entsprach noch ganz dem einst wunderschönen, international berühmten und eleganten Hôtel de Pékin. Man hatte es um die Jahrhundertwende gebaut, als es gerade möglich geworden war, mit der Bahn, im Schlafwagen erster Klasse, von Paris nach Peking zu rollen. Zehn Tage hat es damals gedauert. Aber dieser erste, durch verschiedene Erdbeben nicht mehr sichere Teil des Hauses erlaubte mir, allerdings unter Führung eines Sicherheitsbeamten, die ehemaligen Nobelsuiten, die schönen Gästezimmer und den Speisesaal zu besichtigen.

Es folgten die üblichen Fahrten zu den Sehenswürdigkeiten. Da war die ehemals Verbotene Stadt, mit dem Thron des 1911 gestürzten Kaisers Pu Yi. Wir besichtigten die Panda-Bären, von denen es damals im Pekinger Zoo nur zwei gab. Wir sahen den Himmelstempel, die großen Tore der einst ganz und gar mit gewaltigen Mauern umgebenen Kaiserstadt. Ich selber suchte die Botschaft des einstigen Deutschen Reiches auf, wo ich 1936 mehrere Tage verbracht hatte. Damals war ich, der jüngste Attaché des Auswärtigen Dienstes, auf dem Weg zu meinem ersten ausländischen Posten an der Botschaft in Tokyo. Die noch zu Zeiten des Königreichs Preußen angelegte Botschaft lag in einem chinesischen Compound, wie man die oft weitläufigen Anwesen chinesischer Mandarine nannte. Während der Regierungszeit des Marschalls Tschiang Kai-schek hatte man die offizielle Botschaft in dessen Hauptquartier nach Nanking verlegt, aber der Kulturattaché und seine Mitarbeiter waren in Peking geblieben, der damals sehr berühmte, in China geborene und perfekt die Sprache beherrschende Dr. Bidder. (Seine sterblichen Überreste ruhen unter einem mit chinesischer Schrift versehenen Gedenkstein auf dem Dorffriedhof von Berlin-Dahlem.) Eine seltsame Atmosphäre herrschte in Haus und Garten: Kein Mensch in dem Gebäude, nur Gärtner mußten wohl den Compound pflegen, weil er so gut instand war. Alles sah so aus wie vor bald fünfzig Jahren. (Heute sind Haus und Garten verschwunden, durch moderne Gebäude ersetzt.)

Wir fuhren hinaus zur Chinesischen Mauer, wo es seinerzeit nur wenige Besucher gab.

Gern wäre ich hinausgefahren zu den »Westbergen«. Darunter verstand man vor dem Zweiten Weltkrieg die Ansammlung hübscher Wochenendhäuser des diplomatischen Korps. Wunderschön war es, man konnte von dort aus reiten, Flugwild jagen, und alle Abende war irgend etwas los. Auch das ist vorbei und vorüber, die heutigen Verhältnisse lassen es nicht mehr zu.

Schließlich rollten wir hinaus zu den Ming-Gräbern. Ich hatte sie schon früher gesehen, im späten Herbst des Jahres 1936. Damals rumpelte ich an Bord eines viel zu hohen und schon recht alten Wagens durch Staubwolken über eine hundsmiserable Zufahrtsstraße, wohl eine gute Stunde lang. Sie wurde und wird heute noch flankiert von sehr vielen, aus Marmor gefertigten Skulpturen von Geistern, guten und schlechten Dämonen, auch von allerhand Fabeltieren, darunter Elefanten, Löwen usw., schließlich auch einem Marmorpferd in Lebensgröße. Ich bin damals hinaufgeklettert und habe mich von meinem Begleiter, einem deutschen Studenten namens Schatz, fotografieren lassen.

Inzwischen haben sich die Verhältnisse gebessert, die Straße ist sehr breit und besteht aus Asphalt. Die erwähnten Skulpturen stehen nach wie vor zu beiden Seiten. So bin ich denn wieder auf das gleiche Pferd geklettert und habe mich, gut vier Jahrzehnte nach dem ersten Besuch, auf diesem Roß fotografieren lassen. (Bei meinem letzten Besuch in Peking war das nicht mehr möglich, man hat jede dieser Skulpturen mit einem hohen, schmiedeeisernen Gitter umgeben.)

Die Ming-Gräber waren früher verlassen, beschädigt und halb verfallen. Als Mao Tse-tung lang genug regiert hatte, ließ er alles wiederherstellen. So war es nun möglich, die unterirdischen Gänge, Tunnel und Gewölbe und alles andere zu besichtigen. Gewaltig, was seinerzeit von den Machthabern und ihren Arbeitsmenschen hier geleistet wurde!

Wir hatten, wie in China üblich, zu unserem deutschen Führer noch einen einheimischen bekommen, in diesem Fall eine perfekt Deutsch sprechende Dame. Sie führte mit Elan, konnte aber am Ende nicht herbe Kritik vermeiden:

»Und das alles hat man für einen Menschen gemacht, für einen toten Menschen, den Kaiser von China.«

Als wir nach Peking zurückrollten, fielen gerade die letzten Sonnenstrahlen auf das im Bau befindliche Mausoleum für Mao Tse-tung. Es war noch nicht fertig, es konnte noch nicht betreten werden, aber wie groß es sein würde, konnte man schon erkennen. Weshalb ich zu unserer führenden Dame sagte:

»Und das alles für einen Menschen!«

Worauf sie ohne weiteres antwortete: »Mao war ja auch mehr als ein Mensch!«

Das Vorprogramm rollte weiter, wir sahen auf der Fahrt nach Norden einige Dutzend Krieger der unterirdischen Armee, die Wächter des ersten Kaisers von China. Viele Jahrtausende alt und gerade eben erst dem Licht der Öffentlichkeit preisgegeben. Heute sind es viel mehr, heute sind es Tausende von Kriegern mit Pferden. Immer noch befindet sich in ihrer Nähe ein sehr großer, sehr weitgedehnter, von Menschenhand geschaffener Hügel, unter dem sich gewiß noch andere Reste aus dreitausendjähriger Vergangenheit befinden. Diesen Hügel will man nicht öffnen, er soll bleiben, wie er ist.

Letzten Endes reisten wir im Zuge gut tagelang von Peking nach Chengtu, der Hauptstadt der weiten, breiten, trockenen nördlichen Provinz Szechwan. Hier waren wir vorerst die einzigen Fremden, hier waren hellhäutige Langnasen noch eine Sensation. Es war nicht möglich, die Stadt zu erkunden, weil uns allzugroße Menschenmassen umgaben. Aber sonst haben wir viel erlebt, unter anderem die relativ kriegerischen Vorführungen einiger Schulklassen, die man für diesen Zweck zusammengefaßt hatte. Am Ende der Vorstellung ergriffen die lieben Kleinen Flitzbogen und Pfeile, um damit symbolisch den Feind zu vernichten. Weil die Pfeile auf uns gezielt waren und dann auch über unsere Köpfe flogen, waren vermutlich wir mit den Feinden gemeint.

Auf dem Flugplatz stand eine Vierpropellermaschine bereit, eine Iljuschin, angeblich dreiunddreißig Jahre alt. Wer bei dieser Altersangabe vielleicht Bedenken hatte, dem wurde versichert, daß diese Ahnfrau der Lüfte schon seit vielen Jahren den Transhimalaya überflog, um dann sicher in Lhasa zu landen. Es könne also nach menschlichem Ermessen nichts passieren. Wir bleichhäutigen Besucher aus dem fernen Westen durften zuerst einsteigen und erhielten nicht nur die aussichtsreichsten Plätze, sondern als besonderes Gastgeschenk noch jeder eine Apfelsine dazu. Dann erst durften mehr als hundert Chinesen einsteigen, die mit kleinen Kindern, großen Taschen und unter sonstigen Lasten ganz schön ächzten. Dennoch gelang es den eifrigen Stewardessen, all diese Leute unterzubringen. Aber der Mittelgang war nicht mehr passierbar.

Unbeschreiblich dieses Dahingleiten über den Transhimalaya bei wolkenlos klarem Himmel in goldenem Sonnenschein. Unten erst Grün, dann Graubraun und schließlich Weiß in Weiß. Unser chinesischer Führer, den ich Tang nennen will, weil alle so ähnlich heißen, rief die Namen der eisgepanzerten Riesen, der schimmernden Bergmassen und der Flüsse in den Raum. Herrlich war alles, was wir sahen. Die uralte Maschine jagte vielleicht nicht so schnell voran, wie man das heute gewohnt ist, lag aber sicher in der dünnen Luft. Eine schneebedeckte Felsenkette nach der anderen, ein breites und tiefes Tal und dann wieder die nächsten Massive in den hellsten Farben. So ging es weiter und weiter, am liebsten hätte jeder von uns gleichzeitig nach beiden Seiten geschaut. Die mittägliche Mahlzeit wurde gereicht, war aber eine unliebsame Störung während des Anblicks sagenhafter, wilder Schönheiten.

Eines der Täler weitete sich aus, die Iljuschin glitt tiefer, und ehe wir uns darüber klar wurden, landete der betagte Adler auf einem sehr weiten Flugfeld. Waren wir damit auch noch nicht in Lhasa, so doch in erreichbarer Nähe. Ein halbes Dutzend Autobusse stand bereit, um die Passagiere an ihr eigentliches Ziel zu bringen. Für uns war's wieder ein japanischer Autobus, enger und kleiner gebaut als unseren Gestalten angemessen. Das Vehikel polterte über ausgefahrene Straßen dem Fluß entlang, gut eine Stunde lang oder noch länger, bis endlich die sagenhafte Stadt Lhasa, der Mittelpunkt der »autonomen Region Tibet«, auftauchte.

Es war inzwischen ziemlich dunkel geworden, viel konnte man nicht sehen. Wir rollten um Kurven und Ecken, gelegentlich auch hinauf, bis wir schließlich ans Portal einer Kaserne gelangten. Mehrere Posten standen davor, öffneten aber das schon verschlossene Tor. So landeten wir letzten Endes vor den auf Felsgestein hochgezogenen Mauern des Offiziersquartiers. Einen abgesonderten Block hatte man für uns reserviert. Es gab noch kein Hotel für Ausländer. Es war bitter kalt in dieser Höhe von etwa viertausend Metern. Und weil regelrechte Öfen fehlten, hatte man uns kochend heiße Wärmflaschen ins Bett gelegt und brachte abends und morgens heißes Wasser für die Katzenwäsche. Zuvor aber sollten wir zu Abend essen, was gar nicht so einfach war. Man mußte zu diesem Zweck in den Speisesaal für Offiziere laufen, den man für uns frei hielt. Der Weg dorthin führte bergauf, ungefähr einen halben Kilometer lang. Wer das nicht gewohnt war, und wir waren ja die Höhe noch nicht gewohnt, mußte Atemnot und Herzklopfen in Kauf nehmen.

Junge Männer in Uniform bedienten uns. Sie konnten sich nicht genug über unsere langen Nasen wundern. Das Essen war chinesisch und vorzüglich. Wer konnte, aß mit Stäbchen, aber es gab auch Messer und Gabeln. Literflaschen mit recht gutem Bier waren zu haben. Überhaupt das chinesische Bier, man kann es nicht genug loben. Ganz und gar entspricht es unserem Geschmack, es wurde ja auch von Deutschen ins Land gebracht und seit 1890 im ehemaligen deutschen Schutzgebiet Tsing-tau gebraut. Daran hat sich nichts geändert.

Vom Speiseraum hinab in die Quartiere zu laufen, war viel leichter, und mit Spannung sahen wir dem nächsten Tag entgegen. Wenn auch allgemein geraten wird, daß ein eben eingetroffener Besucher den ersten Tag in rund viertausend Metern Höhe in liegender oder ruhender Stellung verbringen soll, unser deutscher Führer wußte es besser. Leider war es nicht der gute, immer rücksichtsvolle Tang, wie es eigentlich sein sollte, der hier

*Tschorten* (oben: *in Ladakh*) *sind eine Variante der Stupa im Himalaya und dienten wahrscheinlich einmal als Reliqiare oder Memoriae. Dzongs* (unten: *in Bhutan*) *dienten den Mönchen und Beamten als burgenähnliche Zentren.*

Diese und vorhergehende Seiten: *Die Reisterrassen, kunstvoll aus Lehm gebaut und bewässert, ziehen sich die Berghänge bis 2400 Meter hoch. Darüber wird bis deutlich über 4000 Meter Gerste u. ä. geerntet.*

*Der Royal Chitwan Nationalpark ist der berühmteste in Nepal. Für die Touristen stehen Elefanten als Reittiere zur Verfügung, die von ihren Mahouds sorgsam gepflegt werden.*
Rechts oben: *Der Autor Hans-Otto Meissner.*

*Die Elefanten kennen die Reviere der Nashörner genau, so daß es fast immer möglich ist, diese gepanzerten Riesen in ihrer Heimat zu fotografieren.*

für alles sorgte, sondern der deutsche Akademiker. Dieser beschloß oder, besser gesagt, befahl als erstes die Besichtigung des Potala. Er lag so herrlich, ich brauche ihn nicht zu beschreiben, jeder kennt ihn zumindest von Fotos. Alles schön und gut, wenn nur die dünne Luft nicht wäre. Im übrigen lieben die Himalaya-Völker steile Treppen, ihnen machen sie nichts aus. Aber ich kann kaum beschreiben, wie mühsam es für uns mitteleuropäische Ausländer war, die steilen Gänge, die hohen Stufen, die immer wieder neu vor uns auftauchenden Stiegen zu erklimmen. Ohne Geländer ging es kaum, aber es mußte sein.

Aus diesem Grunde haben wir vielleicht die Sehenswürdigkeit, vor allen Dingen den herrlichen Ausblick vom Dach, nicht so recht genossen. Ganz oben befinden sich die sonst für Besucher gesperrten Räume, in denen auch der letzte Dalai Lama seine persönlichen Gäste empfing. Freund Tang hatte offenbar große Befugnisse. Er ließ den Pavillon öffnen, wir durften Platz nehmen auf bequemen Sofas, an modernen Tischen und genossen die Illusion, willkommene Gäste des Gottkönigs zu sein. Man servierte uns tibetischen Tee und Strohhalme, um das Getränk zu schlürfen.

Weil ich die Bücher von Heinrich Harrer gelesen habe, im übrigen auch sein Freund bin, wußte ich recht gut Bescheid über das geheimnisvolle Land. Auch wenn heute nur noch Bruchstücke der alten Bauten aus der Zeit vor 1959 vorhanden sind, so hatte ich doch einen gewissen Überblick. Man darf nicht alles glauben, was über das alte wie auch das neue Tibet geschrieben wird. Vieles war bereits in den Tagen des Gottkönigs überholt und dringend einer Reform bedürftig. So, wie es früher gewesen ist, kann unmöglich die Zukunft sein, und wie es scheint, weiß der ehemalige Gottkönig das selber ganz gut. Er genießt nach wie vor eine grenzenlose Verehrung in seinem Land. In der »Autonomen Region Tibet« kann kein echter Friede herrschen ohne seine Rückkehr.

Wohin man uns auch im Potala führt, in die privaten Gemächer und die Bettkammer des verbannten Hausherrn, überall liegen Kupfermünzen und Geldscheine, von Tibetern als kleine Geschenke dem Dalai Lama dargebracht. Wer sie letzten Endes bekommt, ich weiß es nicht. Aber sie legen Zeugnis dafür ab, wie der zur Zeit verbannt lebende Gottkönig in der Hauptstadt seines Landes geschätzt ist. Der Potala wurde vom V. Dalai Lama, Lobsang Gyatsu, errichtet. Unentwegt wurde an dem riesigen, dem schönen, perfekt in die Landschaft passenden Bauwerk gearbeitet. Die gesamte Regierung von Tibet war darin untergebracht, dazu viele hundert

Mönche in ihren Schreibstuben. Seit dem Ende der Kulturrevolution und dem Tod Maos hat die reformierte chinesische Volksrepublik viele der Zerstörungen wieder beseitigt, hat repariert und restauriert mit so viel Geschmack und Kunstfertigkeit, daß man oft das Neue nicht vom Alten unterscheiden kann.

Woher die Tibeter ursprünglich stammen, man weiß es nicht. Die heutigen Tibeter sprechen zwar nicht alle dieselbe Sprache, aber die verschiedenen Dialekte sind trotz mancher Eigenarten doch miteinander verwandt. Die Fläche des Landes wird mit 1.220.000 Quadratkilometern angegeben, die Zahl der Bewohner mit 1,8 Millionen. Tibet ist ein zum größten Teil abflußloses, in viertausend und fünftausend Meter Höhe gelegenes Land. Im Süden wird es vom Himalaya begrenzt, im Norden vom Kunlunshan, im Westen vom Karakorum und im Osten vom Transhimalaya. Im Süden dieses Gebirgsmassivs verläuft der Anfang des Brahmaputra, von den Tibetern Tsangpo genannt. Im Kernraum von Tibet liegt die Hauptstadt Lhasa, nicht allzuweit davon entfernt die Städte Shigatse und Gyangtse. Im Vergleich mit den kalten Wüsten auf der Hochebene von Nordtibet, den fast vegetationslosen Tälern und Hängen, ist die nähere und weitere Umgebung von Lhasa relativ fruchtbar, gut bewässert und erlaubt eine ertragreiche Landwirtschaft. Wo sonst nur extensive Weidewirtschaft möglich ist, allerdings bis hinauf auf viertausend und fünftausend Meter, gedeihen in den günstigeren Regionen Weizen, Mais, Raps, Gerste, Hülsenfrüchte und natürlich auch Kartoffeln. Etwas Bergbau wird betrieben, man fördert Eisen, Kupfer, Borax, Salz, Erdöl und sogar Gold zutage.

Mit diesem Gold sind unter anderem die Dächer des Potala, zahlreiche Buddha-Skulpturen und andere religiöse Einrichtungen überzogen. Wie man sagt, wurde das Gold von der alten Regierung gehortet, in tiefen Höhlen verborgen und bis zum heutigen Tage von den Chinesen nicht gefunden.

Wir sehen vom Dach des Potala die Reste von Klöstern, vor allem die Ruinen des Staatsorakels, das auch den Fanatikern der chinesischen Kulturrevolution zum Opfer fiel. Anderes ist wieder aufgebaut oder wird unter Aufwendung großer Mittel an Material, Menschen und Geldern in Ordnung gebracht.

Die Geschichte von Tibet ist legendär von ihrem Beginn bis weit ins 7. Jahrhundert hinein. Als in Mitteleuropa Karl der Große das Heilige Römische Reich Deutscher Nation begründete, hat ein tibetischer Machthaber aus zahlreichen Stammesfürstentümern ein diktatorisch regiertes Königreich geschaffen. Es reichte weiter, sehr viel weiter als das moderne Tibet, nämlich bis hinauf nach Szechwan. Seit dem 8. Jahrhundert konnte der neuerdings eingeführte Buddhismus die alte Bön-Religion weitgehend verdrängen. Aber der Schamanismus ist geblieben und durchdringt heute noch den Lamaismus in zahlreichen Sonderformen. Es sind damals Klöster entstanden, deren Äbten es gelungen ist, gewaltigen Großgrundbesitz an sich zu reißen. Dieser sogenannte Kirchenadel hat sich schon früh mit dem Feudaladel des Landes verbunden. Die landwirtschaftliche Bevölkerung geriet in Leibeigenschaft. Nur die heute noch existierenden Nomaden konnten so frei leben, wie sie es wollten.

Tibet ist kein Land des Hungers und der bitteren Not, wie oft gesagt wird, sondern durchaus in der Lage, sich aus eigenem Grund und Boden zu ernähren. Die bisherige Oberschicht, die zahlreichen Klöster, lebten von den Abgaben der Bauern. Jeder fünfte Tibeter – kaum zu glauben – war buddhistischer Mönch in einem der Klöster. So tief aber war und ist heute noch das religiöse Gefühl der meisten Tibeter, daß sie mit ihrem Schicksal gar nicht unzufrieden waren. Immerhin, die Regierung und die Regierenden ließen sie leben.

Der chinesische Kaiser Kubilai Khan hat um das Jahr 1280 einen der Lama-Priester als geistliches Oberhaupt eingesetzt und seitdem Tibet als einen Teil des gewaltig ausgedehnten Reiches der Mitte betrachtet. Da die Herrschaft Kubilai Khans und seiner Nachfolger relativ milde war, hatte man nichts dagegen, ein Teil von China zu sein.

Tibet war ein Gottesstaat, daher war auch die geistliche Regierung des Dalai Lama eine gottgewollte Einrichtung. Aufstände gab es nur selten. Sie wurden von der kleinen, bis zuletzt noch mittelalterlich ausgerüsteten Armee mit harter Hand niedergeschlagen, mit grausamen Strafen für die Rebellen. Jahrhunderte vergingen, ohne daß man die nominelle Herrschaft Chinas zu spüren bekam. Erst im vorletzten Jahrhundert griff das Reich der Mitte stärker in die tibetischen Verhältnisse ein und übernahm schließlich die politische und militärische Kontrolle.

Mit der Schwäche Chinas im 19. Jahrhundert lockerte diese sich wieder. Großbritannien und Rußland, die in Zentralasien Konkurrenten waren, haben aus eigenem Interesse ein gewisses Gleichgewicht gefördert und erhalten. Im Jahre 1906/07 hat eine kleine, aber tüchtige britisch-indische Armee gewaltsam Lhasa erreicht und vorübergehend besetzt. Ein paar hundert tibetische Soldaten, noch mit Feuersteinbüchsen ausgerüstet, fielen ihnen zum Opfer. Alsdann kam es zu einem chinesisch-britischen Kompromiß. Beide erkannten ihre gegenseitigen Interessen an und sorgten auf diplomatischem Wege dafür, daß die Russen nicht nach Süden vordrangen. Als 1911 die Mandschu-Dynastie stürzte, als der letzte Kaiser aus Peking vertrieben wurde, blieb Tibet als praktisch unabhängiger Gottesstaat zurück.

Als es dem schon oft erwähnten Heinrich Harrer, dem Erstbesteiger der Eiger-Nordwand, gelang, während des Zweiten Weltkriegs aus dem indischen Gefangenenlager Dhera-dun zu fliehen und unter ungeheuren Strapazen Lhasa zu erreichen, haben zwar die Briten vom Dalai Lama seine Auslieferung verlangt, konnten aber nichts ausrichten. Im Gegenteil, Harrer wurde zum Berater, zum Dolmetscher, schließlich sogar zum Freund des Gottkönigs. Er hat ihm aus Teilen eines alten Jeeps, den man in Teile zerlegt auf dem Rücken von Yak nach Tibet getragen hatte, den Antriebsmotor für ein Kino gebaut. Dort hat der Dalai Lama wohl die ersten Filme gesehen.

Als die kommunistische Volksrepublik China nach dem Abzug der Briten aus Indien die Zeit für reif hielt, um alte Ansprüche in Tibet einzukassieren, war es mit den relativ ruhigen Jahren zu Ende. Der Dalai Lama entschloß sich zur Flucht, wobei ihn auch Heinrich Harrer nach Indien begleitete. Als ihm daraufhin die Chinesen große Angebote machten und seine Sicherheit garantierten, kehrte der Gottkönig in sein Land zurück.

Doch gerade weil seine religiöse Stellung unangefochten geblieben war und weil zudem die Kulturrevolution in China ausbrach, mußte sich der Dalai Lama 1959 zur zweiten Flucht entschließen. Sie gelang unter großen Schwierigkeiten, vielleicht gerade noch im letzten Augenblick, wobei man den heiligen Mann in Sänften über verschneite Pässe und Gletscher trug. Die gefürchteten Räuberbanden, die nur primitiv bewaffneten Khambas, entfachten daraufhin einen Aufstand gegen die chinesischen Invasoren, der fast alle Teile des Landes ergriff. Es hat Jahre gedauert, bis die roten Truppen dem ein Ende machten. Bis dahin war ein großer Teil der Klöster, Kultstätten und Paläste zerstört worden.

Die Macht der Lama schien gebrochen, der Grundbesitz wurde enteignet. Der alte Feudaladel, etwa hundertfünfundsiebzig in Klassen eingeteilte Familien, wurde entweder vernichtet oder vertrieben. Wen man von der bisherigen Herrenschicht eingefangen hatte, den brachten die Rotchinesen und Kulturrevolutionäre mitsamt Frauen und Kindern um.

Dieser Adel muß eine sehr kultivierte Schicht gewesen sein. Wenn auch ganz Tibet nach außen abgeschlossen war, die hochadligen Söhne konnten es verlassen, im Ausland studieren und mit erstaunlich viel Weltkenntnis zurückkehren. Die Leute lebten in Luxus, aber auch in Kultur. Sie bildeten eine geistige, an Bildung bedeutsame Insel, eine auf unsoziale Weise sagenhaft reiche Sippschaft, aus der sich die hohe Beamtenschaft, die führenden Äbte und dergleichen rekrutierte.

Was im Reich des Gottkönigs bis etwa zum Jahre 1951 gewesen ist, kann nicht wiederkommen. Eine geregelte Rechtsprechung hat es nicht gegeben. Lasten und Würden waren ungerecht verteilt, so grausam waren die Strafen für Rebellen, Verbrecher oder Spione, daß allein dafür von den chinesischen Besatzern ein Museum eingerichtet wurde. Darin sollen sich die »befreiten Tibeter« ansehen, wie furchtbar man früher gegen das Volk gewütet hat, mit dem Herausreißen der Zunge, mit dem Abhacken der Hände, mit schweren Ketten und schlimmen Foltern – eine Todesstrafe in unserem Sinne allerdings gab es nicht. Die todeswürdigen Leute wurden »nur« zu Prügeln verurteilt. Diese aber wurden so lange ausgeteilt, bis der Mann oder die Frau an Schmerz und Blutverlust zugrunde ging.

Die Chinesen, die Besatzer von Tibet, haben viele tausend Kilometer Straßen gebaut. Lastwagen und Pkw, auch Busse und Militärkolonnen können heute von Lhasa bis nach Peking rollen, auch das Land selber nach vielen Seiten durchqueren. Die Eisenbahn, bei unserem damaligen Aufenthalt erst geplant, dürfte schon bald fertig sein. Dann ist Lhasa mit allen wichtigen Teilen Chinas auf dem Schienenweg verbunden. Vieles wurde auch getan zur Hebung der Landwirtschaft, auch zum Aufbau einer bescheidenen Industrie.

Wir verlassen den Potala und gehen durch verwinkelte, arg verschmutzte und verschlammte Straßen zum Jakang-Tempel. Er ist nicht das größte, aber das wichtigste Heiligtum des Landes, das Zentrum des lamaistischen Buddhismus. Was sich dort tut, ist kaum zu glauben. Eine riesige Menschenmasse wartet und wimmelt vor den Eingängen. Viele hundert Gläubige schieben sich hinein und kehren wieder. Wer es besonders gut meint mit seinen Göttern oder ein wichtiges Anliegen hat, legt die letzten hundert Meter, vielleicht auch einige Kilometer, auf den Knien zurück, vielleicht sogar auf dem Bauch sich vorwärtsschiebend. Andere werfen sich auf die Hände, stehen nach jedem Schritt auf, werfen sich nieder, ziehen die Füße nach, stehen wieder auf und werfen sich aufs neue nieder. Auf diese Weise kann es besonders Frommen ohne Rücksicht auf Zeit und Schmerzen gelingen, in das heiligste Heiligtum einzudringen. Uns wird das auch gestattet, ohne ständiges Niederwerfen, wir haben Vortritt allenthalben. Schwindlig wird uns in den zahlreichen Gängen und Buchten des Tempels. Ich weiß nicht, wie viele Kapellen, heilige Plätze, Skulpturen sich darin befinden. Man erkennt sie an Dutzenden von Butterlampen, die mildes Licht verbreiten. Die Luft ist erfüllt von ranzigem Geruch, von menschlichen Ausdünstungen, auch von nicht definierbaren Gewürzen. Die Leute beten nicht laut, sie murmeln, und dieses Gemurmel ist wie ein bescheidener Wasserfall, der irgendwann begonnen hat, aber niemals aufhört.

Draußen Scharen von Kindern und Bettlern, die offenbar nur von dieser Tätigkeit leben. Nicht etwa, daß sie faul sind, erklärt mir Herr Tang, unser guter Führer. Es ist eben ihre Art, das Leben so zu verbringen. Mit anderen Worten, es ist ein weitverbreiteter Beruf, der seinen Mann oder seine Frau ernährt.

Heute ist das anders. Man hat die Straße verbessert und gesäubert. Die Bettler wurden verbannt. Es ist alles moderner geworden, das eigentliche Mittelalter, das tibetische Mittelalter, ist aus Lhasa verschwunden.

Es gibt noch viel anzusehen, Gebetsfahnen, Gebetstücher überall. Dann hinaus nach Norburlinka. Ein Ausflugsort für alle ist nun der ehemalige Sommerpalast des Dalai Lama. Für die Inneneinrichtung, so hat mir Heinrich Harrer erzählt, sind er und sein Kamerad Aufschnaiter verantwortlich. Eine schöne, parkartig ausgedehnte Anlage, relativ gut gepflegt, nicht altertümlich, sondern modern wirkend. Wir können hineingehen, über Treppen steigen, die Flure durchmessen, sogar das Schlafzimmer des Dalai Lama betreten. Er besaß dort ein modernes Messingbett, ein Studierzimmer mit Schreibmaschine und eine Bibliothek, großenteils in englischer Sprache. Als besonderes Entgegenkommen mag es gelten, daß uns Herr Tang mit lächelndem Augenzwinkern auch das Badezimmer öffnet. Genauso wie unser Badezimmer in der deutschen Heimat.

Wir können nicht mehr, die Höhe macht sich bemerkbar! Immerhin bewegen wir uns zwischen dreitausendachthundert und viertausendzweihundert Meter. Die Knie schlackern, der Atem pfeift, das Herz hört nicht auf zu bummern. Am besten hält sich noch die alte Dame, die sich nicht sattsehen kann an den Wundern, an den Seltsamkeiten von Tibet.

Liebend gern möchten wir, vor allem auch unser akademischer Führer, die berühmten Städte Shigatse und Gyangtse besuchen. Aber Mr. Tang rät dringend davon ab und schiebt bestimmte Verbote vor, die bisher beide Orte für Fremde verschlossen. Unser energischer Führer, der auch hier in Lhasa nicht versäumt hat, den Kommunismus zu rühmen, dringt mehr und immer stärker auf den guten Tang ein. Dieser läßt sich nicht verdrießen, zeigt gute Miene zum gewagten Spiel, und schließlich, nach zahlreichen Telefonaten, erhält er die Genehmigung für die Sonderfahrt. Allerdings, so wird von chinesischer Seite betont, sollen wir auf keinen Fall die Höhe der beiden Pässe vergessen, deren Luft noch dünner ist als in Lhasa selbst. Der eine von ihnen liegt fünftausendzweihundert Meter hoch. Hätte ich gewußt, was das bedeutet, ich hätte verzichtet. Aber natürlich, als die (fast) ersten Besucher, die ersten Langnasen in jenen beiden berühmten Orten zu sein, hatte auch für mich großen Reiz.

Wieder hinauf mit wankenden Knien in den Speiseraum des Offizierslagers, danach relativ leichtfüßig wieder hinunter zu unseren Quartieren. Noch kälter als zuvor ist es geworden, aber die Bettflaschen fehlen nicht. So verbringen wir alle eine bequeme, ruhige Nacht in breiten Betten, die sonst für chinesische Offiziere gedacht sind. Bei dieser Gelegenheit möchte ich noch erwähnen, daß wir von den meist blau gekleideten oder grün uniformierten Chinesen recht freundlich behandelt wurden. Der Rang von Offizieren war zu jener Zeit nicht erkennbar, es sei denn an vier Taschen auf der Uniform für Offiziere im Unterschied zu zwei Taschen für die Mannschaftsgrade.

Wir hatten genug Platz in dem noch relativ neuen, wenn auch kleinen Bus. Jeder Teilnehmer hatte ein Fenster für sich, außerdem gab es hinten noch eine Bank, bestimmt für drei Personen, die aber lediglich Taschen, Handgepäck und Lebensmittel aufnahm. Während ich meinen Platz auf der linken Seite hatte, saß mir zur Rechten die alte Frau Schäfer. Ein sehr langer Weg lag vor uns, wie Freund Tang versicherte. So war es dringend geboten, früh zu starten. Daher rollten wir noch in der Dämmerung aus der Hauptstadt hinaus. Erst dann wurde es einigermaßen hell. Im Hochland von Tibet werden zuerst die Höhen von der Morgensonne rosarot angestrahlt. Ein erhebendes Gefühl, nicht nur für mich, im Anblick dieser Gipfel durch das Herzland von Tibet zu fahren, den strömenden Tsang-po-Fluß auf der einen, sanft ansteigendes Gelände auf der anderen Seite.

Die Fahrt war so abwechslungsreich, war so erfüllt von wunderbaren

Ausblicken, daß ich viele Seiten brauchen würde, diesen Vormittag zu schildern. Nach einer Vielzahl von Serpentinen kamen wir an riesengroßen Seen vorbei, in denen es von Fischen nur so wimmelt – trotz der Höhe und Kälte! Doch von winzigen Fischerdörfern an den Ufern dieser Seen abgesehen, waren keine Spuren menschlichen Lebens zu entdecken.

Anfangs war die Straße noch relativ breit, und wir begegneten so früh am Tag immer wieder Militärkolonnen. Doch allmählich wurde sie schmaler und hatte gerade noch die Breite einer Fahrbahn. Sie stieg und stieg und stieg.

Eine gewaltige Leistung der chinesischen Konstrukteure und Arbeiter, gewiß. Aber ständig mußte repariert werden, überall waren kleine Bautrupps unterwegs. Erst hingen die Telegrafendrähte an hölzernen Masten, die wir früher auch daheim hatten. Dann wurden daraus mehrfach gedrehte Baumstämme, schließlich aber fehlte es so sehr an Holz, daß man die Pfähle im Schnellverfahren aus Ziegelsteinen hochgemauert hatte.

Es gibt hier keine Wälder, auch keine noch so schütteren Waldungen. Es ist keineswegs zu hoch, sondern es mangelt an Feuchtigkeit. Hinauf und weiter hinauf. Indessen unterhielt uns der deutsche Sinologe mit allen möglichen Besonderheiten der tibetischen Religion. Wir hörten vom Höllengott Yama, der mit zahlreichen Köpfen und sechsunddreißig Händen dargestellt wird, ebenso von der Weißen und der Grünen Tara, besonders auch vom »Tibetischen Totenbuch«. Es stammt aus früher Zeit und schildert das richtige Verhalten zwischen Tod und Wiedergeburt. Die Angehörigen, oder besser ein Lama-Priester, haben viel zu tun, damit der Abgeschiedene in einer bestimmten Anzahl von Tagen seine Inkarnation erlebt. Das Ziel seiner zahlreichen Existenzen auf Erden aber ist das Nirwana, die glückselige Vereinigung mit dem Kosmos, mit dem Schöpfer des Universums und seiner für irdische Augen unsichtbaren Welt.

Die Tibeter sind davon vollkommen durchdrungen, von Kindesbeinen bis zu dem letzten Erdentag werden sie beherrscht von ihrer Religion. Der Schamanismus spielt eine große Rolle. Der Mensch ist nach tibetischer Auffassung nie allein, sondern stets umgeben von Geistern, Dämonen, Halbgöttern und Vettern des Teufels. Auch die tibetische Kunst ist wesentlich religiöse Kunst, vom Lamaismus geprägt, und was unter den Händen von Künstlern entsteht, hat religiöse Bedeutung. Sie zu verstehen ist für Fremde sehr schwierig. Allein schon die Ikonographie der Mandala, der Thanka und der Wandmalereien ist eine Wissenschaft für sich. Eine

Datierung tibetischer Kunst ist kaum möglich, weil sie keine Stile kennt. Die Farben spielen eine Rolle, besonders bei den Thanka, die vorwiegend grün, rot und gelb gehalten sind. Der geometrische Aufbau der Bilder ist symbolisch für kosmische Gesetzmäßigkeit. Tibetische Tanzmasken, besonders für rituelle Tänze, bestehen aus Papiermaché, bemaltem Lehm und Holz, jede hat ihre eigene Bedeutung.

Die Musik der Tibeter, erklärt unser deutscher Begleiter, sei so fremdartig, daß sie nur im Lande selbst ertragen werden könne. Für Besucher sei es das beste, die Ohren zu verschließen und so schnell davonzulaufen wie irgend möglich. Die Mönche aber unterhalten Chöre mit instrumentaler Begleitung. Dazu gehören vier Meter lange Trompeten, Maultrommeln aus Bambus, große und kleine Gongs sowie Flöten, die aus Knochen hergestellt sind. Das beste Material dafür wird aus Menschenknochen hergestellt, möglichst aus den Beinknochen eines sechzehnjährigen Mädchens, das eines gewaltsamen Todes gestorben ist. Wobei man nur wünschen kann, daß der Tod nicht zu diesem Zweck herbeigeführt worden ist.

Weil unser Führer noch immer ein leidenschaftlicher Anhänger des toten Mao Tse-tung ist, schildert er in hohen Tönen die Wohltaten der Volksrepublik seit deren Einmarsch in Tibet. Das Land sei im Klerikalismus und Feudalismus erstarrt gewesen, die Chinesen aber seien nun dabei, es wirtschaftlich zu erschließen. Sie haben die Gleichberechtigung der Frau durchgeführt, die Leibeigenschaft abgeschafft, die Allmacht der Klöster gebrochen und der adligen Vorherrschaft ein Ende bereitet.

Auf tibetische Literatur angesprochen, meint Mr. Tang, diese sei erst relativ spät entstanden. Es gab früher keine Schrift, man begnügte sich mit Knotenschnüren, ähnlich wie im Reiche der Inka. Während der Herrschaft Srungtsangantos vor rund tausend Jahren habe man eine Schrift entwikkelt. Allein schon für die Verwaltung des Landes und seiner Klöster war diese notwendig, während die breite Bevölkerung keine Ahnung davon hatte. Heilige Sanskrit-Schriften wurden damals ins Tibetische übersetzt, desgleichen die lamaistisch-buddhistische Bibel, der »Kandschur« mit seinen hundertachtzig Bänden, dazu der altindische Kommentar »Tandschur«.

Abfällig äußert sich unser Sinologe über den Schamanismus und die übernatürlichen Anschauungen der Tibeter. Es gibt hier jene Tranceläufer, wie man sie, wenn auch seltener, in Nepal und Sikkim erblickt. Man spricht von der Levitation, also von der geistigen Fähigkeit, den Körper in schwebender Stellung über dem Boden zu halten. Angeblich sind bestimmte Lama in der Lage, stundenlang so auszuharren. Andere wieder können die Temperatur ihres Körpers so weit steigern, daß sie nahezu unbekleidet in Eis und Schnee ausharren.

Ein großer Gelehrter und Schriftsteller war der VI. Dalai Lama im 17. Jahrhundert. Dieser aufgeklärte Mensch – unser Führer mußte selber lachen – habe sogar Liebesgedichte verfaßt und sei ein schlimmer Schürzenjäger gewesen.

In Tibet gäbe es noch immer Vielmännerei und Vielweiberei, versichert der deutsche Sinologe, auch wenn die aufgeklärte Volksrepublik China all dies ändern wolle. Natürlich könne man gute Fortschritte nicht durchsetzen, ohne bisweilen recht streng zu sein, ja militärisch vorzugehen. Etwa ein Viertel der heutigen Bewohner des Hochlandes sind bereits Chinesen, gab er zu. Am Rande von Lhasa werden zur Zeit die auch bei uns üblichen Wohnsilos emporgezogen. Bald werde die Hauptstadt zur Hälfte chinesisch sein.

Daß die Namen der Städte, der Landschaften, der Flüsse und so weiter neuerdings geändert würden, stellte unser Kenner in Abrede. Man habe die alten Namen, wie sie uns geläufig sind, nur phonetisch umgestaltet. Beispiel: Die Provinz Sinkian heute Xinjiang. Wenn man nicht genau wisse, wie diese Namen ausgesprochen würden, sei das unsere Schuld, man müsse sich eben umstellen. Die politische Gewalt liege beim Ministerrat, dem Chadag, der aus fünf Mitgliedern besteht. Die Nationalversammlung, Tsongu genannt, hat fünfzig Mitglieder. Alle gelten als Beamte, abgesehen von geistlichen Würdenträgern, die es angeblich nach wie vor gibt. Der Dalai Lama hatte sich bereits im Mai 1952 mit dem Pantschen Lama, seinem Stellvertreter, über die heutige Regierungsform geeinigt. Um was für eine Form es sich handelte, kam nicht deutlich heraus. Der Pantschen Lama muß allerdings im Lama-Kloster von Peking residieren. Er kommt nur gelegentlich in seine tibetische Residenz.

Tibet ist das größte Hochland auf Erden, besonders das nördliche Dreiviertel der autonomen Region. Wenige Menschen, in der Hauptsache Nomaden, wandern durch das zum größten Teil aride Gebiet. Sie ertragen Winter, die acht Monate lang dauern, und Temperaturen, bis minus vierzig und fünfzig Grad. Randketten von siebentausend, ja achttausend Meter Höhe umgeben das unwirtliche Land. Sven Hedin hat es durchquert, er strebte nach Lhasa mit all seiner Energie, erreichte aber den Sitz des Dalai Lama nicht. Er wurde hingehalten, aufgehalten, schließlich durch altertümliche Truppen nach Norden vertrieben.

Der Ausdruck »Dach der Welt« stimme eigentlich nur für den Norden Tibets, betont Tang, für dieses baumlose öde Hochland, ohne Ackerbau, ohne feste Siedlungen. Der Süden jedoch sei sehr viel besser, auch wenn wir ständig wegen der dünnen Luft Beschwerden hätten. Diese müsse man ganz einfach unterdrücken.

Als wir ihn nach dem Verhältnis zwischen Mann und Frau fragten, wurden wir vor Trugschlüssen gewarnt. Die Frau sei Herr im Hause und regiere auch die Familie, eingeschlossen den eigenen Mann oder die Männer. Wir sollten uns auch nicht täuschen lassen und die Leute für bettelarm halten. Das seien nicht einmal die Bettler. Wenn man genau hinsehe, würden wir gerade bei Frauen und jungen Mädchen sehr viel kostbaren Schmuck aus Halbedelsteinen, aus Gold, Silber und dergleichen entdekken. Tibetische Frauen seien etwas hellhäutiger, als man allgemein glaube. Das sei überhaupt ihr Schönheitsideal, dem sie mit Kräutersäften nachhelfen. Unverständlich sei hier für die Weiblichkeit, daß sich unsere Frauen und Mädchen zum Bräunen in die Sonne legen. Wie Heinrich Harrer mir versichert hat, gab es in feudalen Familien nicht nur sehr hübsche, sondern auch gepflegte und gebildete Mädchen. Diese lassen sich heute nicht mehr blicken, falls sie überhaupt noch existieren. Wie unser Führer behauptet, sind Tibeter nicht sonderlich am Erwerb irdischer Güter interessiert, was ich bezweifeln möchte. Doch sie arbeiten weniger als wir und sind zufrieden mit der gesicherten Existenz.

Die Bewohner des höchsten Landes auf der Welt sind relativ friedlich, abgesehen von den Khambas, den umherziehenden, räuberischen Nomaden. Diese leben von Diebstahl, von der Plünderung, von erpreßten Abgaben der arbeitenden Bevölkerung, halten sich dabei jedoch an gewisse Spielregeln. Sie lassen dem Ausgeraubten gerade noch genug übrig, daß er weiterhin schaffen und leben kann. Auch früher war der Dalai Lama praktisch machtlos gegen diese Banden. Wenn man einen oder mehrere von ihnen fing, blieben sie so lange in Ketten, bis sie an Hunger verstorben waren. Sonst aber hatte Lhasa nur ein kleines Gefängnis, deswegen auch die drakonischen Körperstrafen.

Kinder waren stets erwünscht, Abtreibung oder Verhütungsmittel waren undenkbar. Allerdings starb etwa die Hälfte der Neugeborenen. Grund dafür war der totale Mangel an Hygiene. Sofern Beschwörungen, das

Einreiben mit Salben und dergleichen eine Krankheit heilen können, bemühten sich darum die Lama und ihre Gehilfen. Aber das half natürlich nicht bei Tumoren, bei inneren Leiden und dergleichen mehr. Der Tod war ständiger Begleiter, wurde aber nicht besonders gefürchtet. Die Wiedergeburt sollte ja demnächst folgen. Die Mädchen heirateten schon mit vierzehn bis sechzehn Jahren, die Lebenserwartung war allgemein sehr niedrig. Angeblich galten schon vierzigjährige Männer und Frauen als ehrwürdig und alt.

Es gibt genug zu essen für die Bewohner des Landes. Kein besonders gutes oder schmackhaftes Essen, aber genug, um das Leben zu fristen. Nun sind noch viele tausend chinesische Soldaten und Familien dazugekommen, aber auch sie ernähren sich angeblich aus dem Land. Exportiert werden nur die besonders widerstandsfähige Schafwolle, Moschus, Borax und etwa zehntausend Yak-Schwänze pro Jahr. Welchem Zwecke sie dienen und wer sie dringend begehrt, war nicht zu erfahren. Ausgeführt wird seit uralter Zeit Salz aus Zentraltibet und eingeführt vor allem Petroleum, Erdöl und Paraffin.

Wie auch Sven Hedin berichtet, gab es Mönche, die sich lebenslänglich einmauern ließen. Manche begannen dies schaurige Leben im Alter von zwanzig Jahren. Sie durften danach die Sonne nicht mehr erblicken, durch eine Lücke in der Mauer wurden sie notdürftig ernährt, ihr Unrat floß durch eine Rinne nach draußen. Erst wenn die Speisen nach einer Woche nicht mehr berührt wurden, brach man den Eingang auf und holte den Toten heraus. Der nächste erschien und beschwor, daß er mit Freuden in die ewige Dunkelheit gehe.

Wie man den nächsten Dalai Lama findet, ist eine Wissenschaft für sich. Viele Vorbedingungen müssen erfüllt sein, viele Kenntnisse und Fähigkeiten müssen die noch kindlichen Kandidaten aufweisen. Immerhin, auch wenn mitunter ein Jahr und mehr darüber vergehen, die Wiedergeburt des Dalai Lama wird eines Tages entdeckt. Wie dann sein Leben, seine Unterweisungen, seine strenge Gefangenschaft im goldenen Käfig verlaufen, ist kaum bekannt und jedenfalls für uns Langnasen nicht zu begreifen.

Der XIV. Dalai Lama, jener, der nun im Exil von Dharmsala lebt, ist ein hochgebildeter, sehr begabter und aufs beste erzogener Mann. Auch seine Schwester und sein Bruder haben sich so gut entwickelt, wie man es nur wünschen kann. Sie entstammen, mit unseren Augen gesehen, einer sehr bescheidenen, bäuerlichen Familie.

Viele der Gottkönige sind erstaunlich früh gestorben, was zu der Frage berechtigt, ob man vielleicht ihrem Ableben nachgeholfen hat. Die Mächte, die hinter jedem Dalai Lama stehen, hat mir Harrer berichtet, sind unergründlich. Wenn jenes kleine Kind, das man im Säuglingsalter als Wiedergeburt des letztverstorbenen Dalai Lama erwählt hat, heller und klüger wird, wenn es beginnt, die Welt zu erkennen, können sich womöglich Gedanken entwickeln, die seinem Gefolge als verfehlt erscheinen. Der junge Mann will reformieren, und der erwachsene Mann versucht es tatsächlich! Wenn dies dem einen oder anderen Machthaber hinter den Kulissen widerstrebt, wenn ihm dadurch das Gefüge des Gottesstaates in Frage gestellt scheint, kann womöglich der Tod eintreten. Bis der nächste Gottkönig als Kleinkind gefunden und herangewachsen ist, regieren aufs neue die geheimnisvollen Mächte im Hintergrund.

Die IX. Wiedergeburt seiner tibetischen Heiligkeit starb mit elf Jahren, der nächste mit dreiundzwanzig Jahren, der XI. Dalai Lama mit sieben und der XII. bereits mit zwanzig Jahren. Wer die Todesengel gewesen sind, ist gewiß nicht zu ergründen. Es kann auch mit rechten Dingen zugegangen sein. Denn es gab auch den XIII. Dalai Lama, der von 1893 bis 1933 regierte. Von ihm weiß man, daß er fast hundert Jahre alt geworden ist!

Hat der Tibeter einen Feind, einen bitterbösen Menschen, der möglichst rasch verschwinden soll, versenkt man ein Blatt mit dem Namen des Opfers in die Innenseite eines Stiefels, diesen wirft man in tiefes Wasser, mit allen möglichen Beschwörungen und Verwünschungen. Wenn sich die Sache richtig entwickelt, wird der Betreffende sterbenskrank und verschwindet.

Der Bus rollt weiter und weiter, dabei immer höher hinauf und schließlich durch Gelände ohne Vegetation. Wir sind schon fünftausend Meter hoch, und immer noch geht es weiter hinauf. Dann haben wir den Paß erreicht. Auf dieser Anhöhe, etwa so breit und weit wie ein Fußballfeld, befindet sich eine halb im Boden versenkte Platte mit der Angabe fünftausendzweihundert Meter. Dies soll der höchste Punkt der Strecke sein, und draußen ist es bitterkalt. Dennoch, der eine oder andere Mitreisende möchte fotografieren. Obwohl ich dringend davor warne, die Türen des Busses zu öffnen, so daß schlagartig dünne Luft eintreten muß, entschließt sich unser »wissenschaftlicher« Begleiter, die Doppeltür zu öffnen.

Wir spüren schlagartig die Höhe, und irgendwie bringt das unser

Wohlgefühl durcheinander. Alle steigen aus, am Ende auch die alte Dame. Sie atmet schwer, drückt beide Hände auf ihre Brust, mit einem Male wird ihr furchtbar schlecht. Die hochbetagte Frau wird von dem Sinologen und Tang aufgefangen. Aus allen Öffnungen ihres Leibes ergießt es sich. Sie begreift es, sie riecht es und entschuldigt sich für das peinliche Mißgeschick. Gemeinsam heben wir sie wieder in den Bus, betten sie auf die Hinterbank, wickeln sie in Decken und schieben zwei oder drei Kissen unter ihren Kopf.

Letzten Endes erreichen wir Shigatse, eine interessante, unerschlossene Stadt im alttibetischen Stil. Tempel, eine Menge von Pilgern, sogar einige in tiefen Schlaf versunkene Yak können wir begrüßen und schließlich die Unterkunft beziehen, vor der uns Tang bereits gewarnt hat – nicht genug gewarnt.

Eine volkstümliche Herberge ganz nach tibetischem Stil, von unzähligen Leuten überfüllt. Dennoch hat man drei Räume für uns freigehalten. Aber auf den sogenannten Betten befinden sich nur Strohsäcke und Zudecken aus abgeschabten Wolltüchern. Zum Glück haben wir selber Lebensmittel dabei, auch Tee und dergleichen, denn was hier geboten wird, ist für unseren Geschmack kaum zu genießen. Die alte Dame kann gar nichts verzehren, sie bleibt auf ihrem Strohsack, scheint sich aber bedeutend besser zu fühlen.

Wenig, ja fast gar nicht zu befriedigen scheint hier das menschliche Bedürfnis. Es gibt keine Klos, nicht einmal einen Donnerbalken. Ich laufe hinaus, gehe um ein paar Ecken herum, versuche, ein Wäldchen oder etwas Ähnliches zu erreichen, aber es gelingt mir nicht. Endlich, hinter einer halbverfallenen Mauer entdecke ich eine Reihe von Männern und Frauen, die sich nach althergebrachter Weise befreien.

Nach halbdurchwachter, nur schlecht überwundener Nacht beginnt die Besichtigung von Shigatse. Hätten wir nicht unseren wissenschaftlichen Reiseleiter, hätten wir nichts davon begriffen. Es gibt Tschorten, Ghompas, Wälder von Gebetsfahnen, Mönche, die Kesselpauken schlagen, bescheidene und bettelnde Lama.

Wieder eine Nacht, wieder möchte die alte Dame überhaupt nichts zu sich nehmen und läßt sich an beiden Armen nur für einige Augenblicke aus der Bruchbude ins Freie führen. Dann Abfahrt nach Gyangtse. Dort ein Gewimmel von Pilgern, weil in den nächsten Tagen eines der großen Feste gefeiert wird. Das alte, das ganz alte Tibet, so will mir scheinen, blieb hier noch erhalten. Uniformierte Chinesen sind kaum zu sehen. Wenn die Geheimpolizei auch hier den Trubel überwacht, so ist sie wirklich geheim, man kann sie nicht erkennen. Die kleinen Kinder sind zauberhaft, aber von Schmutz bedeckt. Die Eltern, die vorgebeugten Greise und alle Pilgerscharen aus dem nördlichen Tibet – allein schon am durchdringenden Geruch sind die Leute auch bei tiefster Dunkelheit wahrzunehmen.

Die Nomaden hausen in quadratischen Zelten aus Yak-Haar und kochen für sich. Als Herd dienen ihnen zwei oder drei Steine, über die man eine Blechplatte gelegt hat, darunter das Feuer aus dem Dung ihrer Grunzochsen. Die Leute sind freundlich, bestaunen die Fremden, sie bieten auch mir eine Schale von ihrem Tee an. Natürlich handelt es sich um echt tibetischen Tee von herumziehenden Wanderern der höchsten Regionen. So enthält das Gebräu ranzige Butter, und zwar vom Yak.

Einige von uns möchten gern das Innere der beweglichen Wohnung fotografieren, wozu man die Genehmigung einholen sollte. Dazu gehört vor allem ein freundliches Lächeln, damit läßt sich alles ausdrücken. Wegen der Gerüche bleibt aber niemand länger als für ein oder zwei Blitzlichter notwendig ist in der Unterkunft.

Die Zeit ist kurz, sie ist auf allen Reisen, wie mir scheint, viel zu kurz. Wir besteigen wieder den Bus und rollen in Richtung Lhasa davon. Wir möchten die Entfernung an einem Tag schaffen, weshalb der Fahrer sein Tempo steigert, soweit das möglich ist. Brav und bieder überwindet der kleine Bus die unendlich wirkende Fahrstraße. Nach den schlechten Erfahrungen, die die alte Dame während des Aufenthalts auf der Höhe von über fünftausend Meter gemacht hat, dringen wir darauf, daß wir uns die Beine nur in tieferen Lagen vertreten und den Imbiß nicht gerade auf einem der himmelhohen Pässe verzehren. So scheint auch ihr die Reise nichts auszumachen. Sie meint zwar, Herzstiche zu spüren, aber diese gehen bald wieder vorüber, als wir in tiefere Lagen kommen. Schon lange ist es dunkel, als wir endlich in Lhasa eintreffen, als wir noch einmal die Höhe bis zum Speiseraum erklimmen und dann todmüde, aber sehr zufrieden ins Bett fallen.

Lange haben wir geschlafen, auch ich trete erst auf die Terrasse, als die Sonne schon am Himmel steht. Was mir als erstes auffällt, ist die fast vollzählige Gruppe meiner Mitreisenden. Sie stehen murmelnd beisammen und scheinen unschlüssig.

Die alte Dame ist heute nacht gestorben! Erst kann ich es nicht fassen. Sie konnte gestern abend wieder nichts essen, ging gleich ins Bett, genoß die warme Flasche und die wollenen Decken. Im tiefen Schlaf ist sie hinübergegangen in jene Welt, die wir eine bessere nennen. Ihr Wunsch, auf einer Reise zu sterben, ist in Erfüllung gegangen.

Unser deutscher Führer und unser Tang sind verzweifelt. Dann aber müssen sich beide ihrer Pflichten erinnern. Rasch reagieren die chinesischen Behörden. Ein Sanka mit Arzt und zwei Sanitätern rollt in den Hof. Sie können nicht mehr, als das Ende bestätigen. Ein chinesischer Totenschein wird ausgestellt.

Was soll mit ihren sterblichen Überresten geschehen? Das ist jetzt die Frage. Eine Frage, die niemand beantworten kann. Ihre Papiere werden durchgeblättert, genau geprüft, aber sie enthalten keine Angaben über das, was im Falle ihres Todes passieren soll. Doch die chinesischen Behörden haben ihre Vorschriften. Der Transport eines Toten ist nicht gestattet, es sei denn auf besonderen Wunsch der deutschen Botschaft in Peking oder nach Hinterlegung von ungefähr zwölftausend Deutschen Mark. Also bleibt nichts anderes übrig, als die Verstorbene hier in Lhasa beizusetzen. Am besten wäre eine Einäscherung gewesen. Aber es gibt kein Krematorium in Lhasa, außerdem ist eine Verbrennung nur mit Genehmigung der Familie gestattet. Also Erdbestattung, und sofort sind hierfür die Vorbereitungen zu treffen. Die Gruppe kann nicht endlos bleiben, der Abflug ist für den übernächsten Tag festgesetzt.

Nach einer längeren Unterhaltung zwischen unserem Tang mit dem chinesischen Arzt stellt sich heraus, daß es irgendwelche Bestimmungen gibt, wonach innerhalb der autonomen Region Tibet nur die Bestattung »nach Landesbrauch« üblich sei. Ausnahmen von dieser Regel würden nur für chinesische Offiziere und Beamte gemacht, die nach ihrem Brauch in der Erde ruhen sollen. Sonst aber – landesübliche Beisetzung. Was aber ist damit gemeint? Der Leser wird es nicht glauben. Die Verstorbenen werden außerhalb der bewohnten Ortschaften schlicht auf den Steinboden gelegt, von berufsmäßigen Bestattern zerschnitten und den Tieren, vor allem den Aasvögeln, überlassen. Keine Mauern umgeben die schaurigen Plätze, keine Wächter hindern Neugierige, das makabre Schauspiel zu beobachten.

Das sei doch unmöglich, meint unser Sinologe. Auch unser Tang bemüht sich, vergeblich, um eine Sinnesänderung der chinesischen Behörden. Der langen, lebhaft geführten Reden kurzer Sinn ist das unerbittliche Verlangen, den Landesbräuchen zu folgen. Ob es denn absolut gar keine Ausnahme geben könne? Die drei inzwischen hinzugekommenen Ärzte erklären nach längerer interner Besprechung: »Jawohl, diese Ausnahme kann es geben, falls der deutsche Botschafter in Peking eine Erdbestattung für die deutsche Dame wünscht.« Ein großes Entgegenkommen, ohne Zweifel, aber wie ist ihm in so kurzer Zeit zu entsprechen? Wir wissen es nicht, wollen es aber versuchen. Der Arzt hängt sich in der Zentrale des Offiziersheimes ans Telefon, und mit Hilfe unseres Dolmetschers kann er nach längeren Versuchen die Telefonnummer unserer Botschaft herausfinden. Das Gespräch wird bestellt und muß im voraus bezahlt werden, sodann müssen wir uns in Geduld fassen.

Der Sinologe bedient sich der deutschen Sprache. Er bekommt einige Sekretärinnen ans Telefon, schließlich auch irgendwelche Beamten, aber um welche es sich handelt, ist nicht klar. So knapp wie möglich berichtet er diesen Leuten, um was es geht. Aber diese begreifen die Zusammenhänge nicht. Unser Mann versucht, den Botschafter zu sprechen, der aber ist anderweitig beschäftigt, nicht sprechbereit ist sein Vertreter usw.

Ja, dann wäre eben nichts zu machen, erklären die Chinesen, spätestens nach vierundzwanzig Stunden müssen nach den hier herrschenden Bestimmungen die sterblichen Überreste der Frau Schäfer ausgesetzt werden.

Weil ich ehedem dem deutschen diplomatischen Dienst angehört habe, möchte ich versuchen, den Botschafter zu sprechen. Tatsächlich habe ich in wenigen Minuten die Botschaft am Draht. Leider aber geht es mir auch nicht besser als unserem Sinologen. Ein halbes Dutzend Herren und Damen reden abwechselnd, aber keiner versteht, worum es geht. Also was tun? Ganz einfach natürlich! Ich lasse den Hörer sinken, lege mein Gesicht in zufriedene Falten und erkläre, der Herr Botschafter bittet um Erdbestattung für Frau Schäfer. Alle Anwesenden nicken, auch die Chinesen sind sehr zufrieden. Gern wolle man der diplomatischen Vertretung der Bundesrepublik den Gefallen erweisen.

Was dann folgt, erstaunt durch die Geschwindigkeit. Das Entgegenkommen der Chinesen ist ebenso groß wie anerkennenswert. Binnen weniger Stunden hat ein von unserem guten Tang alarmierter Steinmetz ein regelrechtes Grabmahl hergestellt, komplett mit dem Namen, dem Geburtsdatum und dem Todestag der alten Dame. Sogar einen Geistlichen können wir auftreiben, der, ohne es nach außen hin zu zeigen, den katholischen Glauben in Lhasa vertritt.

Leider jedoch startet unsere Maschine eine Stunde früher, als die feierliche Beisetzung erfolgen kann. Der geistliche Herr verspricht uns, daß alles geschieht, was bei uns daheim den guten Sitten entspricht. Die nächsten Reisegruppen nach uns haben ihr Grab besucht, es fotografiert und sogar Blumen niedergelegt. Die alte Dame ruht inmitten von Soldaten, Beamten und ihren Familien auf dem chinesischen Friedhof von Lhasa.

## Wem gehört Ladakh?

Es ist noch gar nicht lange her. Einige von uns waren bereits auf der Welt, als ein Forscher aus dem europäischen Norden, Sven Hedin, die damals lebensgefährliche Wanderung von Srinagar im Herzen von Kaschmir nach Leh und Ladakh bewältigte. Mit seiner Karawane aus etwa hundert Kamelen, Ochsen und Maultieren marschierte Hedin aus dem zu Britisch-Indien gehörenden Königreich Kaschmir durch fast unerschlossenes, menschenleeres, von Banditen bedrohtes Gelände zur kleinen Ortschaft Leh, dem Mittelpunkt des damals noch unerforschten Fürstentums von Ladakh.

Der wagemutige Entdecker überquerte viertausendfünfhundert Meter hohe Pässe, wo es nur Trampelpfade gab, aber immerhin karge Weideflächen für seine Tragtiere. Die Entfernung betrug annähernd fünfhundert Kilometer, aber reißende Flüsse mußte er durchqueren und allenthalben Räuberbanden besänftigen oder sich den Durchzug erkaufen. Nur seiner Sprachbegabung und Diplomatie hatte es Sven Hedin zu verdanken, daß seine Kolonne tiefer und immer tiefer in die wilde Welt eindringen konnte.

Was der weltberühmte Schwede entdeckt und geleistet hat, was er in zahlreichen Büchern zu berichten wußte, was Hedin als erster Europäer erblickte, gehört zu den Glanzleistungen der Entdeckungsgeschichte. Ich habe ihn gekannt und mich oft mit ihm unterhalten. Er war ein guter Freund meines Vaters, oft war er bei uns zu Gast in der Wilhelmstraße 73, dem Berliner Palais des Reichspräsidenten. Als ich, es war im Jahre 1950, mein erstes Reisebuch »So schnell dreht sich die Welt« herausbrachte, hat Sven Hedin das Nachwort dazu geschrieben.

Ende der dreißiger Jahre besuchten meine Eltern und ich Sven Hedin und seine Schwester im Landhaus von Saltjöbaden bei Stockholm. Als wir nach Tisch am knisternden Kamin saßen, sprach er von seiner Wanderung durch die Berge und Schluchten von Ladakh. Fünf Wochen hatte er dafür gebraucht, und als die Nachricht von seinem Erfolg in die westliche Presse gelangte, hielt man seine Wanderung durch Ladakh für ein Wunder. Hedins Berichte darüber liest man in drei dem Land Ladakh gewidmeten Bänden. Jedem, der sich heute dorthin begibt, sei das Studium dieser Bücher dringend empfohlen.

In unseren Tagen führt eine großenteils asphaltierte Straße von Kaschmir, genauer gesagt von Srinagar nach Leh. Allerdings gelangt der motorisierte Reisende dorthin nur dann, wenn die Gewalten der Natur, vor allem die Schmelzströme, nicht allzu wild gewütet haben. Während des Winters, so ungefähr von Mitte Oktober bis in die ersten Apriltage, bedeckt tiefer Schnee und glattes Eis die Straße. Sie muß ständig kontrolliert werden, auch während der Sommerzeit ist sie oft wochenlang verschüttet. Ständig sind Bautrupps der indischen Pioniere unterwegs. Es waren ihre Vorgänger, die Baukompanien der britisch-indischen Armee, die, beginnend im Jahre 1930, den Fahrweg geschaffen haben. Schmal ist die Straße, steil führt sie hinauf und hinunter. Eine scharfe Kurve folgt der anderen, und an Brücken fehlt es selbstverständlich nicht.

Noch aus anderen Gründen war die Straße Srinagar-Leh viele Jahre lang für den Zivilverkehr, insbesondere für fremde Reisende, gesperrt, wegen der zeitweise hart umkämpften Grenze zwischen Indien und Pakistan in unmittelbarer Nähe, Grund genug, die Verbindung allein dem Militär freizuhalten. Seit dem Jahre 1976 ist es aber auch Fremden erlaubt, die Straße zu befahren. Aber Einzelreisen wurden fürs erste nicht zugelassen, bis dahin vergingen noch mehrere Jahre. Zunächst mußte man sich einer Gruppe anschließen.

Zwei japanische Kleinbusse wurden uns zur Verfügung gestellt. Einer hätte auch genügt, denn wir waren nur fünfzehn Personen. Hinzu kam noch unser deutscher Reisebegleiter und ein perfekt englischsprechender Führer aus Indien. So war es möglich, daß jeder Mitfahrer einen Fensterplatz für sich hatte. Was die Reisezeit von Srinagar bis Leh betrifft, gingen die Meinungen weit auseinander. In der Theorie genügen zwei Tage, aber nicht, wenn wieder ein Erdrutsch niedergegangen war, wenn sich noch Schneewehen auftürmen, was zu allen Jahreszeiten möglich ist. Dann bleibt man liegen und braucht Geduld. Oft wissen es die Fahrer im voraus und können also ihre Passagiere an einem Zwischenhalt absetzen.

Nicht ganz so groß waren unsere Probleme. Aber Zeit kostete es, wenn eine Kolonne von Militärfahrzeugen uns entgegenkam oder überholen wollte. Dann mußten unsere Kleinbusse halten und am Straßenrand so lange warten, bis die oft kilometerlange Kolonne vorbei war. Einmal zählten wir hundertacht Wagen, und es dauerte zwei Stunden, bis sie unter Donnergepolter vorüber waren. Die Streitkräfte haben immer Vorfahrt!

Wenn die indischen Obristen nervös sind, hat das seinen Grund. Im Frühjahr 1962, kaum daß die schlimmste Schneeschmelze vorüber war, stießen aus der »Autonomen Region Tibet« chinesische Gebirgsjäger über schwindelnd hohe Gebirgspässe in die nördlichen Randgebiete von Ladakh. Ohne auf Gegenwehr zu stoßen, besetzten die Invasoren ungefähr hunderttausend Quadratkilometer des kaum besiedelten und nur aus der Luft kartographierten Landes mit der Begründung, die Region habe irgendwann einmal zum Gottesreich Tibet gehört und gehöre daher nun zur Volksrepublik China. Allerdings fiel dieser Landraub noch in die Zeit von Mao Tse-tung. Heute sieht man es auch von Peking aus etwas anders. Man einigte sich auf eine vorläufige Demarkationslinie. Dennoch, die Inder sahen sich veranlaßt, die gesamte Region, soweit geographisch möglich, zu militarisieren.

Bislang hatten nur zwei oder drei Reisegruppen die Erlaubnis erhalten, von Srinagar bis Leh vorzustoßen, darüber hinaus zum Kloster Hemis. Obgleich ich mich sofort bemühte, die erste Reise mitzumachen, war schon alles ausgebucht! Seiner Zeit sollten ja nicht mehr als etwa dreißig Ausländer zu gleicher Zeit im Land unterwegs sein. Es war noch ein richtiges Abenteuer, ein Grund mehr, sich daran zu beteiligen. Immerhin war ich vorgemerkt, und schon im Mai des Jahres 1977 gehörte ich dazu.

Ladakh bildet kulturell, religiös und auch sprachlich eine in sich geschlossene Einheit, deutlicher gesagt, es ist nach wie vor ein Teil von Tibet, deshalb wird es auch Westtibet genannt.

Noch heute herrscht in dieser Region der lamaistische Buddhismus, und der aus seiner Heimat vertriebene Dalai Lama, der tibetische Gottkönig, genießt hier nach wie vor hohe Verehrung. In der Tat lebt Seine Heiligkeit, wenn sie sich nicht gerade auf weiten Reisen befindet, direkt südlich von Ladakh. Viele tausend seiner Getreuen, vor allem der Priester und Gelehrten, sind ihm gefolgt, nicht wenige davon leben in seiner Nähe.

Die zahlenmäßige Beschränkung der Touristen wurde während unserer Busreise mit dem Mangel an passenden Gasthäusern begründet. Gewiß waren schon kleine Hotels und halbwegs moderne Unterkünfte im Bau, aber noch nicht verfügbar. Bislang hatte es nur ein Reiseveranstalter geschafft, Unterkünfte zu besorgen. In Srinagar sollten wir starten, aber erst drei bis vier Tage nach unserer Ankunft die hübschen kleinen Busse besteigen. Vorgesehen war, daß wir die Wartezeit in der Nähe von Srinagar verbrachten, aber nicht im Hotel, sondern auf einem der Hausboote. Davon gibt es unendlich viel von unterschiedlicher Art. Das reichte und reicht noch von schwimmenden Herbergen, die man wirklich als luxuriös bezeichnen kann, bis zu den kaum bewohnbaren, aus verblaßten Brettern bestehenden Kähnen, die mit geborstenem Kiel auf dem Grund des Gewässers ruhen. Damals hausten in den nicht mehr schwimmfähigen Bruchbuden vorwiegend Hippies aus der Bundesrepublik.

Bildschön sind viele der Hausboote auf dem Dhal-See, der sich mit rund fünfunddreißig Quadratkilometer Ausdehnung etwa eine halbe Stunde weit von Srinagar entfernt befindet. Außerdem gibt es noch den schönen Wurla-See. Lastkähne, Wassertaxis, Privatboote und auch Flöße verkehren zwischen der Hauptstadt und der Seenplatte. Wie zu Zeiten der Mogul-Kaiser und später noch während der fast zweihundertjährigen britischen Herrschaft war diese Region ein Ferienparadies der Reichen und Mächtigen. Sie alle, die indischen Radscha, die britischen Sahib und Memsahib, natürlich auch die kapitalkräftigen Ausbeuter, empfanden es angenehm, die glühendheiße, menschenwimmelnde Tiefebene mit dem kühlen, blumenreichen Kaschmir zu vertauschen.

Tuckernde Wassertaxis befördern uns ins schwimmende Hotel. Am Fuß der mit orientalischen Teppichen geschmückten Treppe legen wir an. Wir betreten ein breites Deck mit Korbstühlen, gestickten Tischdecken, mit Blumenkübeln und zwei schnatternden Papageien, die hier in unbeschränkter Freiheit leben. Weil sie das tägliche Futter an Bord bekommen, wissen sie nichts Besseres zu tun, als hier zu bleiben. Der Speisesaal erinnert an einen Speisewagen aus den Tagen des Orient-Expresses der Jahrhundertwende. Die arg befleckten Tischdecken, die durchlöcherten Gardinen haben lediglich unsere beiden alten Damen gestört. Sie haben es sicher gesehen, aber kein Wort darüber verloren. Die Schlafkabinen, relativ groß für eine schwimmende Herberge, tragen wahre Bettenberge. Für mehrere Polarnächte hätte ihre Wärmewirkung ausgereicht. Wäre es nicht so schwierig gewesen, die verklemmten Bullaugen zu öffnen, dann hätte alles seine Ordnung gehabt. Lauwarmes Wasser lief aus den Hähnen, und im WC stand ein großer Eimer, um wirksam nachzuspülen. Die Mannschaft an Bord war überaus zahlreich, freundlich und aufmerksam. Nach Landesbrauch erwähnten sie sogleich ihre niedrige Entlohnung. Jeden mitfühlenden Gast sollte die mit gesenkten Augen vorgebrachte Klage dazu anregen, das ohnehin vorgesehene Trinkgeld zu erhöhen.

Über die Mahlzeiten konnte man weder klagen noch in Lobeshymnen ausbrechen. Schon bevor wir damit begannen, machten sich zahlreiche Fliegen und andere Schmarotzer darüber her. Im übrigen waren die Portionen so umfangreich, daß wir beim besten Willen kaum die Hälfte vertilgen konnten.

Wir bestiegen zwei Boote, die von ihren Eigentümern mit Hilfe langer Stangen bewegt wurden. Unser deutscher Begleiter und der einheimische Führer wiesen auf die Menge der Wasservögel hin, die in vielen Arten den grünblauen See belebten. Im übrigen ist die Vegetation verwirrend, ein Gewächs noch schöner als das nächste. Zum Glück war eine Doktorin der Botanik mit von der Partie. Eine solche Fülle von schwimmenden Pflanzen kann nur gedeihen, weil beide Seen seicht sind. Nirgendwo mißt man mehr als zwölf Meter Tiefe. Wirklich ein irdisches Paradies: In der Ferne schneebedeckte Höhenzüge, zahlreiche Blumen direkt vor Augen. Angenehme Düfte stiegen in unsere Nasen. Scharen der schönsten Vögel umschwirrten uns. Wenn man so häufig das Wort Paradies gebraucht – hier entsprach es in jeder Weise der Wirklichkeit.

Es gibt viele, wenn auch kleine Inseln, die als fruchtbare Gemüsegärten gepflegt werden. Drei bis fünf Ernten kann man im Jahr einbringen. Allerdings müssen die Gärtner höllisch aufpassen, daß ihnen die Insel nicht gestohlen wird. Es sind nämlich schwimmende Inseln, künstlich erschaffen aus Treibholz, Schilf, abgeholzten Weidebüschen, danach mit fruchtbarer Erde bedeckt. Man kann sie nicht allein lassen, denn es gibt ausgefuchste Inseldiebe, die schnell bei der Hand sind, eine Insel in eine verschwiegene Bucht zu schleppen. Wird die entwendete Insel dort mit anderen verbunden, ist sie nicht mehr aufzufinden. Dem Besitzer fehlt damit jedoch die Existenzgrundlage.

Schon am gleichen Abend stellten sich bundesdeutsche Hippies ein, echte Aussteiger aus dem Leben daheim, die zum großen Teil sehr freundlich waren, aber notleidend. So jedenfalls ihre ersten Worte. Sie baten um abgelegte Kleider, die man allerdings auf Reisen nur selten bei sich führt. Aber auch Hemden genügten ihnen, manch einer aus unserer Gruppe trennte sich von diesem oder jenem Stück.

Alsdann erfuhren wir von unserem indischen Begleiter, wozu die Hemden nebst anderen erbetenen Kleidungsstücken in Wirklichkeit dienten, nämlich als Geschenke an die Besatzung unseres Luxusbootes. Dafür erhielten die bedauernswerten Bundesdeutschen einen großen Teil der von uns nicht verzehrten Mahlzeiten. An sich war das gar nicht einzusehen, weil das tägliche Leben, besonders die ortsüblichen Lebensmittel, für unsere Begriffe unglaublich billig sind. Einer von den Hippies, der einen recht manierlichen Eindruck machte, lebte nicht nur gut und recht von dem Geld seiner Eltern, sonder üppig und in Freuden. Oft konnte er seine Leidensgefährten über Wasser halten.

»Meine Eltern schicken mir einen recht netten Monatswechsel.« Ich meinte, dann habe er aber sehr großzügige Eltern.

»Ganz im Gegenteil, die wollen nicht, daß ich wieder nach Hause komme. Hierbleiben soll ich, möglichst auf Nimmerwiedersehen!«

Unsere Damen sahen mit tiefem Mitgefühl, daß zwei oder drei von den Hippiemädchen Babys und Kleinkinder auf der Hüfte trugen, ganz nach Art der indischen Mütter.

»Was soll bloß aus diesen armen Dingern werden?«

Wir besuchten in jenen drei Tagen fast alle Sehenswürdigkeiten, die man uns empfohlen hatte, darunter auch die berühmten Mogul-Gärten, die besonders von Rosenkennern und -züchtern geschätzt werden.

Dann endlich war es soweit. Wir bestiegen unsere Toyota-Busse neueren Datums. Die beiden Fahrer waren Sikhs. Zwar gehören auch sie zu den Hindus, tragen aber Turbane, dazu noch jeder einen Backenbart, der allmorgendlich frisch geölt wird. Besonders liebenswürdige, arbeitsame und fahrsichere Männer waren sie. Als Nachtlager diente ihnen eine geflochtene Matte mit Wolldecke. Bei gutem Wetter lagen sie darauf neben den Bussen. Wenn Regen drohte, schlummerten sie unter ihren Fahrzeugen.

Zunächst lagen vor uns relativ gute, einigermaßen gerade Wege. Wir fuhren hinein ins sogenannte Großtal von Kaschmir, von dem wir hörten, es sei ungefähr hundertdreißig Kilometer lang und vierzig Kilometer breit. Schöne Aussichten draußen und drinnen die Gelegenheit, sich kennenzulernen. Die schon erwähnte Botanikerin, auf der Sonnenseite der Fünfzig stehend, war eine Leuchte ihres Fachs. Vieles verdanken wir ihren Hinweisen. Ein Ehepaar hielt mehr auf sich selber, nahm aber jede denkbare Rücksicht auf Mitreisende. Den Chef des Bundesausgleichsamtes hatte ich schon irgendwo getroffen, und so kamen wir bald ins Gespräch. Die beiden rund siebzigjährigen Damen erstaunten mehr und mehr durch ihre Energie, ebenso durch ihre hohe Bildung, durch ihre Ausdauer bei Wanderungen und beim Besteigen von Türmen.

Wir rollten durch grüne Reisfelder, vorbei an alten Platanen, fuhren gemächlich durch Alleen himmelhoher Pappeln und ließen unsere Blicke über Berge und Eisgipfel schweifen. Unter diesen befand sich, nur hin und wieder sichtbar, der Nanga Parbat, auch der Gasherbrum und noch ein anderer Riese, der schlicht als K2 bezeichnet wird.

Wasserläufe und grünschwimmende Seen zu beiden Seiten. Der noch fern vor uns aufragende Himalaya betrachtet sich darin wie in Spiegeln. Eine relativ reiche, wenn auch dünn besiedelte Gegend umgibt uns: Tomaten, Kürbisse, Gurken, Melonen und Kartoffeln, eingeführt von den Briten. Hier geht es den Leuten unvergleichlich besser als den Menschenmassen in den bedauernswerten Großstädten der riesengroßen indischen Republik.

Eine der schönsten Wasserflächen ist der Nagin-See, mit dem größeren Dhal-See durch natürliche Kanäle verbunden. Der Nagin soll das sauberste Wasser von allen haben, gern fahren die Leute dorthin zum Baden, und wer im Nagin-See ein Hausboot sein eigen nennt, kann sich glücklich nennen. Noch steigen rechts und links die Hänge nur langsam bergan, wir sehen Sträucher und Birkenwälder, vereinzelte Gehöfte inmitten blühender Aprikosenbäume.

Erst merken wir es kaum, bald aber kann niemand mehr bezweifeln, daß wir steigen. Die Straße ist belebt, auch von motorisierten Rikschas, von Ochsenwagen und beladenen Eseln. Allmählich wird das bisher angenehm breite Tal enger und enger. Die Berge rücken heran, die Vegetation kann sich nicht mehr so üppig entfalten. Kaschmir, das gelobte Land, die Sehnsucht zahlreicher Abendländer, ändert sein Gesicht. Schon sind beiderseits Gletscher zu sehen, doch sie erscheinen angesichts der noch großen Entfernung wie Eisflächen, grau und schmutzig. Die Straße führt am Shind River hinauf, eine Kurve folgt der anderen. So erreichen wir den ehemaligen Kurort Sonamargh.

Man muß das Präfix ehemals voranstellen, weil noch zahlreiche Zeugen der anglo-indischen Vergangenheit erhalten blieben. Hier befinden sich drei Rasthäuser, ehedem für durchreisende Offiziere und Beamte gedacht. Jedes von ihnen enthielt drei Schlafzimmer, ein Wohnzimmer, die Küche und eine Terrasse davor, eine Bedientenwohnung daneben. Die Kolonialisten haben nicht schlecht gewohnt, für sie allein waren die Rasthäuser reserviert. Heute kann dort jeder wohnen, zumindest die Nacht verbringen, wer genügend Rupien mit sich führt. Für unsere Begriffe sind die Rasthäuser billig, aber nicht für die Einheimischen und erst recht nicht für die Hippies aus dem fernen Europa oder Amerika. Diesen nämlich gefällt es in Sonamargh besonders gut. Mit etwa fünfzig Mark im Monat, so haben uns die jungen Leute erzählt, kann man in Kaschmir, erst recht droben in Ladakh, ganz gut leben.

Davon zeugen die Unterkünfte, besonders jene Hotels, die in auffallender Weise draußen fünf Sterne tragen. Auch wenn sich das Etablissement »Grand Hotel«, »Paradise« oder »Crown Jewel« nennt, verlangen sie von ihren Gästen nur ein bis zwei Mark pro Nacht. So sehen sie auch aus: windschief, schmuddelig, und sie riechen nicht nach Lavendel. Mahlzeiten, die satt machen, werden dort gereicht, aber die schmierigen Tische und Teller wirken nicht gerade einladend. Dennoch, in einem der Vielsternehotels sitzen nicht weniger als sieben Hippies um den schräg abgesäbelten Tisch. Für uns haben sie nur verachtungsvolle Blicke.

Sonamargh war Garnison der anglo-indischen Gebirgsschützen. Die Gebäude aus jener Zeit stehen noch. Im übrigen war dieser Platz, und ist es teilweise heute noch, der Ausgangspunkt für herrlich-schöne, angenehm-wilde Bergtouren. Nicht auf Schusters Rappen, sondern an Bord von Maultieren dringt man von hier aus in die Täler vor. Von diesen Mulis stehen ein paar Hundert in der Gegend verstreut. Dies wäre auch eine Möglichkeit, um Leh zu erreichen. Eine solche Trekkingtour führt etwa vierzehn Tage lang durchs vielgelobte Zanskar-Tal. Ein echtes, großes und interessantes und die Gesundheit förderndes Abenteuer! Es wird von allen Leuten, die es hinter sich haben, in den höchsten Tönen gelobt. Viele Einheimische unternehmen die Reise, weil sie letzten Endes auch zu Wallfahrtsorten führt, zum Kloster Hemis und anderen heiligen Stätten im Norden von Ladakh.

Die Fahrstraße wird schmaler, tiefeingeschnitten führt sie an steilen Flanken nach oben. Unsere Fahrer hupen pausenlos, das verlangt ebenso die Vorsicht wie das Prestige. Denn von oben kommen uns andere Fahrzeuge recht rasant entgegen.

Irgendwo hier verläuft die Grenze zwischen der Provinz Kaschmir und der Region Ladakh. Waren Birken auf der Kaschmir-Seite vorherrschend, dazu halbhohe Sträucher, Weideflächen und Moospolster, so ist Ladakh vorwiegend kahl und steinig. Strahlendes Sonnenlicht meißelt die Bergformationen und Schluchten scharf heraus. Wenn wir anhalten, empfinden wir die Luft als kühl im Schatten, aber als glühendheiß in der Sonne. Jede Luftbewegung ist spürbar, man merkt, daß wir einer anderen Welt entgegenfahren. Die landeskundigen Fahrer halten auf dem Paß von Zoji in dreitausendfünfhundert Meter Höhe. Beim Herumlaufen und Fotografieren spüre ich bereits die dünne Luft. Wie gut, daß wir unsere Busse haben, denn hier möchte ich wirklich nicht zu Fuß gehen.

Ein paar Kurven weiter sperrt uns ein Soldat mit roter Fahne die Passage. Es hat einen Bergrutsch gegeben, hundert Pioniere sind eifrig dabei, den Schaden auszubessern. Da ist nichts zu machen, wir müssen warten und bleiben im Windschutz der Busse. Es dauert nicht so lange wie befürchtet, ein paar Bagger und Baukräne schwanken an uns vorbei, die Straße ist wieder frei, aber leider nicht so dauerhaft wie uns das wünschenswert erscheint.

Eine schier endlose Kolonne von Militärlastern kündigt sich an. Darunter befinden sich Tieflader mit Flaks und Paks an Bord. Als wir hoffen dürfen, daß die polternde Schlange zu Ende ist, erfahren unsere Fahrer, daß in zwanzig oder dreißig Minuten einer andere, ebenfalls aus hundert Fahrzeugen bestehende Kolonne naht. So versuchen unsere Sikhs, einen bestimmten Ort im Dras-Tal zu erreichen. Dort können, ja müssen wir übernachten, was anderes gibt es nicht in erreichbarer Nähe. Das komme öfter vor, beruhigt uns der indische Begleiter.

Nun hat Dras eine Eigenschaft, die allen Wetterfröschen der Welt bekannt ist. Dieses Tal mit dem gleichnamigen Ort gilt als die zweitkälteste Stelle der Welt, nach Verchojansk im nordöstlichen Sibirien. Ein Hotel gibt es nicht, wie sich denken läßt, schon weil die überaus frostige Gegend sechs bis sieben Monate während des Jahres von Schnee bedeckt und unpassierbar ist. Also übernachten wir in Zelten, die schon aufgebaut sind. Die beiden Busse sind für solche Fälle eingerichtet. Da ich »Einzelzimmer« gebucht habe, wird mir auch hier ein Zelt zur alleinigen Benutzung angeboten. Es ist nagelneu, auf dem Gummiboden liegen Wolldecken, darüber eine Luftmatratze und sogar ein Schlafsack. Weil ich schon meine Erfahrung gemacht habe, habe ich selber immer einen Sack dabei. Er ist vom Besten und soll angeblich behaglichen Schlaf bis zu vierzig Grad unter Null garantieren.

In diesem Fall ist das nicht nötig, denn kälter als null Grad wird es nachts nicht. Kaum zu glauben, daß mitunter im Winter hier im Dras-Tal minus vierzig, ja sogar fünfzig Grad gemessen werden. Keiner von uns hat etwas gegen den Aufenthalt, auch nicht die beiden Schwestern über Siebzig. Auf jeden Fall ist es ein Abenteuer, von dem man zu Hause lange sprechen wird.

Bald nach dem zweitkältesten Ort der Welt erreichen wir ein bedeutendes Dorf namens Mahayana. Hier treffen sich verschiedene Sprachgruppen und Rassen, Urden, Kaschmiri und Balti. Balti kommen aus Kafiristan, wo sie im Ruf stehen, Nachkommen von versprengten Kriegern Alexander des Großen zu sein. Die unvermischten Kafiren – es sollen noch knapp tausend sein – gelten hierzulande als Heiden, als Anhänger eines Schamanenkults. Sie haben von ihren sagenhaften Göttern Skulpturen aus schlichtem Holz hergestellt, die bis zu tausend Jahre alt sind und eine der seltsamsten Religionen symbolisieren, die es in diesen abgelegenen Tälern noch heute gibt. Wo solche Unikate zu finden sind, zahlen kapitalkräftige Sammler astronomische Preise dafür. Wir gehen durch den Ort, fragen um Erlaubnis, ob wir fotografieren dürfen, und bringen eine schöne Ausbeute interessanter Aufnahmen zustande. Bei der Weiterfahrt durchs wilde, dünn besiedelte Hochland haben wir die pakistanische Grenze zu unserer Linken, eine heiße Grenze. Indische Militärposten sichern die Gegend. Ihre Jeeps rasen die Berge hinauf, nur unvollkommen getarnte Geschützstellungen begleiten unseren Weg. Man steht Gewehr bei Fuß.

Hell glänzt die Sonne. Sobald wir aussteigen, brennt uns die Hitze auf den Pelz. Weil die Berge nur wenig Vegetation aufweisen, das helle Licht aber aus freiem Himmel strahlt, hat man den schier unglaublichen Eindruck, als seien die Berge Ladakhs heller als das Tiefland.

Bei Kargil hat man das Wasser des Sugo-Flusses in viele Kanäle geleitet und über Terrassenfelder verteilt. Wo immer es möglich war, fruchtbaren Boden hinaufzuschleppen und durch Mauern zu stützen, wird hingebungsvoll für die tägliche Nahrung gesorgt. Spezialität sind hier Aprikosenbäume, die Früchte sind so süß und haltbar, daß man sie exportieren kann. Sonst beherrschen Pappeln das Landschaftsbild. Die kleinen Aprikosen, erzählt mir einer der Fahrer, halten sich in getrocknetem Zustand sehr lange, schmecken gut und waren früher der landesübliche Proviant für Pilger. Ich möchte mir ein Pfund davon kaufen, aber die Leute lehnen Bezahlung ab. Aprikosen bekomme man nur geschenkt, läßt man uns wissen. Mit kleinen Geschenken, so nehme ich an, revanchiert sich der Fremde. Auf flachen Dächern werden weit und breit Aprikosen getrocknet. Gertreide reicht bis über dreitausend Meter hinauf. Als wir vorbeirollen, ist gerade die Ernte im Gange. Rinder und Kinder stampfen im Kreis die Körner aus den Ähren. Dann wird das Korn gewerfelt.

Hier in Kargil, dem zweitgrößten Ort von Ladakh mit knapp viertausend

Einwohnern, besteht eine Herberge, die unsere Heiterkeit erregt. Sie hat fünf Sterne und nennt sich allen Ernstes Grand Hotel. Doch der Zustand des Lokus ist kaum zu beschreiben, das ganze Dorf scheint in Schmutz zu erstarren. Doch wer sich auf Reisen einläßt, kann nichts anderes erwarten. Die Bevölkerung besteht aus Moslem, und zwar aus Schiiten. Sie leben vom Handel, vom Transport und als Begleiter von Maultierkarawanen durchs Zanskar-Tal. Man wandert dabei zu Fuß oder an Bord der Mulis durch märchenhaft unberührte Dörfer, sagt unser Inder. Die Bergwelt dort ist kaum erschlossen, sie zählt zum hohen Himalaya.

Angenehm niedrig sind die Preise in Kargil, man muß sich fast schämen, so wenig zu bezahlen. Hippies verschiedener Art verdrücken hier Mahlzeiten, die nur Pfennige kosten. Das Bettzeug allerdings soll verfloht sein, erzählen uns die Leute, Mäuse und Ratten lieben die von Menschen angewärmten Betten und bringen dort ihre Jungen zur Welt.

In der Nähe von Kargil leben, wenn auch nur in geringer Menge, sogenannte Dukpa, Menschen, die aus den Seitentälern in Afghanistan und dem Iran eingewandert sind. Sie behaupten, gleichfalls von Soldaten des großen Alexanders abzustammen. Gelehrte behaupten, daß es sich um Indogermanen handele. Die meisten von ihnen sind hellhäutig und blond und haben ihre eigene Sprache. Verschiedene Mitglieder unserer Gruppe schwärmen vom längeren Verweilen hier in der Gegend, um von hier aus in jene geheimnisumwitterten Täler vorzustoßen, wo stellenweise einige Sippen der Dupka ganz nach alten Gewohnheiten leben.

Alsdann rollen wir über sandige Hochflächen zur Ortschaft Mulbekh. Hier verläuft die Religionsgrenze zwischen dem Islam und den Buddhisten. Wo sie einander begegnen oder vielleicht vermischt sind, herrscht freundliches Einvernehmen. Kilometerweit hat man die Fahrstraße in den gewachsenen Felsen gehauen. Dort bestaunen wir die Figur des Buddha Mantrayana, etwa dreizehn Meter hoch, daran anschließend Mani-Mauern, kegelförmige Tschorten und sehr viele Gebetsfahnen. Wir sind nun ganz eingetaucht in den tibetischen Kulturkreis. Ehrenschirme hat man an den Felskuppeln angebracht, und ein mächtiges Kloster könnte zum Aufstieg verlocken. Aber zu dünn ist die Luft und zu steil die Stufen hinauf. Kunstvoll geschnitzte Fensterrahmen und bunte Dachbalken sind zu sehen. Beim Weiterfahren durch die graue, dürre, auf- und absteigende Landschaft erblicken wir inmitten der Bergwüste grüne Oasen. Sie können nur bestehen, weil man sie durch Kanäle bewässert, die allem Anschein nach aus weiter Ferne kommen. Die Arbeiten daran reichen viele Jahrhunderte zurück.

Als wir eben wieder einen Paß erreicht haben, den dreitausendsiebenhundert Meter hohen Namika La, geraten wir in eine regelrechte Wüste, Dünen aus hellem Sand wie in der Sahara. Zur rechten Seite eine tiefe Schlucht, auf deren Grund ein schäumender Fluß zu erkennen ist. Die Straße wird schmaler und windet sich nochmals hinauf, so gelangen wir zum Fatu La in viertausendeinhundert Meter Höhe. Tschorten befinden sich auf der Paßhöhe; man darf sie nur auf der linken Seite passieren, im Uhrzeigersinn. Im übrigen flattern auch dort Gebetsfahnen im Wind, manche bestehen nur noch aus schmalen Fetzen.

Zur linken Seite, aber ziemlich weit entfernt und nur beim genauen Hinsehen zu erkennen, verlaufen die alten Wegspuren. Es sind die Trampelpfade der Karawanen, keine geschlossene Linie, sondern bis zu hundert Meter weit auseinandergezogen. Alles präsentiert sich hier als dürre, graubraune Gegend, die Vegetation besteht nur aus kargen Grasinseln. So dürftig diese auch sein mögen, sie waren lebensnotwendig für die Tragtiere. Die baktrischen Kamele, die Maultiere, die Tragschafe usw. haben die vergilbten Halme schon von weitem gewittert und sind von der einen kargen Äsung zur nächsten gezogen.

Die Karawanenführer und Maultiertreiber waren darauf eingerichtet. Es gibt noch heute Karawanen, allerdings sehen wir nur zwei während der ganzen Reise. Sie legen im Durchschnitt ungefähr zwanzig Kilometer täglich zurück, denn mühsam ist die Futtersuche und das Erklimmen der steilen Hänge, gefährlich der nachrutschende Sand bei den Abstiegen.

Durch dieses Gelände sind die ersten Forscher und Entdecker zu Anfang dieses Jahrhunderts gezogen. Hermann von Schlagintweit, der Engländer Alexander Cunningham, Sven Hedin, vor ihnen der deutsche Missionar Jaeschke und sein Amtsbruder Haid. Wieder hinauf zu einem Paß. Unsere Busse sind doch nicht so gut und zuverlässig wie sie aussehen. Das Wasser kocht, nach spätestens zwanzig Minuten müssen wir halten und warten, bis die Temperatur gesunken ist.

Bei solchen Gelegenheiten werden wir über die Pflanzenwelt informiert. Eine Wildrose gedeiht in diesen Höhen, *Rosa canina*, deren Blätter und Blüten den Eindruck machen, als wären sie mit Wachs überzogen. Dies dient aber nur zum Schutz ihres Wasservorrates, so gering er auch sein mag. Wenn gar kein Regen fällt, können diese Wildrosen lange ohne

Feuchtigkeit auskommen. Sie haben Pfahlwurzeln, die zwanzig bis dreißig Meter hinabreichen. Sobald ein paar Tropfen vom Himmel rieseln, beginnt aufs neue das Wachstum dieser Pflanzen. In ihrer Nähe gedeihen noch Salbei, Federgras, Löwenzahn, Silbergras und anderes mehr.

Wieder ein paar menschenfeindliche Haarnadelkurven, dann ein fantastischer Anblick: das Kloster von Lamayuru. Ein weißgetünchtes, mehrstöckiges Gebäude mit schräggestellten Mauern am Berghang. Darunter und dahinter sollen sich zahlreiche Höhlen befinden, die das gewöhnliche Publikum nicht betreten darf. Davor jedoch, das heißt tief im schon erwähnten Flußtal, liegen einige dunkelgrüne Oasen. Sie wirken höchst unpassend inmitten der wilden Felsen und der wüstenhaften Umgebung. Sie dienen der Ernährung der Mönche im Kloster wie zum Unterhalt jener Leute, die dort arbeiten. Heinrich Harrer berichtet von einer Vogelscheuche in einem Gerstenfeld, die von Zeit zu Zeit schrille Schreie ausstieß. Es war eine lebende Vogelscheuche, die von den Bauern ihres Dorfes gemeinsam bezahlt wurde, eine überaus häßliche, in Lumpen gehüllte Frau.

Nur eine Viertelstunde gehen wir zu Fuß von der Haltestelle zum Kloster, dann werden wir von rotgekleideten Mönchen begrüßt. Natürlich hält uns der eine oder andere die Kapala-Schale vor, damit wir ein wenig spenden. In diesen Schalen, die einmal das Hirn von Menschen gedeckt haben, klingeln nun indische Rupien.

Die dünne Luft stört mich sehr, während die beiden alten Damen scheinbar keine Minderung ihrer Spannkraft empfinden. Wir müssen im Kloster über steile Treppen bis aufs Dach steigen. Das ist auch richtig so, denn wir überschauen von dort aus schroffe Felsen und hellbeschienene Seitentäler in einer bizarren Landschaft, Türme und Höhlen allenthalben. Wenn die Sonne hineinscheint, glänzt es in den Hohlräumen, als wäre darin pures Gold aufgehäuft. Je länger ich durchs Glas in die Ferne schaue, um so öfter entdecke ich glänzend grüne Oasen mit je einem bescheidenen Haus in der Mitte. Jede ist die Heimat eines Bauern, der hier seine kostbare Existenz von seiner fernen Ahnenreihe übernommen hat.

Wir gelangen ins tiefe Tal des Indus. Er ist hier noch relativ schmal und trüb und grau von Gletscherwasser. Aber die Strömung ist erheblich. Bei dem Orte Khalatse wieder eine Brücke. Verbotstafeln drohen mit strengen Strafen, falls jemand diese Brücke fotografiert. Mir erscheint solche Aufpasserei hirnverbrannt, denn jeder etwaige Feind hat die Brücke gewiß schon hundertfach verdeckt fotografiert. Eine unserer Damen setzt sich über das Verbot hinweg und knipst in die Gegend. Von irgendwoher hat man sie beobachtet. Alle drei Busse werden angehalten, die schuldige Dame soll ihren Fotoapparat hergeben. Bei der Diskussion stellt sich immer noch ein weiterer Vorgesetzter ein. Schließlich begnügt sich der Kommandant mit dem belichteten Film aus der Kamera.

Das Indus-Tal wird ein wenig breiter, und wir sehen Terrassen mit Getreidebau, Aprikosen und Nußbäumen. Noch sind wir dreitausend Meter hoch. Aber schon erscheint der Indus mächtiger als bisher. Die Straße dehnt und wendet sich, die Hauptrichtung ist kaum zu erkennen. Wieder sind wir auf dreitausendfünfhundert Meter Höhe, und eine neue Bergwüste beginnt. Hell bis dunkelbraun sind die Dünen, die Berge wechseln ihre Farbe, der Himmel darüber ist meist etwas dunkler, aber vollständig wolkenlos.

Es folgen auf dem Wege nach Leh ein Kloster nach dem anderen. In manchen sollen nur noch wenige Mönche leben, andere wiederum sind überfüllt. Über die Zahl der Lama gehen die Schätzungen auseinander. Sie schwanken zwischen zwölftausend und achtzehntausend Mönchen, zwischen hundertfünfzig und zweihundert Nonnen, die in eigenen Klöstern leben. In einem der Gotteshäuser, das abseits unseres Weges liegt und das wir deshalb nicht betreten, ist der Abt kein gewöhnlicher Tibeter, sondern der jüngere Bruder des Dalai Lama.

Dann aber kommt die Hauptstadt von Ladakh in Sicht, die knapp zwanzigtausend Einwohner zählende Ortschaft Leh. Fast viertausend Meter hoch liegt Leh, das spürt man im ganzen Körper, besonders in den Knien. Zehn Kilometer liegt sie vom Indus entfernt, aber von ihm beziehen die Bewohner das Wasser für ihre Felder, ihr Vieh und sich selber.

Unsere Fahrzeuge schwanken zum Tibet-Hotel, ein lieblos hingestellter Kasten, drei Etagen hoch, ringsherum eine Reihe von Nebengebäuden. Es gibt erst zwei oder drei moderne Hotels in Leh. Dennoch können wir nicht klagen. Das an sich freundliche und relativ saubere Personal steht grinsend herum, niemand kommt auf den Gedanken, uns mit dem Gepäck zu helfen. Auch unseren beiden alten Damen bleibt nichts anderes übrig, als sich kurz entschlossen selber zu bemühen.

In den kahlen Zimmern nur Bett, Tisch, zwei Stühle und eine Reihe von Kleiderhaken, keine Spur einer Dekoration. Im Speisesaal erhalten wir kühles, lange vorher abgekochtes Wasser, dazu tibetischen Buttertee und eine tiefe Schale, in der sich ein Gemisch aus verschiedenen Ingredienzen

Oben: *Urwald an den Hängen des Mahabharat-Gebirges in Südnepal.*
Unten: *Heilige Bäume bei Lhasa, ihre Linksdrehung entspricht der Lehre Buddhas und dem Lauf der Sonne.*

Oben und vorhergehende Doppelseite: *Die Gipfel des Annapurna bieten nach Ansicht von Kennern den schönsten Bergblick in der Welt. Daher führen auch viele Trekkingtouren von Pokhara aus in diese Region.*
Unten: *Im November oder Dezember kann man mit etwas Glück über das Tal von Kathmandu hinweg die ganze Himalaya-Kette von Annapurna bis zum Mount Everest sehen.*

befindet. Nicht übel, aber was man da in sich hineinlöffelt, ist absolut undefinierbar. Wieder in meiner Kammer eingetroffen, um die Schuhe zu wechseln, überreicht mir einer der Hausgehilfen ein großes Kuvert. Darin befindet sich, noch einmal in Plastik gehüllt, eine Mitteilung besonderer Art. In fehlerfreiem Englisch werde ich wie jeder andere Gast darauf hingewiesen, daß die Bezahlung des Personals nicht nur dürftig, sondern geradezu unsozial sei. Der ehrenwerte Fremde wird deshalb dringend ersucht, möglichst bald einen gewissen Betrag den notleidenden Hausangestellten zu spenden.

Sodann brechen wir auf zur Besichtigung von Leh. In der Form eines großen L scheint die Hauptstadt des ehemaligen Fürstentums angelegt, aber nun beginnt der Ort sich nach allen Seiten in die karge Steppe hinein auszudehen. Unser Tibet-Hotel liegt außerhalb von Leh, das bedeutet weite Wege, wenn man die Stadt besuchen will. Im übrigen wohnt niemand außer uns in dem Haus. Immerhin können wir nach einigen Irrwegen eine regelrechte Toilette entdecken. Anstelle des sonst landesüblichen Plumpsklos befindet sich darin eine Schüssel mit Brille, daneben ein Kübel mit Wasser zum Nachspülen. Vorhänge fehlen, jeder Ladakher kann zusehen.

Wieder erhalten wir drunten im kahlen Speisesaal den üblichen Buttertee. Am besten eignet sich dafür relativ frische Butter vom Grunzochsen. Borax muß noch dazu kommen, etwas Salz und andere Ingredienzen. Tee muß natürlich auch hinein, aber er spielt bei weitem nicht die Hauptrolle. Ungefähr wie eine Suppe schmeckt der tibetische Tee, soll aber nicht schlecht bekommen. Mir aber geht's schlecht, ohne daß ich sagen kann, warum. Mein Fieber steigt bis zum Abend auf vierzig Grad. Ein mitreisender Arzt verabreicht mir eine Gelonida-Tablette nach der anderen. Das Fieber geht zurück, ich bin wieder in Ordnung. Jeder Ladakh-Reisende muß mit solchen Ereignissen rechnen.

Ladakh soll einen riesigen Reichtum an Mineralien besitzen, aber es dürfte sehr schwierig sein, sie zu finden, und noch schwieriger, sie gewinnbringend abzubauen. Zu den ungehobenen Schätzen gehören Kupfer, Chrom, Schwefel, Borax, Soda und Gold. Außerdem gibt es noch eine seltsame, schwarze, pastenähnliche Masse, die Takdschun genannt wird. Dieses Konglomerat brennt wie Petroleum und verpestet jeden Raum mit schwarzem Rauch.

Der Schnee auf den Bergen schmilzt erst im Juni, in den Tälern schon im

März. Die Sommer sind tagsüber sehr heiß, am Morgen und Abend jedoch relativ kühl. Im Winter sind fast alle Ströme und Wasserläufe steinhart gefroren. Da aber Niederschläge relativ selten sind, liegt Schnee nicht höher als dreißig Zentimeter.

Unser einheimischer Führer geht voran durch die Gassen, führt uns vorbei an mehr oder weniger gepflegten Wohnhäusern, Geschäftshäusern und Imbißbuden im tibetischen Stil. Worauf die Leute von Leh besonders stolz sind, ist ein Podest mit einem Verkehrspolizisten im Mittelpunkt der Stadt. Ein Dach schützt den Ordnungshüter vor Sonne, Regen und Schnee. Er macht einen tüchtigen Eindruck, und man glaubt ihm gern, daß er sich über jedes heranrollende Fahrzeug freut. Das gibt ihm Gelegenheit, seine Arme zu bewegen. Mitunter veranlassen ihn ältere Frauen, die einen Karren schieben, zu warnenden Pfiffen, weil zur gleichen Zeit von der anderen Seite eine Ziegenherde durch die Straße trappelt.

Viele Leute sind nicht unterwegs, aber zahlreiche Verkaufsbuden und lange, überladene Tische hat man aufgeschlagen, um allen möglichen Krimskrams zu verkaufen. Die Souvenirs stammen jedoch größtenteils aus indischer Massenproduktion. Es gibt aber auch Flöten aus Menschenknochen, aus Beinknochen ebenso wie aus Oberarmknochen, die angeblich von den Skeletten junger Mädchen stammen. Am besten und am kostbarsten sollen sie sein, wenn diese armen Dinger eines gewaltsamen Todes gestorben sind.

Vor dem Zweiten Weltkrieg konnte ich in Darjeeling eine echte Kepala erwerben, eine in Silber eingefaßte Hirnschale, verziert mit roten und grünen Korallen und ein paar Halbedelsteinen. Weil mir diese Kepala dank eines Besuchs amerikanischer Besatzer in unserem Sommerhaus am Schliersee abhanden gekommen war, hoffte ich nun, dafür Ersatz zu finden. Wie sich jedoch herausstellte, ist neuerdings der Erwerb und die Ausfuhr von Kultgegenständen verboten. Unser einheimischer Führer deutete jedoch an, er wisse vielleicht die eine oder andere Möglichkeit. Tatsächlich dauerte es nicht lange, und der gute Mann im Hinterzimmer eines Klempnerladens brachte eine Hirnschale zum Vorschein. Weil ich meiner Sache sicher sein wollte, bat ich unseren Arzt um seine Meinung, was die Echtheit der Kepala betraf.

Indessen berichtete uns unser deutscher Führer, was man über die Zusammensetzung der ladakhischen Bevölkerung wissen sollte. Zu vierundfünfzig Prozent besteht sie aus Buddhisten, zu fünfundvierzig Prozent aus Moslem. Christen gibt es nur wenige. Die Ladakher sprechen tibetischen Dialekt mit bestimmten Eigenheiten. Die indische Regierung versucht, ihre Umgangssprache, nämlich das Hindi, einzuführen, hat aber bisher nur wenig Erfolg damit gehabt. Besser haben es seinerzeit die Engländer geschafft. Die gebildeten, auch die halbgebildeten Menschen im Land, besonders die altgedienten Soldaten der britisch-indischen Armee, können sich relativ gut auf Englisch verständigen. »Dschuh-leh« ist der übliche Gruß der Ladakhi. So einfach uns dieses Doppelwort gelingt, ein Anreiz, die Sprache zu lernen, besteht eigentlich nicht. Während es für das schlichte Wort Reiter keinen entsprechenden Begriff gibt, kennt man für Pferde und Pferdezucht derart viele Ausdrücke, daß man ein ganzes Wörterbuch damit füllen könnte.

Echte Nomaden sind die sogenannten Champas oder Kampas. Es sind hartgesottene und hartgeprüfte Bergbewohner, die in Yak-Haarzelten leben. Sie sind ganz und gar angewiesen auf ihre Schafe, Ziegen und Yak-Herden. Ihnen ist es vollkommen gleich, wer das Land regiert, in ihren einsamen Tälern regieren sich die Champas selber. Sie waren es auch, besser gesagt, ihre nomadisierenden Landsleute in Tibet, die bei und nach der Vertreibung des Dalai Lama den aufreibenden Kleinkrieg gegen die chinesischen Invasoren geführt haben.

Die weitesten Wanderungen unternahmen in früheren Zeiten die Jarkandi. Sie brachten die Felle von Schneeleoparden, Steinmardern und Wölfen sowie Seide und dicke Filzmatten aus Khotan. Einen Monat mindestens brauchten sie in dem schwierigen Gelände, um nach Leh zu kommen. Oft folgten sie dabei, weil es keine anderen Markierungen gab, den Skeletten von Menschen und Tieren. Man glaubt nicht, bis in welche unglaubliche Fernen einige der Jarkandi gezogen sind, bis nach Bombay und sogar bis nach Mekka, der heiligen Stadt des Islam. Sie und Händler aus Indien brachten deutsche Stoffe nach Leh, auch fremde Gewürze und englische Zigaretten. Was vielleicht noch erstaunlicher klingt, die roten Korallen auf den Perags der wohlhabenden Frauen stammen aus Italien, über vorderasiatische Handelsplätze und die Seidenstraße gelangten sie bis nach Leh.

In Ladakh gibt es keine Kasten, wie sich überhaupt die verschiedenen Religionen und Rassen recht gut miteinander vertragen. Die Vorsteher in den Talschaften sind wiedergeborene Lama. Während in vielen Ländern der Welt, besonders in Afrika, die Schmiede als heilige Leute gelten, stehen sie hier auf gesellschaftlich niederem Niveau, zusammen mit Musikanten und Landstreichern. Sie wissen, wo sie gebraucht werden, und befinden sich deshalb ständig auf Wanderschaft, teilweise mit ihren Familien.

Abseits der Zentren werden in Ladakh noch immer die traditionellen Trachten angelegt. Es sind die Kho, ähnlich wie in Bhutan, und zwar ebenso für Frauen wie für Männer. Unterschiede bestehen nur in der Feinheit des Materials, von grober Wolle und Yak-Haar bis zu handgewebten Seidenstoffen. Filzstiefel mit Sohlen aus Ziegenhaut trägt man an den Füßen, wobei die Spitzen der Stiefel nach oben gebogen sind. In einer fortschrittlichen Stadt wie Leh werden auch importierte Lederschuhe und Stiefel aus Indien getragen. Manche Frauen von außerhalb bevorzugen tibetische Kleidung, quergestreifte gewebte Schürzen, lange Hosen und die Kopfbedeckung namens Tsaru mit abstehenden Seitenteilen, die man oben zusammenbinden kann.

Viel schöner und kostbarer sind die Perak, die von wohlhabenden Frauen oder von den Ehefrauen reicher Männer getragen werden. Es sind Kopfbedeckungen, die oft weit über den Hals und den Rücken hinabhängen, mehr oder weniger bestickt und mit Türkisen, Korallen und anderen Halbedelsteinen besetzt. Nach unserem Geldwert kosten sie fünfzehntausend Mark und mehr, vererben sich von der Mutter auf Tochter und Enkel und sind gewissermaßen das auf Frauenköpfen getragene Kapital der Familie.

Vielmännerei gibt es noch, aber sie ist nicht mehr so weit verbreitet wie ehedem. Der Grund hierfür war, ähnlich wie in Bhutan, die häufige Abwesenheit des Mannes auf Handelsreisen. Wenn der älteste Bruder heiratet, ist es durchaus möglich, daß die jüngeren Brüder an seiner Ehe teilnehmen. Der jüngste Sohn tritt automatisch ins Kloster ein. Auch Vielweiberei ist nicht mehr so häufig wie früher. Aber zwei Schwestern, die sonst keinen Ehepartner finden, können einen Mann gemeinsam heiraten. Sie müssen ihn aber gut behandeln und ihm jeden Wunsch von den Augen ablesen.

Die Ladakhi sind sehr sportlich, sie spielen unter anderem Polo und betreiben das Bogenschießen. Der britische Berufsoffizier A. B. Patterson, einer der besten Polospieler seinerzeit, hat sich auch in Ladakh versucht und ebenso bewundernde wie abwertende Worte für das Polospiel in Ladakh gefunden. Beim Bogenschießen unterstützen die Freunde des Schützen sein Spiel mit dem Ruf »Chok-chok-chok«, dem Feind rufen sie »Kio, kio, kio« zu, »Schieß daneben«. Inzwischen spielt man auch Golf.

Die Wirtschaft von Ladakh ist autark. Fast alle Menschen außerhalb von Leh und Kargil sind Selbstversorger, und wenn sie das nicht mehr schaffen, werden sie von der Dorfgemeinschaft betreut. Nach wie vor bildet die Landwirtschaft die Existenzgrundlage von Ladakh. Ohne Bewässerung geht es nicht. Man rechnet mit ungefähr zwanzigtausend Hektar bebauten Bodens innerhalb von Ladakh. Die Bauern pflügen ihre Terrassenfelder in Halbkreisen, wobei sich das Dzo bewährt. Dieses nützliche Haustier ist eine Kreuzung zwischen Yak und Rind, aber man muß schon viel Einfühlungsvermögen besitzen, um das dichtbehaarte, störrische und nicht gerade freundliche Vieh zum arbeiten zu bewegen.

Das Getreide wird vielerorts nicht mit der Sense gemäht, sondern abgesichelt. Mitunter ziehen es die Frauen mitsamt der Wurzelmasse aus dem Boden. Dann wird der Wurzelstock abgeklopft, damit von der kostbaren Substanz nichts verlorengeht.

Vom ladakhischen Yak ist zu berichten, daß er sich zwischen viertausend und fünftausend Höhenmetern am wohlsten fühlt. Er ist für die Ladakhi das nützlichste Tier der Welt, es gibt ihnen Milch, Fleisch, Haar, Schwanz, Dung und Brennmaterial. Aus dem Unterhaar der Grunzochsen gewinnt man eine besondere Art von Wolle, die man Pashmina nennt. Dafür werden hohe Preise bezahlt, der Export reicht bis hinunter nach Indien.

Hauptnahrung der Ladakhi sind Getreidekuchen. Mit Wasser angerührt, mit Gemüse aus weißen Rüben ergänzt, ernährt sich davon die Mehrheit. Fleisch wird nur bei festlichen Anlässen gegessen, aber Unmengen von gebuttertem Tee zu jeder Tageszeit getrunken. Neben Kohl und Rettich haben Kartoffeln die größte Bedeutung. Jeder der britisch-indischen Offiziere hatte den Auftrag, an Lagerplätzen ein paar Kartoffeln anzupflanzen. Alles übrige blieb der Natur überlassen. Auf diese Weise wurde die Kartoffel von Sikkim bis nach Ladakh eingeführt, so hoch hinauf, wie es die Witterung zuließ.

Schon von meinen früheren Reisen hatte ich hartgepreßten Tee mitgebracht. Dieser schwarze Tee wurde in der Form von flachen Ziegelblöcken hergestellt, die auch als Geld gedient haben. Der finanzielle Wert der jeweiligen Tee-Ziegelsteine war ihnen deutlich anzusehen, denn er war darauf eingestanzt. Als Mitbringsel für die Lieben daheim waren und sind, sofern man sie noch finden kann, die Tee-Geldstücke sehr geeignet. Bei der Zubereitung, sei es mit oder ohne ranziger Butter, bricht man ein Stück davon ab, gießt es mit heißem Wasser auf und läßt es nach Bedarf ziehen.

Das Rezept für den Buttertee (nach Maria Hayde): Ein Teil Tee in drei Liter Wasser zehn Minuten lang kochen, dann ein gehäufter Löffel Natron darüber, diese Mischung ins Butterfaß gießen und mit einem Pfund Butter und einem Löffel Salz so lange schlagen, bis dicke Sahne entstanden ist. Dann ist das Getränk fertig.

Sehr viel umständlicher ist das Rezept nach Hermann von Schlagintweit. Dieser schreibt im dritten Band seines Buches »Reisen in Indien und Hochasien«: »Ein Teil Tee wird dem Gewicht etwa die halbe Menge Soda oder kohlensaures Natron zugesetzt, dann Soda und Natron vermischen. In einen Kessel kaltes Wasser werfen, wobei die Menge der Teeblätter größer ist als in Europa bei starkem Tee. Der Teekessel bleibt noch über dem Feuer, vier bis sieben Minuten nach Beginn des Siedens. Häufig umrühren. Vom Feuer nehmen und filtern. Teeblätter bleiben am Tuch zurück. Den Absud in Holzgeschirr schütten, dort wird er gekürbelt und eine große Menge zerlassener Schmelzbutter hinzugefügt. Meist zweimal so viel als das Gewicht der Teeblätter. Etwas Salz kommt hinein, dann der Tee nochmals in den Kessel, Milch wird nun zugegossen und das Ganze wieder warm gemacht. Es gibt eine ziemlich dichte Flüssigkeit, aber sie ist ein Hauptnahrungsmittel und wird zu jeder Tageszeit für sich allein genossen. Meist wird dieser Tee auch Mahlzeiten beigefügt.«

Die niedrigsten Täler von Ladakh liegen bereits zweitausendachthundert Meter hoch. Will man die mittlere Höhe für Gesamtladakh berechnen, kommt man auf dreitausendachthundert Meter. Die Nordgrenze bildet der Karakorum-Himalaya mit Gipfelhöhen zwischen sechstausend und siebentausend Metern. Das hochinteressante Land wird von drei großen Bergketten eingerahmt und hat zwei Täler. Sie sind nicht so schön wie Kaschmir, sondern hart und rauh. Dennoch wird Ladakh mehr und mehr zum Anziehungspunkt für jeden Freund der Natur und in sich geschlossener Kulturen. Von den negativen Begleiterscheinungen der Zivilisation wurde Ladakh bisher nur wenig verschandelt. Fast alle höheren Berge sind heute noch unbekannt und nicht erforscht.

Leidenschaftlichen Liebhabern der Flora bietet Ladakh alpine Pflanzen, die es sonst auf der Welt nicht gibt. Doch wer sich nicht auskennt, sieht nur karges Gras und graugrünes Gestrüpp. Was die Fauna betrifft, leben in den großenteils unzugänglichen Tälern und Gebirgen Steinböcke *(Ibex ibex)* in großen Herden. Aus religiösen Gründen verzichten die Einheimischen auf die Jagd, doch es soll auch einige Sünder geben. Fremde Jäger machen einen schlechten Eindruck. Im übrigen gibt es Murmeltiere und andere Säuger des Hochgebirges. Leider konnte ich an Ort und Stelle nicht viel über den Wildbestand hören. Unser einheimischer Führer sprach von »schwarzen Bären« und Wölfen, die besonders in den Stok-Bergen leben. Zu erwähnen ist auch noch das »wilde Pferd«, Skiang genannt, das in der Nähe von Shangtang zu finden ist. Dann gibt es noch im Nordwesten von Ladakh den berühmten Ammon-Widder (Marco-Polo-Wildschaf). Luchse und Schneeleoparden sollen nicht allzu selten sein. Wilde Yak leben während des Sommers gelegentlich mit gezähmten Yaks zusammen.

Flüsse und Seen sind reich an Fischen, aber auch ihre Nutzung wird durch religiöse Gebote begrenzt. Es gibt Geier, darunter Lämmergeier, desgleichen Habichte, Raben, Dohlen, Enten und Schneehühner. Der »tibetische Fasan« und Wildgänse verschiedener Art bevölkern die zahlreichen Seen.

Über die alten Zeiten ist nur wenig bekannt. Nach dem Zerfall des tibetischen Großreiches im 10. Jahrhundert ist das Fürstentum Ladakh entstanden. Es hat sich bis ins 15. Jahrhundert unabhängig erhalten. Alsdann erschien ein aus Lhasa vertriebener Fürst namens Chovang, der die Namgyal-Dynastie gründete. Dieselbe Dynastie hat bis vor kurzem noch in Sikkim regiert.

Die Rani von Stok, die Frau des letzten Fürsten von Ladakh, ist eine Nachkommin dieser Familie. In gewissem Sinne könnte man sagen, daß sie noch heute regiert. Von der überwiegenden Mehrheit der Bevölkerung wird die international gebildete Dame immer wieder als Abgeordnete von Ladakh ins indische Parlament gewählt. Als der Maharadscha Gulab Singh in Ladakh regierte, wurde im Jahre 1834 sein Land von den Kaschmiren erobert und der Palast geplündert. Die bis dahin regierende Familie wurde nach Stok verbannt, konnte aber diese vergleichsweise winzige Herrschaft bis auf den heutigen Tag behalten. Der letzte Fürst hieß Kunsang Namgyal und starb im Jahre 1974. Während man den alten Königspalast auch in unseren Tagen noch besichtigen kann, denn er wurde nicht total zerstört, sondern dem Verfall überlassen, blieb der Palast von Stok in gutem Zustand, ist aber nur relativ bescheiden eingerichtet. Die Rani empfängt gut empfohlene Freunde, war aber während unseres Besuches ausgeflogen. Unser einheimischer Führer glaubt zu wissen, daß die edle Dame eine der größten Kostbarkeiten besitzt, die es im Himalaya geben kann, nämlich eine komplette Sammlung des Kandschur, der indischen Bibel.

Im sogenannten Kaschmir-Konflikt zwischen Indien und Pakistan wurde ein Teil Ladakhs an Pakistan abgetreten. Im Konflikt von 1962 gelangte ein anderer Teil von Ladakh an die Volksrepublik China, besser gesagt, an die autonome Region Tibet. Es werden Verhandlungen über die Rückgabe des gesamten Gebietes oder eines westlichen Teiles davon geführt. Das Schicksal der Menschen ist dabei nicht so wichtig, denn nur sehr wenige leben in jenem Wüstengebirge. Die gegenwärtige Bevölkerung Ladakhs ist eine Mischung der arischen und der mongolischen Rasse. Indogermanen sind zahlenmäßig stark vertreten.

In Leh gibt es eine Moschee, auch wenn nur wenige Moslem in Ladakh leben. Aber einmal wurde Leh von Moslem-Truppen eingenommen. Ihr Befehlshaber war relativ milde gestimmt, aber er verlangte, daß man eben diese Moschee erbaute. Sie besitzt ein Minarett, und zu gegebener Zeit werden die Gläubigen zum Gebet gerufen.

Weiter geht es von der kleinen Hauptstadt des Landes bis zum vorläufigen Endpunkt der Straße, zur bescheidenen Ortschaft und dem bedeutenden Kloster von Hemis rollen wir an einem Tag. Die Entfernung beträgt nur siebzig Kilometer. Aber was liegt nicht alles beiderseits dieses Weges! Eine vielgewundene Straße natürlich, an den teilweise nur maßvoll, dann wieder rasch ansteigenden wilden Berghängen, die sich schließlich auftürmen zu den ewig eingeschneiten Gipfeln des Karakorum.

Der zum großen Teil verfallene Leh-Palast scheint aus weiter Entfernung eng verwandt mit dem Potala von Lhasa und verschwindet nur langsam aus unserem Blickfeld. Viele andere Bauwerke tauchen auf, manche von ihnen noch gut erhalten, andere wieder bestehen nur noch aus ansehnlichen Trümmern vergangener Herrlichkeit. Zunächst scheint es interessant, durch die Trümmer zu schweifen oder in noch bestehende Gewölbe einzutreten. Aber die meisten von ihnen liegen hoch an den Hängen oder scheinen festgenagelt auf Klippen, die man nur mit großer Mühe erreichen kann. Es gibt solche, die immer noch von Lama oder von Nonnen bewohnt sind, aber man müßte Tage an kostbarer Zeit dafür haben.

Das Kloster Shamkar, relativ klein, wird von »Gelbmützen« gepflegt. Gebetsfahnen flattern im Morgenwind, und zahlreiche Gebetsmühlen drehen sich von früh bis spät. Im She-Kloster, so hören wir weiter, befindet sich eine drei Stockwerk hohe Skulptur des Gautama Buddha. Diese lassen wir uns nicht entgehen, wenn man auch drei steile Treppen hochsteigen muß, um dem Religionsgründer ins rätselvolle Antlitz zu schauen. Aus Kupfer ist die gewaltige Figur hergestellt, gewiß eine Leistung ganz besonderer Art. Neben, dahinter und zu beiden Seiten der heiligen Hallen, der ehrwürdigen Ruinen erheben sich oder sind bereits zerfallen die Mani-Mauern zahlreicher Tschorten, auch Kapellen und Kapellchen, deren Bedeutung längst verloren ist.

Wir sehen zahlreiche Lagerplätze, auch schon fertige, dicht bewohnte Siedlungen der Flüchtlinge aus Tibet. Auf irgendeine Weise, so scheint es, haben die Vertriebenen es verstanden, sich durchzubrigen, und sich anzupassen an die neue Heimat. Schließlich sprechen ja die Ladakhi die gleiche Sprache, hängen an demselben Glauben, und auch die Landschaft entspricht der alten, von Rotchinesen besetzten Heimat. Hier haben die Flüchtlinge eines ganz sicher, nämlich die Freiheit, ihren Glauben auszuüben.

Nicht nur der Endpunkt unserer Reise, auch den absoluten Höhepunkt bildet Hemis. In diesem meistbesuchten Wallfahrtsort des Landes fühlt sogar der Fremde, daß hier Götter, gute Geister und heiligmäßige Leute das Land beherrschen. Das Kloster steckt voller Kunstwerke, nicht allein aus Kaschmir und Ladakh, sondern auch aus vielen Teilen Indiens. Alt sind viele tausend Bücher, zwischen den aus Holz geschnitzten Platten befindet sich das berühmte, haltbare Seidelbastpapier. Bedruckt wurde es noch auf primitive Weise. Aber die Kunst der Druckerei war hier schon bekannt, als unser Landsmann Johannes Gutenberg noch weit davon entfernt war, seine Erfindung zu machen.

Gut und gerne achthundert Mönche bevölkern dieses eindrucksvolle, fast viertausend Meter hoch gelegene Kloster. Es besteht aus vielen, großenteils in Rauten bemalten oder lackierten Gebäuden, die ineinander verschachtelt sind. Die Anlage befindet sich innerhalb eines Waldes, wie er den ladakhischen Verhältnissen entspricht. Zahlreiche murmelnde, rauschende Wildbäche sprudeln über bemooste Steine durch den ursprünglichen Forst. Selbstverständlich darf hier kein Holz geschlagen werden. Meditationen werden veranstaltet, die uralten Bände studiert, heilige Schriften auswendig gelernt und dergleichen mehr. Die angeblich größte Mani-Mauer von Ladakh umgibt die ausgedehnte Anlage. Wie gesagt, wäre es ein grober Verstoß gegen gute Sitten, würde man anders als auf der linken Seite an den Mani-Mauern vorübergehen.

Parkplätze für Touristen und Pilger mußten nun angelegt werden, in sicherer Entfernung des Heiligtums, denn immer mehr Menschen strömen nach Hemis. Das wichtigste Ereignis in ganz Ladakh ist selbstverständlich das große Fest in Hemis. Seit dem Jahr 1977 sind auch Fremde zugelassen, von denen wir eine der ersten Gruppen gewesen sind. Das Fest selbst jedoch können wir nicht erleben, es findet nicht an bestimmten Tagen statt, sondern von Jahr zu Jahr verschieden, am zehnten Tag im sechsten Monat, also im Juni oder Juli des ladakhischen Kalenders. Es handelt sich dabei um den Geburtstag des Padmasambhava, der bekanntlich die tibetische Form des Buddhismus begründet hat; im übrigen gilt er als Oberhaupt der Rotmützensekte. Ihm ist die Versöhnung zwischen dem alten, gewissermaßen heidnischen Bön-Glauben, also dem Schamanismus der Tibeter, mit dem Buddhismus zu verdanken.

Auch indische Beamte strömen herbei, bunte Turbane in den verschiedensten Trachten sind zu sehen. Ein Mysterienspiel findet statt, Maskentänze und Beschwörungen. Die Herren der Ghompa, der Abt von Hemis, natürlich auch eine Wiedergeburt, ist nicht sehr streng, was die guten Sitten betrifft. Sobald die Sonne sinkt, stehen zahlreiche verschwiegene Waldwinkel und andere Unterschlupfe bereit, um Liebespaaren volle Dekkung zu gewähren.

Eine Inkarnation des heiligen Padmasambhava empfängt uns, der leitende Oberabt des Klosters Hemis. Er ist der Bruder des letzten verstorbenen Fürsten. Daher verfügt er noch über großen Einfluß auf fast die gesamte Bevölkerung. Desgleichen hebt er das Ansehen seiner Schwägerin. Sie gilt als Inkarnation einer Göttin, nämlich der weißen Dölma.

Er spricht gutes Englisch, gibt sich sehr freundlich und überreicht jedem von uns seine Visitenkarte. Dann wird uns gestattet, an einer Meditation mit nachfolgender Mahlzeit der Mönche teilzunehmen. In einem großen, rechteckigen Raum, dessen Hintergrund eine Empore bildet, thront etwa einen Meter höher als seine Brüder, der Abt selbst, neben sich die »Abteilungsleiter«, wie ich sie nennen möchte. Ihr Singsang ist einschläfernd, aber nicht für die Mönche selbst. Da gibt es ganz junge, die in der letzten Reihe sitzen und die Texte wohl noch nicht so ganz beherrschen. Ich meine, daß sie nur murmeln.

Nach etwa einer guten Stunde, die wir lautlos verbracht haben, werden Schalen mit den Mahlzeiten ausgeteilt. Sie erinnern mich an die Eintopfgerichte unserer Vergangenheit, vor etwa einem halben Jahrhundert. Ich kann dem keinen Geschmack abgewinnen, doch ist das wohl auch nicht der

Sinn der Sache. Man will die Mönche nur relativ gut am Leben erhalten. Während die meisten von uns nicht imstande sind, die Schale zu leeren, holen die Mönche mit hölzernen Löffeln auch den letzten Rest heraus.

Wir müssen die Rückfahrt antreten. Weil wir nun nach Süden rollen, erscheint sehr vieles anders als auf unserer Hinfahrt. Wir besuchen ein Kloster, das man eher eine Klosterschule nennen kann. Zwei Dutzend Jungen im Alter von neun bis zwölf Jahren erlernen dort das Lesen und Schreiben, vor allem das Lesen der heiligen Schriften. Von einem bestimmten Kloster nehmen wir Abstand, weil Fremde dort nicht gern gesehen werden. Sie stören die Andacht. Kein Wunder, der Abt ist ein jüngerer Bruder des Dalai Lama. Wir verbringen eine weitere Nacht auf einem der Wohnschiffe im Dhal-See, erreichen am nächsten Tage ein großes Hotel in Srinagar, ein funkelnagelneues, aber ganz und gar fades Hotel.

Doch in Ladakh wird sich nicht sehr viel ändern. Zu groß ist die Natur, zu gewaltig sind die himmelstürmenden Berge, und zu tief sitzt in den Ladakhi der Glaube an ihre eigene Welt.

# Anhang

## Wichtige Daten zur Geschichte der Himalaya-Region

*v. Chr.*

*60 Mill.* Der indische Kontinent stößt auf den asiatischen, die Entstehung des Himalaya beginnt.

*seit 1 Mill.* 2 500 000 qkm heben sich um 4000–5000 m, derzeit um jährlich bis zu 1 cm.

*um 200 000* Das Kathmandu-Tal ist ein großer See.

*um 50 000* Mongolische Nomaden besiedeln Tibet.

*um 2500* Die tibetischen Nomaden werden seßhaft und begründen Akkerbaukulturen.

*1. Jt.* Das Kathmandu-Tal ist bereits besiedelt.

*563* Buddha wird in Nepal geboren.

*um 270–235* Der indische Kaiser Ashoka besucht Buddhas Geburtsort und fördert damit die Ausbreitung des Buddhismus in dessen Heimat. Er erobert Kaschmir, das seitdem zu Indien gehört, und führt dort den Buddhismus ein, der aber bald vom Hinduismus abgelöst wird.

*2. Jh.* In Tibet entstehen lokale Fürstentümer, gleichzeitig breitet sich die Bön-Religion aus.

*127* Erster sagenhafter König von Tibet. Im Tsangpo-Tal (Brahmaputra) entstehen die Anfänge der tibetischen Kultur.

*n. Chr.*

*um 0* In Tibet entsteht die älteste steinerne und heute noch erhaltene Burg der Welt, während der chinesischen Kulturrevolution 1966–76 zerstört, bis 1985 wiederaufgebaut.

*um 20* Der Buddhismus spaltet sich zum ersten Mal.

*350–750* Buddhismus und Hinduismus erleben in Nepal eine erste Blütezeit in gegenseitiger Toleranz, zum Teil auch Verschmelzung.

*466/67* Nach dem Ende der Gupta-Dynastie wandern viele indische Künstler nach Nepal aus.

*um 600* Ein König, »Herr der 100 000 Krieger« genannt, eint mehrere Stämme in Osttibet.

*620–649* Sein Sohn, das erste religiöse Oberhaupt, besetzt Westtibet, Nepal und Bhutan, fällt in Nordindien und China ein und versucht, die innerasiatischen Fernhandelsstraßen zu kontrollieren. Er heiratet eine chinesische und eine nepalische Prinzessin. Dadurch entsteht der erste enge Kontakt zum Buddhismus und eine Schrift nach indischem Vorbild.

*649–676* Tibet macht Eroberungen im Westen und Nordwesten.

*8. Jh.* Kaschmiri fallen in Nepal ein, Ende der Blütezeit.

*710* Ein tibetischer König heiratet wiederum eine chinesische Prinzessin.

*715* Tibet hat Kontakt zu arabischen Eroberern.

*747* In Bhutan wird der Buddhismus eingeführt, der seitdem, bis heute, Staatsreligion ist.

*755–797* Unter dem zweiten religiösen Oberhaupt erreicht Tibet den Gipfel seiner militärischen Stärke.

*763* Tibeter plündern die chinesische Hauptstadt und erlangen Tribute von China. Der Buddhismus wird gefördert und erlangt auch politischen Einfluß.

*um 770* Das erste buddhistische Kloster in Tibet wird gegründet, es vertritt den Tantrismus.

*779* Der Buddhismus wird tibetische Staatsreligion.

*9. Jh.* Tibeter erobern Bhutan, vertreiben die Inder und zerstören die religiösen Bauten der Hindu.

*9.–12. Jh.* Nepal orientiert sich an Tibet.

*821* Tibet schließt mit China einen Friedensvertrag.

*836* Der tibetisch-buddhistische König wird von einem Anhänger der Bön-Religion ermordet. Anschließend werden die Buddhisten verfolgt – sie »überwintern« u. a. in Ladakh –, die Bön-Religion blüht wieder auf, bis 842 ein Buddhist den Bön-König ermordet und das Reich zerfällt.

*842* Das Königreich Ladakh wird gegründet.
*ab 866* Der Buddhismus – dank indischer Missionare – und die Wissenschaften blühen in Tibet wieder auf.
*10. Jh.* Der Lamaismus dringt in Ladakh ein.
*990–1227* Tanguten gründen im Ordos-Bogen das an Tibet orientierte Hsiahsia-Reich und kontrollieren den innerasiatischen Handel.
*nach 1020* Ein tibetischer Fürst gründet in Ladakh ein neues Königreich.
*13. Jh.* Tibeter wandern in Sikkim ein, in dem schon die Lepcha leben.
*1227* Dschingis-Khan zerstört das Hsiahsia-Reich.
*1260* Der mongolische Kaiser von China ernennt den Abt des Saskya-Klosters zum Vizekönig von Tibet.
*1280–1367* Die Mongolen-Kaiser von China gliedern die tibetischen Kleinstaaten in 13 Verwaltungseinheiten.
*14.–15. Jh.* Nepal erlebt unter den Malla-Königen eine Blüte seiner Kultur.
*um 1350–1642* Nach dem Ende der Mongolen-Dynastie in China hört auch die Vorherrschaft des Saskya-Klosters in Tibet auf. Es entsteht eine von China unabhängige Monarchie.
*Beginn des 15. Jh.* Das Königreich Ladakh zerfällt.
*15. Jh.* Osttibetische Fürsten begründen ihre Herrschaft in Sikkim. – Dank tibetischer Mönche erlebt die Klosterkultur in Ladakh eine neue Blüte.
*1400–1600* Die tibetische Klosterkultur erreicht ihren ersten Höhepunkt und nimmt Einflüsse aus Indien, Nepal, China und der Mongolei auf.
*1409* In der Folge einer strengen Mönchsreform entsteht der Gelbmützen-Orden (Reinkarnationslehre) und wird zum wichtigsten politischen Faktor in Tibet.
*1470* Ladakh wird wieder geeinigt.
*1482* Nepal zerfällt in drei kleine Königreiche, die jedoch bis 1768 große künstlerische Leistungen vollbringen.
*16. Jh.* Die aus Indien von den Moslems vertriebenen hinduistischen Rajputen lassen sich am Nordrand des Kathmandu-Tals nieder.
*ab 1526* Die Mogul-Kaiser von Indien setzen in Kaschmir langsam den Islam durch (bis 1857), womit die bisher herrschende religiöse Toleranz zu Ende geht.
*ab 1537* Bhutan wird reorganisiert und kann sich mit Erfolg tibetischer Angriffe erwehren.

*1559* Die Rajputen von Nepal gründen ihre Hauptstadt Gurkha, nach der sie in Zukunft genannt werden.

*1570–1660* Ladakh erlebt seine politische und kulturelle Blütezeit, die erst endet, als der V. Dalai Lama die Mongolen dafür gewinnt, in Ladakh einzufallen.

*1578* Der dritte Gelbmützen-Anführer erhält von den Mongolen den Titel Dalai Lama – Meer-des-Wissens-Lama. Er zählt als III. Dalai Lama, da der Titel seinen beiden Vorgängern nachträglich verliehen wird. Die Mongolen übernehmen die Gelbmützen-Religion.

*Ende des 16. Jh.* Bhutan wird als theokratisches Königtum von Tibet unabhängig. – Unter dem indischen Großmogul Akbar beginnt die Erkundung der Ganges-Quellen.

*17. Jh.* Die Briten führen im Himalaya erfolgreich den Kartoffelanbau ein.

*1624* Zum ersten Mal erreicht ein Europäer Tibet. Sein Reisebericht erscheint 1627 auf Deutsch.

*1642* Der Dalai Lama faßt das politische und religiöse Amt zusammen und macht Lhasa zur Hauptstadt. – In Sikkim entsteht ein theokratisches Königtum auf lamaistisch-buddhistischer Grundlage, das das Land ordnet.

*1661* Zum ersten Mal erreichen 2 Europäer Lhasa.

*1653* Der unabhängige Dalai Lama besucht den Kaiser von China.

*1682* Mit dem Tod des V. Dalai Lama ist ganz Tibet, dank der Hilfe der Mongolen, dem Gelbmützen-Orden untertan.

*um 1685* Die Tibeter fallen in Ladakh ein, das Kaschmir zu Hilfe ruft. Zum Dank für dessen Hilfe muß der König von Ladakh zum Islam übertreten und eine Moschee in Leh bauen. – Bhutan wird gegen Tibet tributpflichtig.

*1694* In Lhasa wird der Potala-Palast, Sitz des Dalai Lama, vollendet (130 000 qm, 10 000 Räume, 10 000 Altäre, 200 000 Statuen).

*18. Jh.* Nepal und Bhutan fallen des öfteren in Sikkim ein, das große Gebiete verliert.

*1707–45* Die Kapuziner und Jesuiten missionieren in Tibet.

*1717–20* Mongolische Stämme greifen in innertibetische Streitigkeiten ein, werden aber im Auftrag Chinas von Mandschuren vertrieben. China vertritt Tibets Interessen, rührt aber seine innere Autonomie nicht an.

*1727* China baut, als politisches Gegengewicht zum Dalai Lama in Lhasa, den Pantschen Lama in Shigatse auf.

*ab 1744* Die Gurkha fallen ins Kathmandu-Tal ein.

*1750* Tibeter in Lhasa erheben sich gegen die Chinesen.

*1766* Die Gurkha werden Herrscher über Nepal. Anschließend erobern sie Sikkim, Südtibet und nordindische Provinzen.

*1772* Bhutan fällt in nordindische Provinzen ein, denen, auf Anforderung, die Ostindische Kompanie hilft. Diese kriegerischen Auseinandersetzungen flammen fast 100 Jahre lang immer wieder auf.

*1774* Die Briten schließen einen Vertrag mit Bhutan und eröffnen, von Indien her kommend, in Shigatse eine Handelsmission.

*1788, 1792 und 1856* Gurkha fallen aus Nepal in Tibet ein, werden jedoch, mit chinesischer Hilfe, vertrieben. Ab 1792 wird Tibet für Ausländer geschlossen.

*1791/92* Nach der Niederlage der Gurkha gegen die Chinesen erhält Sikkim einige Gebiete von Nepal zurück, verliert aber andere an Tibet.

*19. Jh.* Immer mehr Nepali wandern in Sikkim ein und bilden schließlich die Mehrheit.

*1815/16* Im Krieg gegen Großbritannien verlieren die Gurkha ihre Eroberungen und müssen sich auf Nepal beschränken.

*1817* Die Briten geben Sikkim den Südteil ihres Landes, den sich Nepal einverleibt hat, zurück.

*1826* Als die Briten Assam besetzen wollen, stellen sie fest, daß Bhutan sich Teile angeeignet hat. Anstatt dafür Zinsen zu zahlen, fällt es in indische Provinzen ein.

*1827* Sikkim muß den Briten für deren Unterstützung gegen Nepal Darjeeling abtreten.

*1832* Zum ersten Mal berichtet ein Europäer ausführlich über den Yeti.

*1834* Der Maharadscha von Jammu und Kaschmir verleibt sich Ladakh ein. Trotz mehrerer Aufstände gelingt es den Ladakhi nie wieder, ihre Selbständigkeit zurückzuerobern.

*1846–1951* Die Rana-Fürsten entmachten den König von Nepal, lassen ihm jedoch formal den Thron.

*1848* Die Briten nehmen Sikkim die gesamte Südprovinz weg, so daß nur noch ein Ministaat übrigbleibt.

*1849* Der Maharadscha von Kaschmir verkauft sein Land an die Ostindische Kompanie.

*1857* Zum ersten Mal unterstützen Gurkha-Krieger Großbritannien und erwerben sich dabei einen legendären Ruf. – Die britisch-indische Kolonialbehörde veröffentlicht die erste Karte der Mount-Everest-Region, auf 200 qkm sind 4 Namen verzeichnet.

*1863* Ein britischer Unterhändler wird in Bhutan gezwungen, einen Vertrag zu unterschreiben, der Bhutans Eroberungen bestätigt. Daraufhin proklamiert 1864 Britisch-Indien die umstrittenen Gebiete für sich, 1865 unterschreibt Bhutan die britischen Bedingungen und beauftragt Großbritannien mit der Wahrnehmung seiner auswärtigen Interessen.

*1884/85* In Bhutan setzt sich, nach regionalen Wirren, das heute noch herrschende Fürstengeschlecht durch.

*1890* Nachdem Sikkim Tibet gegen die Nepali zu Hilfe gerufen hat, wird es britisches Protektorat.

*1890 und 1893* Die Briten versuchen vergeblich, in Tibet einzudringen.

*1895* Zum ersten Mal versucht ein Europäer, einen Achttausender zu besteigen, den Nanga Parbat in Pakistan, und kommt dabei um.

*1904* Im dritten Anlauf gelingt es den Briten, mit Unterstützung von Bhutan, in Tibet Fuß zu fassen. Der Dalai Lama flieht in die Mongolei und nach China. Im Vertrag von Lhasa fixiert Großbritannien, um den Einfluß Rußlands auf Innerasien einzudämmen, die Grenzen Tibets und erhält wirtschaftliche Vergünstigungen.

*1907* China tritt dem Vertrag von Lhasa bei. Dadurch werden die Interessen Großbritanniens, Rußlands und Chinas im Himalaya abgesteckt. – In Bhutan wird der Fürst zum Alleinherrscher und »Drachenkönig« ernannt.

*1909* Der Dalai Lama kehrt nach Lhasa zurück.

*1910* Der Dalai Lama flieht erneut, diesmal nach Nordindien vor chinesischen Truppen. – Bhutan stimmt vertraglich seine Außenpolitik mit Großbritannien ab, um sich vor China zu schützen.

*1912* Nachdem die letzten chinesischen Truppen vertrieben sind, kehrt der Dalai Lama nach Lhasa zurück. China ruft die Republik aus und erklärt Tibet zur chinesischen Provinz, greift jedoch nicht in Tibet ein.

*1914* Im Vertrag von Simla, den China jedoch nicht ratifiziert, einigen sich Großbritannien und China darauf, Tibet unter chinesische Oberhoheit zu stellen, ihm aber Autonomie zu gewähren, während Großbritannien auf alle Ansprüche in Tibet verzichtet.

*1921–24* Die ersten Mount-Everest-Expeditionen werden mit Zustimmung des Dalai Lama von Tibet aus unternommen, da Nepal gesperrt ist. Als jedoch 2 Bergsteiger spurlos verschwinden, zieht der Dalai Lama die Erlaubnis zurück.

*1933* Der Mount Everest wird zum ersten Mal überflogen.

*1934* Ein schweres Erdbeben zerstört ein Drittel der alten Bauten in Nepal.

*1936* Zum ersten Mal gelingt es Europäern, als Pilger verkleidet, den heiligen Berg Kailas zu Fuß zu umwandern (1907 wurden Pferde benutzt).

*1940* Der heute noch regierende XIV. Dalai Lama, * 1935, wird inthronisiert.

*1947–49* Indien schlägt nach seiner Befreiung von Großbritannien Ladakh Kaschmir zu, verliert jedoch im Krieg mit Pakistan den Westteil der Region. Kaschmir selbst wird zwischen Indien und Pakistan geteilt, der indische Teil wird autonome Region.

*1949* Indien übernimmt, anstelle von Großbritannien, die auswärtige Vertretung Bhutans.

*1950* Unter dem Eindruck der Ereignisse in Tibet gibt Bhutan langsam seine Isolierung auf. – Indien übernimmt, anstelle von Großbritannien, das Protektorat über Sikkim. – Der erste Achttausender wird bestiegen, der Annapurna I in Nepal.

*1950/51* Die Volksrepublik China besetzt Tibet.

1951 China gewährt Tibet weitreichende Autonomie und Religionsfreiheit, setzt aber Chinesen in Ämter ein, besetzt das Land militärisch und beginnt mit seiner wirtschaftlichen Erschließung.

*1951* Mit Hilfe Indiens gewinnt der König von Nepal die Macht zurück, demokratische Reformen scheitern jedoch in den Folgejahren. – Nepal wird für Ausländer vorsichtig geöffnet. Es entsteht bald das Yak & Yeti-Hotel, das lange Zeit als das interessanteste der Welt gilt.

*1953* Der höchste Berg der Erde, der Mount Everest (8848 m?) wird zum ersten Mal bestiegen.

*1954* Zum ersten Mal wird ein Achttausender, der Cho Oyu in Nepal, im Rahmen einer schnellen, seitdem allgemein üblichen Kleinexpedition bestiegen.

*1956* China verwickelt Indien in jahrelang anhaltende Grenzstreitigkeiten im Himalaya, besonders in Assam und Ladakh. – Nepal verzichtet gegenüber China auf Ansprüche an Tibet, beginnt mit dem Ausbau seines Straßennetzes und öffnet sich stärker für Ausländer.

*1957* Die autonome Region Kaschmir wird, gegen den Protest Pakistans, das sich auf den Vertrag von 1949 beruft, indische Provinz. Daran ändern auch zwei weitere Kriege, 1965 und 1970/71, nichts. – Die erste Reliefkarte vom Mount Everest wird veröffentlicht.

*1958* China annektiert das Gebiet Aksai Chin in Ladakh. Nach den bereits erfolgten Verlusten an Pakistan ist Ladakh von 100 000 qkm auf 60 000 qkm geschrumpft.

*1959* Unruhen in Tibet werden von Truppen erstickt, der XIV. Dalai Lama flieht nach Indien. Etwa 80 % der mehr als 2700 tibetischen Klöster werden in den folgenden Jahren zerstört, eine Million Tibeter kommen ums Leben. China bricht mit Gewalt die Herrschaft der tibetischen Klöster und setzt an deren Stelle die sozialistische Ordnung.

*1959–61* In den Auseinandersetzungen zwischen China und Indien gelingt es Bhutan nur mit Mühe, seine Unabhängigkeit auch gegenüber Indien zu wahren, das es zur Verteidigung seines Landes gegen China eventuell benötigt.

*1960* Indien eröffnet die strategisch wichtige Straße von Srinagar in Kaschmir nach Leh, der Hauptstadt von Ladakh.

*1962* Die chinesisch-indischen Grenzstreitigkeiten gipfeln im Einmarsch chinesischer Truppen in Indien, den China durch einen einseitigen Waffenstillstand beendet. Es zieht seine Truppen wieder zurück. – Der König von Nepal versucht das Land mittels des hierarchischen Panchyat-Systems zu befrieden. Seitdem kommt es jedoch immer wieder zu mehr oder minder schweren Unruhen, zuletzt 1989. – Indien und Bhutan sind jetzt durch eine befestigte Straße miteinander verbunden.

*1963* Nepal schränkt vorübergehend die Einreise von Ausländern wieder ein.

*1964* China setzt den Dalai und den Pantschen Lama ab. In Bhutan kommt es zu blutigen Unruhen.

*1964–74* Der Wald Nepals verringert sich von 45 % auf 34 % der Oberfläche, bis 1984 auf 29 %.

*1965* China erklärt Tibet für autonom, diese Autonomie ist allerdings rein formal und bezieht sich nur auf die Hälfte des ursprünglichen Gebietes.

*1966–78* In der chinesischen Kulturrevolution werden die tibetischen Klöster erneut in Mitleidenschaft gezogen. Die Bauern werden in Kolchosen gezwungen, Hungersnöte sind die Folge.

*1968* Bhutan wird eine konstitutionelle Monarchie.

*ab 1971* Die Bundesrepublik Deutschland unterstützt Nepal beim Wiederaufbau und der Restauration alter Bauten.

*1973* Nepal verbietet Verkauf und Konsum von Rauschgiften. – Indien verleibt sich, um inneren Unruhen ein Ende zu bereiten, Sikkim ein. 1975 wird Sikkim indischer Bundesstaat.

*1974* Bhutan und Ladakh öffnen sich vorsichtig dem Tourismus.

*1978* Der Mount Everest wird zum ersten Mal ohne Sauerstoffunterstützung bestiegen.

*1979* Nach dem Tod Maos (1976) wird Tibet vorsichtig geöffnet. Eine erste Delegation des Dalai Lama macht sich auf Einladung Chinas ein Bild von der Situation.

*ab 1980* Die Situation der tibetischen Bauern verbessert sich langsam.

*ab 1985* Tibet wird langsam und zögernd dem Massentourismus geöffnet.

*1986* Nachmessungen ergeben, daß u. U. der K2 im Karakorum, Pakistan, mit 8858 m höher ist als der Mount Everest.

*1987/88* Schwere Unruhen in Tibet, die auch trotz mancher Zugeständnisse der Chinesen anhalten.

*1988* Das schlechte Beispiel Nepals vor Augen, beschließt Bhutan, eine weitere Kommerzialisierung des Landes durch den Tourismus zu unterbinden.

*1989* Von den mehr als 2700 tibetischen Klöstern und Tempeln sind 160 wieder so weit restauriert, daß sie besichtigt werden können. – Indien, durch chinesische Waffenlieferungen an Nepal beunruhigt, sperrt Nepal die Handelswege.

*1990* Der Dalai Lama hebt das Gottkönigtum für Tibet auf.

*um 2020* Wissenschaftler sagen voraus, daß das Tal von Kathmandu bis dahin zu 50 % verbaut sein wird.

## Fakten über die Himalaya-Länder

Zwischen dem Indus im Westen und dem Brahmaputra im Osten erstreckt sich der Himalaya über 4600 km, ist aber nur 350 km breit. Er umfaßt 550 000 qkm mit 40 Mill. Menschen.

*Zum Vergleich: Bundesrepublik Deutschland + DDR*

*Ausdehnung:* Flensburg–Garmisch 850 km, Aachen–Görlitz 625 km
*Gebirge:* Nordalpen 220 km, Zugspitze 2962 m
*Bevölkerung:* 80 Mill.
*Fläche:* 357 000 qkm
*Bevölkerungsdichte:* 220 pro qkm
*Bevölkerungswachstum:* In etwa ausgeglichen
*Hauptstadt:* Berlin mit 3,25 Mill. Einwohnern in 30 m Höhe
*Amts- und Umgangssprache:* Deutsch
*Ausländer:* 7,5 %, in manchen Städten jedoch bis zu 25 %
*Minderheiten mit Autonomierechten:* 40 000 Dänen in Nordschleswig, 30 000 Sorben in der Lausitz
*Religionen:* 48 % Protestanten, 35 % Katholiken, den Rest bestreiten in erster Linie Konfessionslose
*In der Landwirtschaft arbeiten:* In der ehemaligen BRD gut 5 %
*Analphabeten:* 4 %
*Staatsform:* Parlamentarisch-demokratischer Bundesstaat
*Bruttosozialprodukt:* 1986 in der ehemaligen BRD 1949 Mrd. DM
*BSP pro Kopf der Bevölkerung:* 1982 in der ehemaligen BRD 10 990 US-$
*Währung:* 1 Deutsche Mark = 100 Pfennig
*Export:* 1986 in der ehemaligen BRD 568 Mrd. DM

# Königreich Bhutan

*(Drug Yul = Drachenland, früher lamaistische Theokratie)*

*Ausdehnung:* West–Ost 350 km, Nord–Süd 175 km
*Gebirge:* Osthimalaya 350 km, Kula Gangri 7554 m
*Klima:* 5500 mm Regen im Süden während des Monsun, im Norden sehr kalte Winter
*Reisezeiten:* Mitte Oktober bis Ende April
*Tourismus:* Nur in Gruppen, bewußt sehr begrenzt
*Bevölkerung:* 1,3 Mill., die Bhotia sind eine Mischung aus der ursprünglichen Bevölkerung mit eingewanderten Tibetern
*Fläche:* 46 500 qkm, davon 70 % bewaldet, 9 % landwirtschaftlich nutzbar
*Bevölkerungsdichte:* 28 pro qkm
*Bevölkerungswachstum:* 2 %
*Hauptstadt:* Thimphu mit 20 000 Einwohnern
*Sprache:* Dzongkha, tibeto-burmesisch, im Süden nepalisch
*Ausländer:* Eine größere Zahl indischer Berater und Militärs
*Minderheiten:* Im Süden, unvermischt, etwa 25 % Nepali
*Religionen:* Die Schule der Drukpa, eine Abspaltung der Rotmützen (Lamaismus in Form des tantrischen Buddhismus) ist seit Jahrhunderten die offizielle Religion
*In der Landwirtschaft arbeiten:* 94 %
*Analphabeten:* 80 %
*Staatsform:* Konstitutionelle, erbliche Monarchie
*BSP pro Kopf der Bevölkerung:* 160 US-$, trotzdem weder Hunger noch Armut
*Währung:* 1 Ngultrum = 100 Chetrum
*Export:* Reis, Edelholz, Gips, zu 90 % nach Indien
*Auswärtige Vertretung:* Durch die indische Union

## Distrikt Ladakh im Bundesstaat Kaschmir der indischen Union

*(früher lamaistische Theokratie)*

*Ausdehnung:* Nordwest–Südost 300 km, Nordost–Südwest 250 km
*Gebirge:* Westhimalaya, Saser Kangri 8378 m
*Klima:* Nur 250-500 mm Regen, kurzer, warmer Sommer, im Winter schneearm und sehr windig, bis minus 40°, extreme Temperaturunterschiede
*Reisezeiten:* Mai–September, am besten September, danach Pässe durch Schnee blockiert, 15 000 Touristen pro Jahr
*Bevölkerung:* Über 120 000, ohne Inder
*Fläche:* 58 000 qkm ohne die an Pakistan und China verlorenen Gebiete (vorher 100 000 qkm), davon 0,3 % landwirtschaftlich nutzbar, bebaut werden letztlich nur 75 qkm
*Bevölkerungsdichte:* 2 pro qkm
*Hauptstadt:* Leh mit über 10 000 Einwohnern auf 3500 m Höhe
*Umgangssprache:* Ladakh-Dialekte, tibeto-burmesisch und indoarisch
*Ausländer:* Viele indische Beamte und 200 000 Militärs
*Minderheiten:* Hoher Prozentsatz von Kaschmiri
*Religionen:* 52 % Buddhisten (Rot- und Gelbmützen, 15 000 Mönche, 100 Klöster), 47 % Moslems, meist Schiiten
*Staatsform:* Verwaltungsbezirk des Bundesstaates Kaschmir der indischen Union
*Währung:* 1 indische Rupie = 100 Paisa
*Export:* Kaschmir-Wolle
*Auswärtige Vertretung:* Durch die indische Union

## Königreich Nepal, ehemals hinduistische Theokratie

*Ausdehung:* Westnordwest–Ostsüdost 850 km, Nordnordost–Südsüdwest 225 km
*Gebirge:* Zentralhimalaya 850 km, Mount Everest 8848 m
*Klima:* Im Kathmandu-Tal ganzjährig recht ausgeglichen, Regen 3500 mm
*Reisezeiten:* Ende September bis Anfang Mai, aber Dezember bis Februar in den Bergen sehr kalt
*Bevölkerung:* Über 20 Mill., tibetische, alt- und indonepalische Stämme, zum Teil stark vermischt
*Fläche:* 141 000 qkm
*Bevölkerungsdichte:* 128 pro qkm
*Bevölkerungswachstum:* 2,6 %
*Hauptstadt:* Kathmandu mit ca. 800 000 Einwohnern, 1975 noch 150 000, in 1400 m Höhe
*Sprache:* Nepali zu über 50 %, mehr als 25 weitere Sprachen und viele Dialekte
*Ausländer:* Über 350 000 Touristen pro Jahr
*Minderheiten:* z. B. 19 000 Sherpa, 10 000 exilierte Tibeter usw.
*Religionen:* 80–90 % Hindu (Staatsreligion), stark verschmolzen mit Buddhisten
*In der Landwirtschaft arbeiten:* 90 %
*Analphabeten:* 60 %
*Staatsform:* Erbliche, konstitutionelle Monarchie
*BSP pro Kopf der Bevölkerung:* 168 US-$
*Währung:* 1 nepalische Rupie = 100 nepalische Paisa
*Export:* Textilien, Jute, Teppiche, Edelhölzer, Reis, Viehprodukte, Gewürze; die Bundesrepublik steht in der Handelsbilanz an 4. Stelle mit 50 Mill. DM jährlich
*Auswärtige Vertretung:* Durch die nepalische Botschaft in Bonn

## 22. Bundesstaat der indischen Union: Sikkim

*Ausdehnung:* Nordwest–Südost 275 km, Ost–West 175 km
*Gebirge:* 75 km Zentralhimalaya, 8598 m Kangchenjunga
*Klima:* 5000 mm Regen
*Reisezeiten:* Mitte Oktober bis Anfang Mai, nur mit Spezialausweis
*Bevölkerung:* 370 000 Einwohner
*Fläche:* 8000 qkm
*Bevölkerungsdichte:* 46 pro qkm
*Hauptstadt:* Gantok mit fast 40 000 Einwohnern in 1500 m Höhe
*Sprache:* Nepali vorherrschend, tibeto-burmesisch zurückgedrängt
*Ausländer:* Viele indische Beamte
*Minderheiten:* Die Sikkimer (Lepcha) sind schon seit dem 19. Jahrhundert gegenüber den Nepali in der Minderheit, heute 70 % Nepali, nur noch 20 % Lepcha
*Religionen:* Die Nepali sind meist Hindu, die Lepcha Anhänger des buddhistischen Lamaismus
*Staatsform:* Bundesstaat der indischen Union
*Währung:* 1 indische Rupie = 100 indische Paisa
*Auswärtige Vertretung:* Durch die indische Union

## Autonome Region Tibet in der Volksrepublik China

*Ausdehnung:* Westnordwest–Ostnordost 2025 km, Nordnordost–Südsüdwest 900 km

*Gebirge:* Himalaya sowie Transhimalaya und weitere riesige Gebirgszüge um die Hochebene herum, Mount Everest 8846 m

*Klima:* Nur 250–500 mm Regen, im Winter bis zu minus 40°, krasse Temperaturunterschiede

*Reisezeiten:* Mai bis September, Trekking März bis Juni, 1986 28 000 Touristen

*Bevölkerung:* Knapp 2 Mill. Tibeter, in ganz China leben 4 Mill. Tibeter, ab 1959 flohen 100 000, 1 Mill. kam um

*Fläche:* 1 220 000 qkm in einer durchschnittlichen Höhe von 3500-5000 m, ohne die von China anderen Provinzen zugewiesenen Gebiete, die ursprünglich zu Tibet gehörten (früher 2 110 000 qkm)

*Bevölkerungsdichte:* 1,5 pro qkm

*Hauptstadt:* Lhasa mit über 130 000 Einwohnern in 3630 m Höhe

*Amtssprache:* Chinesisch. Umgangssprache: Tibetisch in vielen Dialekten

*Ausländer:* Viele chinesische Beamte und Militärs

*Religionen:* Ursprünglich Bön-Naturreligion, heute vorherrschend Lamaismus des tantrischen Buddhismus, vertreten von den Gelbmützen, sehr stark, trotz chinesischer Atheismus-Propaganda; heute 3000 Mönche

*Staatsform:* Autonome Region der reformkommunistischen Volksrepublik China

*Währung:* 100 Yuan = 100 Fen = 10 Jiao, für China ein Faß ohne Boden

*Auswärtige Vertretung:* Durch die Volksrepublik China

# Bibliographie


*Armington, Stan,* Nepal Trekking, Hattorf 1985
*Baangdel, Lain S.,* 2500 Jahre Nepalesische Kunst, München 1987
*Bedenig, Dieter,* Nepal; Kathmandu: Tor zum Nepal-Trekking
*Bührer, Emil M.* (Hg.), Himalaya; wachsende Berge, lebendige Mythen, wandernde Menschen, Köln 1987
*Central Bureau of Statistics,* Statistical Pocket Book, Kathmandu 1986
*Chorlton, Windsor,* Felsbewohner des Himalaya, Amsterdam 1982
*Corbett, Jim,* Der Tempeltiger, Zürich 1955
*Corbett, Jim,* Man-Eaters of Kumaon, London o. J.
*Frank, Dietmar,* Traumland Nepal, München 1974
*Haab, Armin,* Bhutan – Fürstenstaat am Götterthron, Gütersloh 1961
*Harrer, Heinrich,* Meine Tibet-Bilder, Seebruck 1953
*Harrer, Heinrich,* Tibet, verlorene Heimat, Berlin 1960
*Jefferies, Margaret,* The Story of the Mount Everest National Park, Neuseeland 1985
*Ludwig, Klemens,* Tibet, München 1989
*Matthiessen, Peter,* The Snow Leopard, London 1980
*Maraini, Fosco,* Geheimnis Tibet, München–Wien o. J.
*Meissner, Hans-Otto,* Der Satanstiger, Rastatt 1976
*Nebesky-Wojkowitz, René von,* Wo Berge Götter sind, Stuttgart 1955
*Panday, Ram Kumar,* Kathmandu, Kathmandu 1981
*Panday, Ram Kumar,* Yeti tells, Kathmandu 1981
*Patitz, Axel,* Himalaya kennen und lieben, Lübeck 1989
*Peissel, Michel,* Tiger for Breakfast, London 1966
*Polyglott,* Nepal, München 1974
*Prakash, A. Raj,* Nepal, a Traveller's Guide, Singapur 1976
*Rifles, G.,* A Regimental History, Neu-Delhi 1984
*Sekelj, Tibor,* Window on Nepal, London 1959
*Shresthta, P. Prakash,* Nepal Rediscovered, Kathmandu o. J.
*Shresthta, Tej Kumar,* Wildlife of Nepal, Kathmandu 1981
*Singh, Arjan,* Tiger, Tiger, London 1984
*Smith, D.,* Friend in the Hills, London 1985
*Tucci, Giuseppe,* Journey to Mustang, Kathmandu 1977
*Weir, Tom,* East of Kathmandu, London 1955

# Bildnachweis

Autor und Verlag danken Herrn Dr. Gert Kühnen, Kevelaer, und Herrn Hans Patzelt, Ambach, daß sie ihre Fotos für dieses Buch zur Verfügung gestellt haben. Es stammen im einzelnen von:
Dr. Gert Kühnen: Tafel 1, 2 unten, 3, 7 rechts oben, 10/1, 16, 19, 22-25, 29 oben, 30/1;
Hans Patzelt: Tafel 4 links unten, 7 links oben, 9 oben, 12, 13 unten, 14 rechts unten, 15 links oben, unten, 18 rechts unten, 32 oben.
Alle anderen Fotos sind dem Archiv des Autors entnommen.

# Register

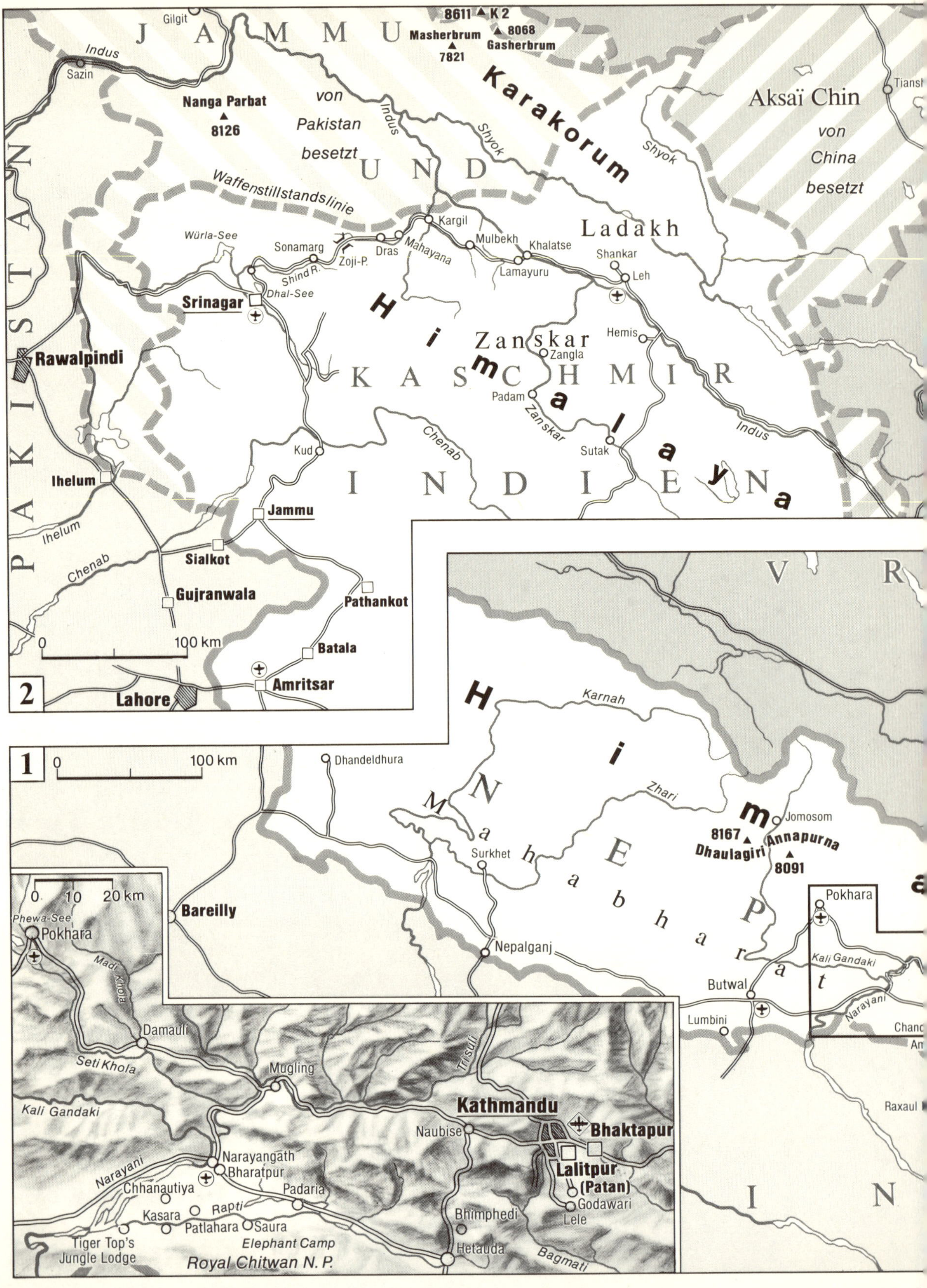
2
J A M M U U N D K A S C H M I R
Gilgit
Indus
Sazin
8611 K 2
Masherbrum 7821
8068 Gasherbrum
Karakorum
Nanga Parbat 8126
von Pakistan besetzt
Indus
Shyok
Aksaï Chin
von China besetzt
Tiansh
Waffenstillstandslinie
Würla-See
Sonamarg
Zoji-P.
Dras
Kargil
Mahayana
Mulbekh
Khalatse
Lamayuru
Ladakh
Shankar
Leh
Shind R.
Dhal-See
Srinagar
Himalaya
Zanskar
Zangla
Hemis
Padam
Rawalpindi
Chenab
Kud
Sutak
Indus
P A K I S T A N
I N D I E N
Ihelum
Jammu
Sialkot
Gujranwala
Pathankot
Batala
Amritsar
Lahore
0 100 km
1
0 100 km
Dhandeldhura
Karnah
Zhari
Mahabharat
N E P A L
Jomosom
8167 Dhaulagiri
Annapurna 8091
Surkhet
Bareilly
Nepalganj
Butwal
Lumbini
Pokhara
Kali Gandaki
Narayani
Chand
Raxaul
V R
I N
0 10 20 km
Phewa-See
Pokhara
Madi Khola
Damauli
Seti Khola
Mugling
Trisuli
Kali Gandaki
Kathmandu
Naubise
Bhaktapur
Lalitpur (Patan)
Godawari
Lele
Narayangath
Bharatpur
Narayani
Chhanautiya
Padaria
Kasara
Rapti
Patlahara
Saura
Bhimphedi
Tiger Top's Jungle Lodge
Elephant Camp
Hetauda
Royal Chitwan N. P.
Bagmati